江苏省农村精准扶贫脱贫致富实践研究

JIANGSUSHENG NONGCUN JINGZHUN FUPIN
TUOPIN ZHIFU SHIJIAN YANJIU

李秀芸　杨雪英　著

中国农业出版社

北　京

图书在版编目（CIP）数据

江苏省农村精准扶贫 脱贫致富实践研究 / 李秀芸，杨雪英著 . —北京：中国农业出版社，2019.10
ISBN 978-7-109-25407-7

Ⅰ.①江… Ⅱ.①李… ②杨… Ⅲ.①农村—扶贫—研究—江苏 Ⅳ.①F323.8

中国版本图书馆 CIP 数据核字（2019）第 064941 号

中国农业出版社出版

地址：北京市朝阳区麦子店街 18 号楼
邮编：100125
责任编辑：李昕昱 赵晓红
版式设计：王 晨 责任校对：吴丽婷
印刷：北京中兴印刷有限公司
版次：2019 年 10 月第 1 版
印次：2019 年 10 月北京第 1 次印刷
发行：新华书店北京发行所
开本：700mm×1000mm 1/16
印张：15
字数：290 千字
定价：68.00 元

版权所有·侵权必究
凡购买本社图书，如有印装质量问题，我社负责调换。
服务电话：010 - 59195115 010 - 59194918

作者简介

本书是江苏省社科基金项目"江苏省区域贫困识别及精准扶贫路径选择研究"（16SHB003）；连云港市社科基金项目"精准脱贫攻坚战中农村相对贫困群体的行动困境及社会支持研究——以连云港市为例"（19LKT1018）

著　者：李秀芸　杨雪英

李秀芸：江苏海洋大学马克思主义学院　副教授
　　　　主要从事农村社会发展研究
杨雪英：江苏海洋大学宣传部　部长，教授
　　　　主要从事区域经济及农村社会发展研究

贫困是一种与人类社会发展进程相生相伴的现象。但随着社会经济的发展，普遍性的绝对贫困将逐渐演变为部分人的相对贫困，相对贫困将逐渐取代绝对贫困而成为社会关注的焦点。发达国家的贫困实践早已证实了这一点。"十三五"时期，我国绝对贫困其发生率已经很低，而且主要集中在中西部和少数民族地区，其余绝大部分农村处在一个由解决绝对贫困向缓解相对贫困过渡的历史时期。

相对贫困是因社会比较而产生的一种贫困状态，其突出表现是相对于高收入人群，穷人较难从经济增长中获得好处。一个社会总会存在相对贫困问题。诺贝尔经济学奖获得者阿玛蒂亚·森说过："即使我们的世界已变得空前的富裕，这个世界也是极其贫困和不平等的。"习近平总书记强调，我们五百年以后还会有贫困。2020 年中国消除了绝对贫困，也只是完成了最基本的扶贫任务，扶贫开发具有长期性、艰巨性、复杂性，必须做好打持久战的思想准备。相对剥夺感是期望与现实之间的落差，相对贫困阶层如果有了强烈的相对剥夺感认知，就会产生潜在的社会不满情绪，由此会诱发诸多社会矛盾，无论是对经济增长或者是社会稳定都存在一定的负面影响。因而相对贫困问题是一个迫切需要研究解决的问题，缓解相对贫困已成为国际国内的普遍共识。

江苏是我国东部沿海经济较发达的省份之一，"十三五"时期面对的脱贫攻坚目标主要是缓解相对贫困、缩小收入差距、促进共同富裕。虽然江苏省历来没有国家级贫困县和贫困村，但是由于苏南苏中苏北三大区域经济发展水平存在巨大差距，致使省域内尤其农村地区相对贫困问题明显。

为缓解相对贫困、实现共同富裕，江苏一直用帮扶绝对贫困的力度来帮扶相对贫困，不仅扶人、扶村、扶县，还扶片区、扶区域，扶贫的力度和标准也随着经济的发展不断提高。自 20 世纪 90 年代到 2015 年的 20 多年间，先后以农民人均纯收入 1 500 元、2 500 元和 4 000 元作为扶贫标准，组织实施了三个阶段的大规模扶贫开发行动。江苏持续扶贫所带来的成果是巨大的、多方面的。

缓解相对贫困是一项长期任务，任重道远。经济发达地区的农村贫困现象将是我国未来农村贫困的主要趋势和表现形式。因此了解江苏省农村相对贫困现状、特征，探讨其发生、发展的内在机理和规律，既可对有效治理相对贫困问题提供一定的理论和现实依据，还可以为不发达地区相对贫困的未来走势和有效防治提供一定的借鉴经验，并最终促进农村地区整体和谐深入发展以及全国经济和社会的健康持续发展。

本研究主要以东部沿海经济发达省份江苏农村精准扶贫、脱贫致富实践为总的研究目标对象。分目标之一对贫困及反贫困的一般理论进行研究；分目标之二对江苏省三大区域农村相对贫困状况、特征、影响因素以及反贫困有利条件、难点等内容进行了具体研究和探讨；分目标之三对江苏省三大区域农村贫困状况进行比较研究；分目标之四对江苏省农村贫困应对之策进行研究。主要内容和结论如下：

第一章，贫困研究的理论演进与相对贫困研究。主要对贫困内涵的演进、贫困外延的变迁等进行回顾和述评，然后研究分析相对贫困的理论基础。

第二章，反贫困理论及实践的演化。主要明确反贫困内涵、特征，对经典反贫困理论进行梳理，对国际反贫困理论的新变化进行述评，并进一步介绍了主要国际组织的反贫困实践。

第三章，精准扶贫的一般理论研究。主要介绍了精准扶贫的提出背景、过程，并对精准扶贫深刻内涵，精准扶贫理论依据，精准扶贫政策特质等进行了分析探究。

第四、五、六章，分别介绍了江苏三大区域农村精准扶贫、脱贫致富实践。其中第四章主要对苏南地区农村"十二五"时期农村扶贫开发概况进行了回顾，对"十三五"时期苏南地区农村的脱贫致富实践进行了分析，对缓解相对贫困的措施进行了提炼、总结；第五章主要对苏中地区农村"十二五"时期农村扶贫开发概况进行了回顾，对"十三五"时期苏中地区农村反贫困实践进行了 SWOT 分析，对缓解相对贫困的措施进行了介绍、总结；第六章主要对苏北地区农村扶贫开发的历程、措施及成效进行了回顾总结，然后对精准扶贫现状进行了分析，对苏北地区精准扶贫面临的挑战与机遇进行了探讨，最后研究整合其针对措施。

第七章，连云港市农村精准扶贫、脱贫致富实践。首先分析了连云港市农村贫困状况，然后分析了连云港市农村贫困成因及主要特征，接着对其中的石梁河片区贫困现状及原因进行了分析，探究实现连云港市城乡居民收入翻番目标的瓶颈，最后提出实现连云港市精准扶贫和富民惠民的对策和建议。

第八章，江苏省三大区域精准扶贫工作成效分析。探究江苏省三大区域农村贫困现状，三大区域的贫困度及空间分布，三大区域精准扶贫政策成效，分析探究三大区域精准扶贫工作成效差异的原因，得出三大区域比较下的对策和建议。

第九章，论大学生村官在精准扶贫中的优势与作用。主要探究精准扶贫政策特征、精准扶贫的理论依据及现实基础、精准扶贫政策面临的认识偏差及技术难点，得出精准扶贫需要大学生村官的积极参与的结论。

本文立足精准扶贫语境，在整体贫困研究的基础上，分析江苏省不同区域的精准扶贫、脱贫致富实践，针对不同区域贫困差异及致贫因素进行了比较分析和探讨，进而提出缓解相对贫困对策的建议，尝试提供反贫困的参考价值。

目前国内绝大多数农村相对贫困与绝对贫困并存，学界对于农村绝对贫困特别是西部和经济落后地区的绝对贫困问题研究成果丰富，相对贫困研究成果较少。同时，由于相对贫困属于隐形贫困，不具备绝对贫困的显著特征，现实中容易被忽视，尤其富裕地区的相对贫困更易被忽视。因此，本文研究希望抛砖引玉，引起对相对贫困的广泛关注。

由于本人研究水平的局限性和查阅文献的不可穷尽性以及数据资料的制约，本文可能在以下方面存在不足和缺陷：

相对贫困影响因素的处理。理论上讲，影响因素模型处理过程中，变量涵盖的范围和进入的数量越多，其解释力越强，拟合效果越好。但考虑到各个指标之间及其与贫困的关系，真正能够适合进入模型并呈现显著性的指标变量就显得比较少。

研究对象的选择和处理存在不足。从贫困研究的针对性和准确性角度来说，贫困研究对象应该以个体为主体，但由于受到可利用数据的限制，本文研究对象仍然以家庭为主体，并且对区域贫困问题探讨多，对家庭贫困的研究少，尤其对个人贫困的研究更少。由此难以发现家庭平均水平掩盖下的家庭内部成员贫困状况的差异，从而在一定程度上影响贫困目标和贫困成因的确定。

著　者

2019.3

目　录

第一章 | CHAPTER 1
贫困研究的理论演进与相对贫困研究

贫困是困扰人类发展的世界性难题，是各国政府和学术界关注的重要领域。早期人们通常关注更多的是资源与财富的匮乏。由此推想，只要物质财富丰裕起来，贫困就会自然走出我们的视线。然而，现实却并非如此。随着社会生产力的发展和人类创造物质财富能力的不断增强，贫困问题不但没有出现消亡之势，反而变得更加突出和复杂。这种情况引起人们反思：其实贫困不仅仅是资源与财富的匮乏，更是因为人类社会的结构、功能和机制不健全、不完善以及个人对财富的贪欲所导致的贫富悬殊、两极分化的相对贫困。于是，部分人的相对贫困逐渐取代普遍性的绝对贫困而成为社会关注的焦点。为此继续深入研究贫困问题，尤其探讨相对贫困问题，具有重要的理论意义和现实意义。

一、贫困内涵的演进

贫困问题由来已久。历史上最早对社会中发生的贫困现象进行关注和猛烈抨击的是空想社会主义者。大约从 16 世纪开始，他们对当时资本主义工业化进程中贫苦大众的悲惨处境和生活就给予了充分的关注和揭露，但主要还是局限于对贫困现象描述和道德批判上[1]，对贫困问题本身还没有进行系统的理论研究。贫困作为特定的社会经济现象为人们所重视，且被纳入理论研究的领域，严格地说是在 18 世纪以后，由于资本主义社会生产力的提高，社会剩余产品不断增加，收入贫富分化越来越大，贫困逐渐成为一个突出的社会问题。从总体上看，贫困内涵基本经历了收入贫困——能力贫困——权利贫困的演进过程。

（一）20 世纪 70 年代之前——收入贫困

人们对贫困的研究是从衣不蔽体、食不果腹的现象开始的，主要指用于人们日常生活的物质匮乏，代表了人们对贫困的最初认知。最早从收入视角研究贫困的是 1797 年 Moron Eden 的《穷人的生活状况》（the state of the poor）[2]，但得到社会普遍认可且对贫困状况进行系统研究的是英国管理学家本杰明·西伯姆·朗特里（Seebohm Rowntree）。他在 1899 年对英国伦敦东区约克郡的贫困问题进行了一次深入调查研究，于 1901 年出版了《贫困：城镇生活研究》一书，第一次为个体家庭建立了一个贫困标准。朗特里对约克郡的几乎每个工人阶级家庭进行了家计调查后，提出："如果一个家庭的总收入不足以维持家庭人口最基本的生存活动要求，那么这个家庭就基本上陷入了贫困之中。"[3] 他又根据这个概念计算出了最低生活支出，即贫困线，并将其同家庭收入比较得出贫困的估计值[4]。朗特里的工作无疑具有开创性意义。他第一次清晰地从个体角度定义贫困并将其量化，为以后的贫困研究奠定了基础。此后，有许多学者和机构从收入不足或物质资源缺乏的角度对贫困问题进行了研究。朗特里的贫困思想是以家庭收入或支出来度量贫困的，因此，这种贫困通常称为收入贫困（income poverty）。

收入贫困的优点在于：它把贫困问题大大简化，主要关注个人或家庭的收入或物质获得是否能够满足基本的生存需要，考虑的是经济福利的损失或者被剥夺的程度。这种方法比较直观，符合人们对贫困的一般认识。同时，收入法便于加总或综合为单一指标，可以对贫困的发生率、深度和严重性等进行全面测量和比较。不仅易于确定贫困家庭和群体，而且便于进行精确的度量和跨时间和地域的比较，减贫战略和政策措施也易于操作和监测。因而基于经济意义的收入标准得到了较为广泛的认可，以至于现在仍有学者沿袭该定义的研究思路来说明贫困问题。我国国家统计局也曾在 1989 年的《中国农村贫困标准研究报告》中据此对贫困阐述为："贫困是指个人和家庭依靠劳动所得和其他合法收入不能维持基本生存的一种状态。"

收入贫困的不足之处在于：首先，它忽视贫困的多样化，仅仅关注贫困的物质层面，而贫困的实质远不止物质意义。其次，它把贫困与反贫困的关系简单化，认为只要提高收入就可以解决贫困，因而导致减贫的方向单一和收益趋缓。再者，它注重贫困的现象，而对其深层次原因研究不够。最后，收入贫困一般以家庭为研究单位，往往忽视家庭内部不同个体贫困程度的差异，因而导致反贫困瞄准目标的不准确和反贫困效果的不理想。因此，随着社会发展和贫困多样化，收入贫困受到学者的批评。

（二）20 世纪 70～80 年代——行为和能力贫困

随着社会的发展，人们对贫困的理解已不再单纯指经济层面的落后了，而是发展到了造成贫困的深层原因的行为和能力层面上。

世界银行首次用"能力"概念来说明贫困，提出了贫困是"缺少达到最低生活水准的能力"[5]。能力贫困的实际贡献者是诺贝尔经济学家阿玛蒂亚·森，他在 20 世纪 70～80 年代发表了多部相关著作系统阐述他的贫困理论，如《论经济不平等》（1973 年）、《贫困计量的序数方法》（1976 年）、《贫困与饥荒

（1981 年）、《资源、价值与发展》（1984 年）等，尤其在 1999 年版的《以自由看待发展》中提出了"能力贫困"（capability poverty）概念，指出要用一个人所具有的能力，即一个人所拥有的、享受自己有理由珍视的那种生活的实质自由，来判断某个人的处境[6]。阿玛蒂亚·森将自由与发展联系起来，认为贫困不仅仅是收入的低下，更是人实质自由的减少，是基本能力遭到剥夺。对基本能力的剥夺主要表现为过早死亡、严重营养不良、慢性流行病、大量的文盲以及其他方面的失败[6]。影响能力剥夺的因素主要是收入水平、公共政策、社会制度的安排、经济的不平等（不是指收入的不平等，而是指失业、缺乏医疗教育条件等）以及民主的程度等。能力贫困理论的提出具有里程碑意义，此后，一些学者和国际机构试图从更全面的视角来思考人类发展。经济学家开始将以往经济发展的战略拓展到人和社会发展的层面，将贫困概念从收入贫困扩展到能力贫困和人类贫困，将致贫原因从经济因素扩展到政治、法律、文化制度等方面，认为只有让人们享有更大的行为自由，拥有更多的机会，做出更多的选择，才能消除贫困。

　　行为和能力视角的优点在于：首先，扩大了评价贫困的信息基础，不仅关注贫困主体获得的资源和机会，而且更加关注由于贫困主体的个体差异而造成的把资源和机会转化为能够享有有理由珍视的生活的能力（森，2002，R62）。其次，把贫困的经济成因深化为能力成因，由贫困群体的同质性转化为贫困个体的异质性，即陷入贫困的实质原因并不是收入不足或资源缺乏，而是贫困主体的能力不足，而且在一定情况下，正是因为可行能力不足，才导致收入低下，进而陷入贫困。再者，能够极大地增强反贫困目标的准确性，降低确定和筛选贫困主体的成本，进而提高反贫困的经济收益和社会效益。最后，可行能力的中心价值是个人享有的自由的广度，个人追求和达到珍视的目标的能力（真正的机会）应该成为社会规则、制度、政策和其他事务分析和评判的标准和尺度（Nalagon，2003，E94）。如此，把能力、贫困、自由、社会公正、社会发展和人的全面而自由的发展统一起来，从而使反贫困具有了理性的正义基础和人本主义色彩，构成社会发展和人类发展的主要宗旨和目标，改变了反贫困的被动性和消极性，对于真正缓解或消除贫困，进而达到社会和谐发展具有重大的理论意义和现实意义。因此，行为和能力贫困观点和理念得到联合国开发计划署和世界银行的认可和采纳，并在世界发展报告和人类发展报告中得到体现。

　　行为和能力视角的不足在于：首先，对于构成人的可行能力系列还没有公认的统一的范围，对于不同社会甚至同一社会的不同群体（如不同阶层、不同性别、不同年龄阶段等等）所应具备的可行能力是不完全一致的。其次，行为和能力的界限不是很清楚。再者，增加了实施的复杂性和多样性，也给反贫困效果的度量带来困难。能力涵盖不同的方面，在测评指标加总时存在主观因素的影响，因此对于加总指标的科学性、准确性和可比较性存在一定的质疑。

（三）20世纪90年代以来——权利贫困和社会排斥

20世纪80~90年代，经济学家试图从穷人的角度来看待贫困，即注重穷人如何看待自己的贫困状况——穷人的声音。基于这种思考角度，一些学者开始用脆弱性、无话语权、无权无势以及社会排斥等概念来解释贫困，将贫困的概念扩展到权利贫困（entitlement poverty）。罗伯特·坎勃（Chamber，1995）对贫困人口的无助和孤立方面进行了开创性研究，认为贫困不仅仅是收入和支出水平低下，而且还包括脆弱性和无话语权等。并将脆弱性定义为暴露于冲击、压力和风险之中的外在方面和孤立无援的内在方面，两个方面都意味着缺少应付破坏性损失的手段[7]。穷人们缺乏保护自己不受风险打击的手段，风险反过来使穷人只能从事低回报的活动，由此进一步使他们在经济、资源和权利上边缘化。从本质上讲，权利贫困理论赋予了穷人"主体性"地位，试图通过穷人们自己的声音来直接反映贫困现实，这使得观点具有充分的客观科学性[8]。于是，越来越多的经济学家将社会排斥引入贫困概念，他们普遍认为如果一个人被排斥在主流经济、政治以及公民、文化的活动之外，那么即便拥有足够的收入、能力，他也依然可能很穷[9]。社会排斥的概念最初是在研究贫困问题的过程中出现的，一般认为是法国学者拉诺尔（Rene Lonoir，1974）于20世纪70年代中期最早提出此概念，被用来表示许多人因长期失业而被排斥在市场之外。20世纪90年代这个概念的意义被拓宽，用来指某些群体部分或者全部出局，享受不到权利（Strobel，1996），被拒绝获得使人们得以充分参与经济和社会生活的服务遭到拒绝（Taylor，1999），或者强调低收入、不稳定的工作、恶劣的居住条件、家庭压力和社会疏离等等（Paugam，1995）。虽然社会排斥的概念经常被运用，但迄今为止无论是在欧洲联盟的文件中，还是在学术论文中，对社会排斥的概念还没有形成统一的认识[10]，各国官方的认识也不尽相同。法国官方强调社会排斥是社会纽带的断裂（rupture of social bonds）（de Haan，2001）。英国政府认为：当一些人或地区受到一系列相互关联问题的困扰时，可能发生的情况的简称。这些问题包括：失业，技术缺乏、收入低下、居住条件恶劣、高犯罪环境、健康状况不佳及家庭破裂等（Social Exclusion Unit，2001）。欧盟统计署认为社会排斥是一个动态过程：某些劣势导致某些排斥，这些排斥又导致更多的劣势和更大的社会排斥，并最终形成持久的多重（剥夺）劣势。个人、家庭和空间单位可能从对资源的享有权，如就业、医疗、教育、社会或政治生活中被排斥（EurostatTask Force，1998）。

权利贫困和社会排斥的优点在于：首先，大大拓宽了贫困研究的领域，它更加关注贫困形成的动因和其复杂性以及动态发展性，对贫困的研究不再局限于贫困的个体特征和具体环境，而是研究形成排斥和导致贫困的社会结构和群体特征。其次，研究注意到造成排斥的原因并不是直接由收入贫困造成的，而主要是由社会资源分配不平等带来的，因而注重社会分配制度以及相关社会政策的研究（杨团，2004）。再者，研究者不仅关注被排斥者的状况，而且也关注排斥者的状况，也就是从社会整合、社会团结和社会发展的责任观来研究社会排斥和贫困，进而寻找解决问题的策略和措施。

权利贫困和社会排斥的不足在于：首先，社会排斥是欧洲发达国家发展过程中出现的问题，是在社会保障和福利制度相当健全和完善，并且绝对贫困已经几乎消失的情况下，由于相对贫困问题的加重而提出的，而广大发展中国家不仅绝对贫困还未完全解决，而且由于其社会制度、社会环境的不同相对贫困和社会排斥的表现和形成原因差异很大。因此，社会排斥视角具有很大的局限性。其次，社会排斥的概念是比较难以定义的，而且迄今为止还没有真正形成具有共识的并且富有较强解释力的概念。MickLeweight（2002）指出，"社会排斥是一个否认清晰的定义和测量的概念。"定义的不确定性造成了实际运用的巨大困难。因为特别是在多极化（multipotar）的社会中，标准（normality）是很难确定的。再者，由于社会排斥具有特定的社会特征，处于不同国家和社会发展状态和社会文化氛围中的研究者需要探索自己的方法、设计自己的维度对社会排斥进行测量，这在一定程度上制约了社会排斥定量方法的运用和测度指标体系的发展，并因此限制了不同国家或地区之间的比较。从数据资料的可用性来看，由于社会排斥的多维度性、过程性和隐蔽性，目前还没有较为系统的统计资料可供利用，用于定量分析的资料只能依靠单独调查资料或诉诸其他途径。

总之，随着社会经济的发展和变迁，人们对贫困问题认识是逐步深入的。由最初的物质或收入贫困，发展到能力贫困，再拓展到现在的权利贫困，在不同历史阶段，在不断的动态演进中，人们对贫困的定义经历了从最初单纯强调物质的多寡发展到包含能力的提升、社会公平和发展机会等多方面的过程，并且越来越注重生存能力和发展机会，这说明人们对贫困的认知在不断深化和发展完善，对贫困内涵和本质的揭露也逐步深刻。

二、贫困外延的变迁

伴随着贫困内涵的深化及演进，贫困的外延也相应发生着多层面的变迁。从绝对贫困到相对贫困，从收入贫困到多维贫困，从静态贫困到动态贫困，从经济贫困到非经济贫困等等，其中最根本的直到目前仍为国内外大多数学者所赞同，并被一些世界组织和各国政府所沿用的是绝对贫困和相对贫困。"绝对贫困"和"相对贫困"是贫困理论中两个最基本的概念，也是至今被公认的在理论上已经十分成熟的概念。

（一）从绝对贫困到相对贫困

英国作为福利国家的创始国，其贫困理论及实践也走在了世界的前列。对贫困问题的研究最初也是从英国绝对贫困开始的。亨利·梅休、查尔斯·布斯等学者认为贫困是绝对意义上的物质匮乏。朗特里将贫困家庭定义为"总收入不足以获得维持体能所需要的最低数量的生活必需品"，该贫困概念是与生理上最低需要相联系的，与生存紧密相连，低于这个需要，人就不能正常生活，因此，这种贫困是绝对意义上的贫困。绝对贫困虽然能够缓解饥饿问题，但其具体实践仍存在一些问题，如身体条件不同对营养的需求不同、最低营养标准转化成最低食物量标准取决于商品组合的选择等。同时，随着经济发展和生活条件的改善，相对贫困现象也随之出现。此时，"必需品"的含义与以前收入贫困相比变的较为复杂，不仅体现了生存含义，即维持体能的需求，还要具备社会功能，即与当地或者是该国的经济和社会发展水平密切联系。于是，20世纪 40 年代以后，对绝对贫困标准的抨击越来越多，由此推动了相对贫困研究的逐渐展开。美国经济学家加尔布雷斯（Galbraith，1958）认为：一个人是否贫困不仅仅取决于他拥有多少收入，还取决于社会中其他人的收入水平。阿尔柯克指出："一个相对的贫困定义是建立在将穷人的生活水平与其他较为不贫困的社会成员生活水平相比较的基础之上的，通常这要包括对作为研究对象的社会的总体平均水平的测度"[11]。

对相对贫困理论进行系统研究的是英国社会政策学家也是著名贫困学者彼得·汤森。汤森作为英国伦敦政治经济学院的教授、布里斯托尔大学名誉教授，对贫困领域有着开创性的研究。他首次系统阐述了相对贫困理论，并在英国的反贫困实践中率先实施。汤森相对贫困理论的雏形可以追溯到西博姆·朗特里的次级贫困。1901 年，朗特里在对约克郡的贫困调研报告中，朗特里依据物质需求首次将贫困划分为"初级贫困"（"初级贫困"是指家庭全部收入不足以维持全部家庭成员的最低限度生活的需求）和"次级贫困"（"次级贫困"是指家庭收入仅仅能够满足维持全部家庭成员体力所需的需求，但家庭的每一项开支都不能另作他用）。按照次级贫困的标准，他发现约克郡有 27.84% 的民众生活在贫困线以下，从而为汤森相对贫困理论的提出奠定了基础。

汤森生活在第二次世界大战结束后的英国，消灭贫困、疾病、愚昧、肮脏、懒散五大社会弊端是英国当时的主要目标[12]。1948 年，工党政府采用了

《贝弗里奇报告》，建立了以国民保险制度为基本内容、以国民救济制度为补充、以家庭补贴制度为特殊保障的综合性社会保障制度，创建了世界历史上第一个"从摇篮到坟墓"的福利国家。1950 年，英国贫困人口仅有 1.6%，当时英国人曾乐观地认为贫困在英国已经永远消失了。然而，当时在英国社区研究院做研究工作的汤森并不认同此观点，这个崭露头角的年轻人此后穷其毕生精力研究贫困问题，最终他的研究改变了大多数发达国家对贫困的看法与实践。[13] 1962 年，汤森通过分析英国的就业率、穷人和富人收入之间的再分配以及战后福利国家的公平与效率问题，对当时在英国社会占主流地位的"贫困已完全消失"的观点正式提出质疑。[14] 1979 年，汤森通过调查研究进一步提出，英国当时的贫困已不再是绝对贫困，而是以一种新的形态存在，即相对贫困。20 世纪 70 年代，英国民众对致贫原因的看法有着很大的改观，由原来的贫困是由个人懒惰造成的，逐渐转向致贫因素的多维性。同时，英国社会保障制度此时关注的三大社会问题依次为失业问题、住房问题和养老问题[15]，汤森相对贫困的提出对解决英国当时的三大社会问题有着积极的推动作用。

汤森相对贫困的研究结论不仅建立在英国战后丰裕社会的历史背景下，同时，也有着更深厚的世界历史背景。20 世纪 60 年代，西方发达国家在全球范围内推广小麦、水稻和玉米等基本谷物新品种，在促进粮食增产的同时，也解决了当时世界范围内的饥饿问题，世界范围内的"绿色革命"取得了前所未有的成效。1950—1992 年间，全世界的耕地数量仅仅增加了 1%，而粮食的产量却提高了约 3 倍。[16]因此，对于世界上越来越多的人而言，贫困变成了相对的而非绝对的困境。"绿色革命"为人们摆脱饥饿、脱离绝对贫困提供了必要条件，也为绝对贫困转向相对贫困的研究提供了物质基础。与此同时，20 世纪 70 年代以后，随着世界成熟工业体系的逐步建立，人们越来越难找到高薪酬而又稳定的工作，因此，在高复杂性、高不确定性的社会背景下，世界大部分贫困表现为相对贫困。可以说"绿色革命"以及成熟工业体系下的就业特点成为汤森相对贫困理论研究的历史前提。

采用相对贫困概念的益处，在于可以避免使用绝对贫困概念时可能出现的问题。它有关贫困的物质需求标准的变化和内涵的拓宽弥补了绝对贫困分析问题时的缺陷。具体地说，相对贫困概念把生活必需品的数量和质量标准视为历史性的、而不是永恒的和一成不变的；同时，人的需要不仅仅限于物质需要，而且也包括文化精神方面的需要。这就将贫困作为复杂的社会现象纳入研究之中，使之更切合实际。因此，相对贫困本质上就和社会不平等、社会剥夺、穷人环境质量的下降等各种因素联系了起来，增强了相对贫困内涵的丰富性。

（二）从收入贫困到多维贫困

早期贫困定义均以收入为度量标准。后期，学者逐渐意识到诸如医疗、教育、基础设施建设（如室内卫生间、洁净的饮用水）等要素之于贫困的重要性，于是开始将关注视角转向多维贫困层面。多维贫困概念最初由诺贝尔经济学奖获得者阿玛蒂亚·森提出（Sen，1979）。他提出人类发展需要具备可行能力（capability approach），即一个人所拥有的、享受自己有理由珍视的那种生活的实质自由（substantive freedom）（Sen，1983、1985、1988—1990、1992、1993、1999；UNDP，1990、2004；阿玛蒂亚·森，2002），只有具备这种能力，才能够帮助人们摆脱贫困，实现发展。基于这一概念，联合国开发计划署（UNDP）先后于1990年、1997年发布HDI指数〔人类发展指数（HDI）主要涵盖了长寿且健康的生活、教育及体面生活、尊严三个维度的问题。这一指数建立在"人类发展"概念基础上，后者将人类发展视角定义为一个有关个人福祉、社会安排以及政策设计和评估的规范性框架〕和HPI指数〔Sen本人对HDI指数给出了较高评价，但同时指出除上述三个维度，赋权、公共治理、环境、人权等同样是人类可行能力的必要组成部分（Sen，1985；Sen，1999；Alkire，2002；Fukuda-parr and Kumar，2003；Ranis et al.2006）。后期，Sen进一步提出"能力贫困"概念，提出贫困产生的根源在于能力——由一系列功能构成，包括免于饥饿、免于疾病、接受教育功能的匮乏。在Sen的倡导下，UNDP于1997年推出人类贫困指数（HPI），该指数在（HDI）三个维度的基础上，兼顾了参与、社会包容等其他方面的剥夺（UNDP，1997）〕。用于测度各国的多维度贫困程度（雷诺兹，1986；UNDP，1990；UNDP，1997）。〔同年，UNDP（1997）还根据贫困的最近研究成果，提出了人文贫困（human poverty）这一全新概念，并指出所谓人文贫困，主要包括收入贫困、权利贫困、人力贫困和知识贫困。其中，收入贫困指最低收入和支出水平的贫困；权利贫困指缺少本应享有的公民权、政治权、文化权和基本人权；人力贫困是指缺乏基本的人类能力，包括识字水平、足够营养、预防疾病、健康长寿等；知识贫困是指获取、交流、创造和信息能力的匮乏。〕同期还有很多学者从类似而又略有差异的角度上表达了对多维度贫困的关注；在〔如迪帕纳拉扬（Narayan，2000）提出，穷人同样重视就业、安全、尊严、选择和行动的自由，以及内心的平静等问题，并指出贫困的特征主要表现在六个方面：一是贫困由多种相互关联的元素组成，不只是一种物质的缺乏；二是贫困包含重要心理范畴，如无权利、无发言权、依附性、羞耻和屈辱；三是穷人缺少利用基础设施的权利，如交通、公路和清洁水；四是尽管多数人都渴望获得知识，但穷人很少提到教育对他们的作用；五是身体不健康和疾病无时无刻不是贫困产生的根源；六是在收入之上，穷人更关注可支配财产〕上述探索基础上，牛津大学贫困与人类发展研究中心（OPHI）的研究团队对贫困缺失维度进行了长期且系统的研究，提出了五个对提高贫困人口可行能力具有重要作用的贫困缺失维度（萨比娜·阿尔基尔等，2010）。这五个维度包括就业、主体性和赋权、人类安全、体面出门的能力、心理和观幸福感等。基于此，2010年UNDP公布了全新的贫困度量指标——多维贫困指数（MPI）。〔该指数主要从寿命（longevity）、读写能力（literacy）和生活水平（living standard）三大维度，十类指标（学校教育及儿童入学、儿童死亡率和营养、电力、住房、饮水、卫生、做饭材料和资产）测算发展中国家人类贫困程度（UNDP，2010）〕至此，从多维视角关注人类贫困的研究体系发展趋于成熟，该研究体系强调了改善机会差距的重要意义以及可持续增长模式的必要性，为人类勾画了可持续发展的美好奋斗目标。

（三）从静态贫困向动态贫困扩展

静态贫困是指在贫困理论研究与实践中，采取既定不变的标准和观点来确定贫困的界限、贫困的主体以及评价贫困的效果，而没有根据社会发展变化和贫困主体状况的变动来进行相应的调整。静态贫困使得确定贫困的对象和衡量反贫困的成效变得相对简单，而且便于进行纵向以及横向的跨时间和地域的比较，所以在贫困研究中始终占有重要地位。传统贫困研究就是从静态贫困开始的，也就是倾向于贫困者的生计维持，即维持生存与生理效率的最低需求。朗特里曾经在约克郡的调查中，列出了一份关于一周饮食的"菜单"：大米10盎司*，芜菁甘蓝6磅**，鸡蛋1个，茶0.5磅，在这个基础上再加上生存所必需的衣着、住房和染料，用这个标准去衡量是否贫困。现在延续并得到发展的最低生活需要的满足，无论是每人每天2 150～2 400卡路里***的热量摄入值，还是一篮子商品的标准价格以及国际上通用的每人每天1美元和2美元的贫困的收入标准，都是静态贫困的一种体现，也就是以一个统一不变的标准来确定贫困以及贫困的对象，而无需根据社会发展和贫困者个体情况的差异进行调整。静态贫困的另一种表现就是以静态的观点对待贫困主体，一旦贫困标准界定，贫困与非贫困主体就分成了两个阵营，完全没考虑到处于贫困标准左右的人群，其贫困的实质没有本质上的差别。同时，对贫困的成因，是暂时贫困还是长期贫困以及贫困主体发展潜力是否能够摆脱贫困，不进行认真研究，只是采取机械式的观点和方式进行处理。静态贫困研究虽然具有普遍性，但在一定程度上违背了贫困发展的辩证性质，也越来越受到人们质疑。所以，贫困研究在静态贫困的基础上逐渐向动态贫困发展。

---

　　* 　盎司为非法定计量单位，1盎司≈28.35克。

　　** 　磅为非法定计量单位，1磅≈0.45千克。

　　*** 卡路里为非法定计量单位，1卡路里≈4.18焦耳。

　　动态贫困是指依据社会发展而引起的贫困标准的变动来确定贫困的界限和主体，并根据贫困主体陷入或者摆脱贫困的状况以及处于贫困期限的长短来评价反贫困的效果。因此，动态贫困的标准和主体一般不是既定的，而是根据具体环境和情况进行适当的调整，因而始终处于发展变化中。采用动态贫困的观点来看待和处理贫困问题，与社会发展和贫困主体的发展具有同步性，并能及时掌握贫困的发展倾向，对于从社会和主体结合角度治理贫困，提高反贫困的效益具有重要意义。实践研究中，动态贫困体现为两个方面，一是贫困标准的动态性，二是贫困过程的动态性。以贫困标准的动态性来看，发达国家一般将年收入低于当年社会平均收入（收入中值）的 50% 定为贫困，贫困线随社会收入的不同而不同 [Ravallion，M. Datt，G. & vail de Walle，D.（1991）通过对 36 个国家的实证研究发现，贫困线随着人均消费水平的提高而提高，而且富裕国家的增长弹性要高于贫穷国家。因此，从较长的历史发展看，贫困标准都体现出一定的动态性，但在不同发展阶段中，贫困标准往往是固定值]；以贫困过程的动态性来看，20 世纪 80 年代以来，西方学者逐渐认识到静态贫困的不足，开始了对贫困进入与退出运动以及长期贫困和短期贫困的实证研究，并逐渐成为贫困研究的主流，贫困过程的动态性研究是严格意义上动态贫困的体现，也是贫困研究由静态向动态转变的主要方向。

（四）由经济贫困向非经济贫困扩展

　　人类对贫困的研究一直以经济贫困为主，认为贫困是一种人们没有足够收入的状况，或者是物质生活资料不能满足人的基本需要的状况，特别是二战后关于发展中国家贫困问题的研究，主要针对发展中国家的经济落后、收入水平低和物质资料缺乏等。由于经济贫困本身具有的直观性、易于度量和比较以及高度的认同感，使其在贫困研究中始终占据重要地位。时至今日，世界银行仍以每人日均 1 美元和 2 美元的收入水平作为国际标准的贫困线，而且几乎所有国家在贫困和反贫困的理论和实践中主要以收入或者消费水平作为贫困的衡量标准。但随着社会的发展和日益多样化，人们逐步扩展了对贫困的认识：即贫困不仅仅是经济意义上的，而是包含丰富的社会因素、环境因素和精神文化因素；贫困意味着个人发展权利的被剥夺，以致不能分享社会发展的成果并过一种正常的"社会人"所应该有的生活等等。因此，把贫困的研究扩展到非经济领域。吉利斯（1998）在其《发展经济学》中指出，贫困不完全是对绝对意义上的生活水平而言的，它的真正基础在心理上。穷人指的是那些自己认为是社会的一部分但又感到被剥夺了与社会中另一部分同享欢乐权利的人。台湾学者林松龄（1991）曾指出：贫困不但是指经济生活的相对缺乏，还表示社会生活方式的差异，包括物质生活外的各种社会次级需求的不平等。世界银行在

《2000/2001 年世界发展报告：与贫困作斗争》中指出，贫困是缺乏达到最低生活水准的能力，贫困不仅指低收入和低消费，还指在教育、医疗、卫生、营养以及人类发展的其他领域成就较少。同时指出，贫困可以进一步发展为没有权力、没有发言权、脆弱性和恐惧感（世界银行，2001）。而社会排斥观点认为，贫困是由于个人或群体在社会关系上、心理上、文化上和政治参与上被长期隔绝，无法享受到公民地位所赋予的公民政治权力及社会权力（Room，1995；Atkinson，1999）Coudouel，Hentschel and Wodon 等指出贫困尽管传统上以经济尺度来衡量，但还包括许多维度，健康、营养、文化、社会关系、安全、自我尊重和权利等方面，这些方面的不足或者缺乏也成为一种贫困状态。从贫困研究的外延看，主要出现了人类贫困、能力贫困、健康贫困、知识贫困、教育贫困、文化贫困、社会权利贫困、社会资源贫困等维度。

　　总之，社会的发展带来贫困问题的复杂化，单纯经济意义上贫困研究的适应范围和适应性越来越显示出局限性，对于揭示贫困的根源以及提高反贫困的效率已经成为一种阻碍。因此，在经济贫困的基础上突破其框架来研究非经济贫困是人类社会缓解和消除贫困，实现自身发展的必然要求。

三、相对贫困的理论分析基础

　　相对贫困是一个发展性的贫困概念，目前被发达国家广泛采用，用来描述在某一收入水平线状态下的居民实际生活状态将比与其所处社会环境中平均生活水平的差别的量化，货币收入以及发展的机会缺少到一定程度时所处的那种生活状态。因而，相对贫困有着明显的不同国家政府的主观性，与不同国家财政收入状况直接相关。

（一）贫困的相对性特征

　　贫困既是一个绝对概念，又是一个相对概念。即使绝对贫困标准，也不是那么绝对，而是蕴含着一定的相对含义。比如朗特里的饮食菜单中就包含了非生活必需品——茶。相对贫困是相对于富裕或不贫困而言的，即贫困实际上用什么是由不贫困来衡量的，只有相当一部分人不贫困时，才存在贫困问题。这种相对性首先表现在衡量贫困（绝对贫困）的"生活必需品"并非一成不变，被看做绝对贫困概念鼻祖的朗特里在对维持生存的必需品进行度量时就将"非必需品"茶也包括在内。在另一次调查中，他还将收音机、报纸和给孩子的礼品和节日礼品的开支包括进去；贫困的相对性还表现在它依赖于一定的主观价值判断，它描绘的是社会不同成员的收入差距和分配上的不平等。因而相对性是贫困概念的最本质属性之一。对此，恩格斯在《家庭、私有制和国家的起源》一书中对此作了精辟的阐述。恩格斯说，在氏族制社会"不会有贫穷困苦的人，因为共产制的家庭经济和氏族都知道它们对于老年人、病人和战争残废者所负的义务。大家都是平等、自由的，包括妇女在内"。[17]随着社会分工、剩余财产差别和私有制的出现，以及对财富的贪欲，"氏族成员分成富人和穷人"[18]，"财富便迅速积聚和集中在一个人数很少的阶级手中，与此同时，大众日益贫困化，贫民的人数也日益增长。"[19]。恩格斯的辩证分析，对于我们理解穷人与富人这两个对立面的相生依存性，理解贫困的起源即由剩余财产差别到贫富两极分化的起源过程，有着重要的指导意义。

从相对的角度去看待贫困问题，可以发现贫困问题具有如下特点和表现：

第一，贫困具有动态性、变化性、历史性。按照马克思主义哲学观点，永恒的、不变的、无限的，是绝对的基本特征；暂时的、变化的、有限的，则是相对的内在本质。列宁曾在《社会民主党在民主革命中的两种策略》一文中说："在具体的环境中必须提出具体的政治任务。一切都是相对的，一切都是流动的，一切都是变化的。"[20]在这里，列宁把相对性与流动性、变化性联系起来。我们说贫困是相对的，是因为随着时间的推移和时代的变迁，它的内涵和外延是变化的、动态的、有限的。虽然在某个时期贫困是静态的、不变的，但从纵向上或历史演进的角度看，它是一个动态的、历史的概念。贫困的动态性是指贫困的标准随着社会经济发展、收入水平的变化以及社会环境的变化而变化。换句话说，我们很难用一些固定不变的标准和指标来衡量贫困。

第二，贫困具有复合性、多元性。多元性是指，贫困往往是与"落后""匮乏"或"困难"联系在一起的，可从经济、社会、文化、精神等多个视角去分析和理解；复杂性是指，收入贫困及其延伸的物质匮乏通常只是贫困的外在表现形式或者说是贫困的结果，而不是原因，贫困的实质应是经济、政治、心理和精神文化等多方面综合的结果。也就是说，物质的缺乏和收入的贫困只是表象，更深层次的、最根本的是能力的不足、机会的缺失和权利的剥夺。

第三，贫困具有社会性、可逆性。贫困的社会性是指所谓的"最低"或"最起码"的生活水准是得到社会公认的，比如贫困标准的制定，就是根据社会公众认可的标准开出的维持最低生活需要的一张"清单"。此外，社会性还指由物质、文化生活资源的分配问题造成的贫困，其成因包括人口、权利、政策、就业、观念、贫困背景和个人行为特征等。贫困的可逆性即可变性，是指贫困不是永恒不变的，在一定条件下，它可以向不贫困或富裕方面转化。

第四，贫困具有内涵的扩展性和外延的层递性。内涵的扩展性是指，随着贫困研究的不断深入，人们对贫困内涵的认识经历了一个从早期基于收入层面的认识到能力和权利再到人类发展这样一个不断扩展的过程。在贫困的度量上更倾向于运用相对指标来全面测量贫困；外延的层递性是指，随着生产力和社会发展水平的变化，贫困表现为与个人（或人类）需求层次相对应的动态层递过程，社会越向前发展，贫困就越表现为较高层次需求的缺失。从最初的收入匮乏导致的物质贫困到心理、精神等方面贫困的发展，明显表现为层递式的不断演进过程。

第五，贫困具有主观感受性，评价具有相对性。贫困不仅具有一定的客观表征，而且作为一种生活形态还具有很强的主观感受性。它依赖于一定的主观价值判断，这种主观性可以来自贫困者本人的体验，也可以来自其他人的评价。然而不论是贫困者本人的感受还是他人的评价都具有很强的相对性。人们总是在特定的背景下，在与他人的比较中去感受自己的生活状况或评价别人的生活状况。这种相对性不仅会导致贫困标准的空间差异，即对不同国家和地区有不一样的贫困标准，而且可能导致贫困标准的时间差异，即在同一地区贫困标准随时间的变化而变化。由此可以得出两个结论：一是任何贫困都是在特定的空间与时间中产生和认定的，离开特定的空间和时间去谈论抽象的贫困是没有实际意义的；二是事实上任何贫困都是在特定时空中社会不平等的产物，只要这一根源一直存在，贫困就无法完全消除。由此可以进一步得出这样的结论：缓解贫困的主要方向是缩小社会不平等，只有消除了社会不平等才有可能最终消除贫困。

第六，贫困的程度具有多样性、贫困的划界具有社会性。不论是从物质生活匮乏还是从社会参与不足等角度看，贫困的表现程度都是一个从低到高的连续分布。也就是说，贫困指标应该是一个连续变量而不是一种"是"或"否"的类别变量。例如，从收入指标上测量，家庭人均收入的分布是一个从零到最高的连续分布，而不是"有"或"无"的两极分布，在社会参与等方面的情况也是如此。贫困现象的这一特征导致无法找到一个天然的"贫困"与"非贫困"的分类标准，而只能在特定指标数据分布的连续谱系中人为地选择一个划界点或贫困线。迄今为止，中外贫困问题的研究表明，贫困线的划定并不是一个纯客观的技术性问题，而是要依据客观因素，采用相应的技术手段，同时需要更多地兼顾特定时期的经济、社会、文化乃至政治等方面因素的复杂影响。贫困的划界具有很强的社会性。不同的划界标准不仅决定着贫困者的规模，而且影响着社会救助的水平，进而影响政府相关支出的规模和结构，并进一步影响着其他社会群体的利益，因此贫困的划界受到社会关注，甚至引发政治冲突。正如一位西方研究者所说："贫困研究不会是价值中立的。选择任何一种测量工具都不可避免地是一种涉及社会价值的事情。……（对贫困的）研究应该是有意识地与政治政策相关联。这就把贫困问题的研究者们推到了宽广意义的政治火线上。"（Brian Abel-Smith，"The Study and Definition of Pov-erty：Values and Social Aims，" in Peter Saunders，eds，Wel-fare and Inequality，

Cambridge，Mass：Cambridge University Press，1994，p. 220.）

（二）国内外相对贫困研究综述

发展中国家和发达国家在贫困方面的研究差别是绝对贫困的考虑在前者占统治地位，而相对贫困在后者更为重要。一些发达国家的文献里甚至有这样的观点："贫困"完全是"相对的"。

1. 国外相对贫困研究现状

目前在西方国家，相对贫困已经从理论研究推向了全面实践，相对贫困概念已经被卓有成效地运用于贫困分析。国外学者研究相对贫困时，大多依据贫困内涵的发展历程，逐步提出并深化其相关概念。其测量方法也是随着对贫困概念认识的深化不断变化，一般先从相对收入单一指标入手，分析个体之间的收入剥夺状态。"随着研究的深入发展，学者多从收入、能力、权利和社会参与等多维度建立相关测量指标。

英国作为福利国家的创始国，其贫困理论及实践是走在了世界前列的，也是较早提出相对贫困理论的国家。汤森（1971）率先提出相对贫困理论，并对贫困进行了系统阐释。认为"贫困不仅仅是基本生活必需品的缺乏，而是个人家庭、社会组织缺乏获得饮食、住房、娱乐和参与社会活动等方面的资源，使其不足以达到按照社会习俗或所在社会鼓励提倡的平均生活水平，从而被排斥在正常的生活方式和社会活动之外的一种生存状态。由于穷人缺少这些资源，他们所应该拥有的条件和机会就被相对剥夺了，故而处于贫困状态"。其后，阿玛蒂亚·森的权利贫困（1981）、能力贫困（1999）以及罗伯特·坎勃的脆弱性、无话语权（1995）和Strobel（1996）的社会排斥等逐步引入贫困概念。

关于相对贫困标准及测量方法。贫困标准是判断穷人和非穷人的重要标准，理论和实践中一般用贫困线来界定"是否贫困"，因而贫困标准又叫贫困线。贫困可以分为绝对贫困与相对贫困，客观上的贫困线也称为绝对贫困线，相对贫困概念对应相对贫困线，用以确定相对贫困。鉴于西方国家和地区较早达到了"零饥饿"的状态，20世纪50～60年代起，欧洲国家陆续废除了绝对贫困标准，以发展性的相对贫困标准来衡量贫困发生率。

从理论上来说，相对贫困是一个相对量，是个人或某群体、某地区相对社会上其他个人、群体、地区的收入水平或实际生活水准而言的一个概念，它反映的是社会财富分配不公平现象。相对贫困阶层一般是社会分层的下层，特别是收入或财富分配的底层。对于不同国家或地区社会而言，一个人或一个家庭的收入相对于其他社会成员或平均水平的衡量尺度显然各不相同，因此，相对贫困避免采用基本需求的概念，而是考虑了收入不平等和社会底层民众相对于社会整体的发展问题，因而往往被已经摆脱基本需求约束的发达国家所采用。

实践中，相对贫困线的确定主要有两种：一是收入等分定义法（也称比重法），就是将收入最低的某一百分比人口作为贫困人口；二是收入平均数法，就是以社会平均收入某一百分比作为标准，未达到这一标准的即为贫困人口。鉴于前者划定标准的同时，就已经界定了贫困人口规模，有本末倒置之嫌，因此在实践中，一般采取后者作为相对贫困标准。在《1990年世界发展报告》内容中，世界银行表达了以下观点："衡量一个家庭生活水平的基本方法就是参考该家庭人均可支配收入和支出。"简单来说，操作中一般就以个人或家庭的收支情况来判断其贫困与否。按照相对贫困的观点，贫困居民的收入相对其他人较低，因此可以划定一定比例的低收入人群为贫困人口。首先利用城镇居民住户调研资料，按其收入从低到高排序，规定某一比率的最低收入群体为贫困，这一群体中的最高收入即被确定为贫困线，这一比率一般为5％。

涉及相对贫困的衡量，古希腊时期，哲学家柏拉图在其著作《法篇》中提到，富人财富不得超过贫困线的四倍，否则，"理想国"就应对富人的财富采取法制措施予以限制。目前，不少西方国家把占社会中等收入或平均收入的一定比例（如40％、50％或60％）作为相对贫困线。如约翰·罗尔斯在《正义论》中提到的"最不利者"是指所有达不到中等收入和财富的一半的人。他认为采用与居中者相隔一半的社会距离来定义"最不利者"，是最能反映"较不利的社会成员的境况的一个本质特征。"联合国开发计划署提出的工业化国家对体面生活水平的剥夺，也是用生活在收入贫困线（中等可支配收入的50％）以下的人口所占百分比（贫困发生率）来表示。欧盟采用的标准为60％。美国依据其整体国民恩格尔系数，将三倍的最低食品需求标准作为贫困标准。英国在20世纪60年代，废除了朗特里的"绝对主义"贫困理念，而采用相对贫困线来定义贫困人口，具体标准细分为"家庭收入低于中位数收入的60％、50％或40％"三个等次，占中位数收入比例越低的家庭贫困程度越深，其中的中位数收入是指处于中间收入分配阶层的家庭所获得的税后收入。

与社会中等收入水平作比较的相对贫困标准提出者是彼得·汤森（Peter Townsend）。它所体现的发达国家的社会伦理规范是，当个人或家庭收入水平比社会中等或平均可支配收入低很多，就视为对有尊严的体面生活的一种剥夺，就视为贫困。此法的好处在于，相对贫困标准主要基于平等的收入分配上，反映了贫困本身的相对性特质，且操作简单，简便易行，计算方便，基本能够方便各地区进行对比。同时，由于涵盖了人们公认的一些社会评价，因此基于此标准制定反贫困政策容易得到民众的拥护。但不足之处也不容忽视：首先，在统计意义上，不论经济社会如何发展，贫困永远存在，因为总有一定比例的人被视为贫困人口；另一方面，如出现经济危机或经济衰退，新的绝对贫困人口无法在相对贫困标准上体现；此外，该方法只考虑收入水平，而不涵盖贫困群体的个人需求，因此只能大致估算贫困状况。而且此法只是对贫困人口规模的大致估计，无法提供其生活情况的具体细节，不能完整展现贫困人口实际的生活状态。

从测量方法看，联合国开发计划署（UNDP，1997）提出，人类贫困指数（HPI）针对发展中国家和发达国家不同的贫困状况，分别采用了不同的维度指标。[21]阿玛蒂亚·森较早提出了"森指数"的测量方法。该方法基于较全面的贫困定义前提，即贫困的"识别（identification）"和"加总（aggregation）"。为了弥补度量中缺少的收入分配问题，阿玛蒂亚·森引入了基尼系数G，G度量的正是收入分配的公平程度。由此阿玛蒂亚·森得出了一个更精确的衡量贫困的指数 P，P＝H｛I＋（1－I）G｝。P指数很好地把握了相对贫困的内涵，不仅"识别"和"加总"了贫困，而且反映了分配的不平等程度，P随着G的增大而增大，当分配绝对平均即所有人的收入都相等时，G为0，此时P＝HI。[22]Grootaert（2001）通过使用 Quantile 方法发现，社会资本的回报随着不同组别收入的提高而降低，特别是在低收入群体中的回报相当于高收入人群的两倍，因此社会资本是穷人的资本。[23]

近年来，随着贫困的多维认知，多维贫困测度日渐成为贫困研究的主流。Atkinson（2003）在满足大部分公理化标准的基础上，采用了多维贫困测度中的"计数法"考察了欧洲国家的贫困问题。[24]Chakravart（2008）借助 Watts 多维贫困指数，运用夏普里分解，从人均 GDP、预期寿命及文盲率三个方面测算了不同国家的多维贫困状况。[25]Brandolini（2009）提出多维贫困度量方法可以分为三类：逐个比较法、非加总法和加总方法。[26]Alkire 和 Santos（2010）基于对人类贫困指数进行补充的角度，提出人文发展指数。联合国开发计划署与英国牛津贫困与人类发展中心（OPHI，2010）合作开发多维贫困指数（MPI），反映了贫困个体或家庭在不同维度上的贫困程度。[27]

关于相对贫困风险分析。风险是指人们在生产建设和日常生活中遭遇能导致人身伤亡、财产受损及其他经济损失的自然灾害、意外事故和其他不测事件的可能性[28]。部分国外学者已对不同人口群体的相对贫困风险状况进行了实证研究，并得出了一些富有社会现实意义的结论。依照研究的主要人口群体分类的不同，研究结论主要集中在以下几个方面：一是以年龄分类，儿童和老年人具有较高的贫困风险。二是以性别分类，一般认为女性相比男性具有较高的贫困风险。三是以家庭特征分类，单身家庭、单亲家庭、抚养孩子多的家庭具有较高的贫困风险。四是以就业状态分类，失业者或者非全日制工作的人具有较高的贫困风险，失业者的贫困风险甚至比其他任何人口群体都高。五是以就业领域分类，非正式部门或者非正式就业和农业领域就业的人具有较高的相对贫困风险。六是以教育水平分类，受教育水平与相对贫困风险负相关。

2. 国内相对贫困研究现状

在绝对贫困问题趋于好转的形势下，相对贫困开始被国内学术界更多地提及。20 世纪中期，学者们就开始考虑贫困人群的社会需求和人力资本积累问题，随着部分国家内部发展的不均衡现象频现，学界普遍认识到贫困不仅意味着温饱，还意味着遭受相对剥夺（relative deprivation），由此提出了相对贫困理论（陈宗胜等，2013）。20 世纪 90 年代以来，我国相对贫困水平呈逐步上升趋势，贫困群体内部的收入差距也在不断加大（农业部，2013）。农村贫困问题呈现出了绝对贫困与相对贫困共存的特征。突出地表现为相对于高收入人群，穷人较难从经济增长中获得好处。由于相对贫困属于隐形贫困，不具备绝对贫困的显性特征，再加上发展中国家以绝对贫困为主。国内研究更多集中在对相对贫困概念的界定和理论的解释方面，真正系统地进行实证研究非常少见。研究方法也以定性描述为主，严谨的定量分析较为缺乏。这在很大程度上影响了研究的可信度和社会应用价值，也制约了对相对贫困问题的认识和有效解决。

对相对贫困概念的研究。从主要文献看，相对贫困的界定主要有两个角度：一是从收入（生活）水平、生活状态描述；二是从社会公平、制度因素分析。[29]前者如唐钧（1994）认为，绝对贫困、相对贫困和基本贫困是一个互相衔接的独立概念。绝对贫困是内核，向外扩展第一波是基本贫困，第二波是相对贫困。[30]康晓光（1995）提出，贫困是人的一种生存状态，在这种生存状态中，人由于不能合法地获得基本的物质生活条件和参与基本的社会活动的机会，以至于不能维持一种个人生理和社会文化可以接受的生活水准。[31]关信平（1999）在研究城市贫困的问题时，认为贫困是在特定的社会背景下，部分社会成员由于缺乏必要的资源，而在一定程度上，被剥夺了正常获得生活资料和参与经济和社会活动的权利，并使他们的生活持续性低于社会的常规生活标准。[32]陆小华（2000）认为，贫困是对人类一种生存状态的描述，是指满足特定人群生存所需的物质供给、技能保障及意识引导与社会平均水平相比处在匮乏状态。[33]魏津生、童星、林闽钢（2001）也提出，贫困既是一个绝对的概念，又是一个相对的概念。相对贫困指低于社会公认的基本生活水平，缺乏扩大社会再生产的能力或能力弱。[34]

21 世纪初，一些学者从制度因素角度分析社会的贫困现象和原因。朱登兴（2001）认为，相对贫困是一个社会道德范畴，属于社会公平问题。[35]霍艳丽，童正容（2005）立足于制度因素视角分析我国的相对贫困现象。从我国社会中存在的财富分配的"马太效应"出发，分析我国贫富收入两极化趋势下，提供机会平等的资源获得途径和公平的社会制度，对于降低相对贫困状态的大部分人的心理落差是极为关键的，即要以社会公平的制度诉求来解决相对贫困问题。[36]周仲高，柏萍（2014）针对"制度性"贫困提出，制度本质上是一些权利的集合，它减少了人类活动的不确定性，同时也减少了人可能的选择范围。但若在分配权利的过程中，由于不公平的分配法则使得部分人无法获得同等的权利，从而陷入贫困，这就是"制度性"贫困。[37]当前的贫困既是由贫困人口自身方面主客观条件造成的，也是一系列社会制度安排消极因果关系相互作用所导致的结果。

关于相对贫困标准及测量方法。总得来说，迄今为止，我国关于贫困线的研究和规定都还是初步的。长期以来，在实际操作中，我国农村有绝对贫困和相对贫困两条贫困线，绝对贫困线是指国际贫困线标准或者我国国家规定的贫困线标准，二者都是固定的贫困标准。从2009年起，取消了农村绝对贫困人口和低收入人口区别对待政策，不再区分绝对贫困与相对贫困的概念。

国际贫困标准是由世界银行提出并得到政府机构、国际组织和贫困研究学者的广泛认可的绝对贫困标准。世界银行是研究国际社会问题的主要机构，通常所说的国际贫困标准就是世界银行划定的贫困标准。世界银行对贫困的定义是"福祉（wellbeing）的被剥夺"（World Bank，2000），而福祉主要关注个体或家庭是否拥有足够的资源以满足基本需要（Basic need）。基于此认识，世界银行按照基本需要成本方法（cost of basic needs approach）测量贫困，基本需要包括两部分：一部分是为满足充足的营养而获得一定量的食物需要，大多按照每人每天摄取热量2 100卡路里计算；另一部分是衣着、住房等非食物基本需要（World Bank，2009）。据此，世界银行确定了1美元/天的贫困线作为国际通用的贫困标准来衡量各国的贫困状态。1天1美元的贫困标准比较符合人们对贫困生活水平的认识，并且简单好记，很快被广泛应用。2000年，联合国千年发展目标也采用了这一标准，使其更加深入人心。2008年，世界银行根据75个国家（其中包括转型国家）的贫困线数据以及2005年购买力平价（PPP），对1天1美元贫困线进行了重新修订。2015年以来，世界银行主要用每天1.9美元和每天3.1美元标准衡量发展中国家贫困状况。这两个标准都以2011年为价格基期。前者是国际极端贫困标准，是全球15个最穷国家的国家标准的平均值；后者是其他发展中国家贫困线的中位数。

关于我国国家贫困标准。鉴于国家统计局没有正式公布全国城市贫困标准，因此，中国现行的政府贫困标准实际上指的是农村贫困标准。而且我国与世界银行的贫困标准是绝对贫困标准，界定的是不能达到最低生活水平线的绝对贫困人口。不同的是，我国的贫困标准是从收入的角度出发，以人均可支配收入标志贫困人口，世界银行的贫困标准是从消费的角度出发，以人均消费作为测度指标，标志贫困人口。

我国自改革开放以来的扶贫历史实践中先后进行了三次大的贫困线调整，

采用过三个国家贫困标准，分别是"1978 年标准""2008 年标准"和"2010 年标准"。

"1978 年标准"指的是按 1978 年物价水平每人每年 100 元（折合每人每天 0.27 元）。这是一条低水平的生存标准，是保证每人每天 2 100 大卡热量的食物支出，食物支出比重约 85%。基于测算时的农村实际情况，基本食物需求质量较差，比如主食中粗粮比重较高，副食中肉蛋比重很低，且标准中的食物支出比重过高，因而只能勉强果腹。

"2008 年标准"实际上是按 2000 年的物价水平划定。我国在 2008 年政策上发生了较大变化。在此之前制定了两个扶贫标准，一个是绝对贫困标准，一个是低收入标准。直到 2008 年，我国为了简化政策实行的程序，不再区分绝对贫困标准与低收入标准，并将当年 1 067 元的低收入标准作为国家统一的扶贫标准。这大大便利了扶贫相关工作的开展，有效提高了扶贫项目实施的效率，对整个扶贫工作起到了十分重要的推动作用。按 2000 年价格每人每年 865 元，这是基本温饱标准，保证每人每天 2 100 大卡热量的食物支出，是在"1978 标准"基础上适当扩展非食物部分，将食物支出比重降低到 60%。可基本保证实现"有吃、有穿"，基本满足温饱。

"2010 年标准"，即现行农村贫困标准。按 2010 年价格每人每年 2 300 元，按 2014 年和 2015 年价格每人分别为每年 2 800 元和 2 855 元，这是结合"两不愁，三保障"测定的基本稳定温饱标准。根据对全国居民家庭的直接调查结果测算，在义务教育、基本医疗和住房安全有保障（即三保障）的情况下，现行贫困标准包括的食物支出，可按农村住户农产品出售和购买综合平均价，每天消费 1 斤*米面、1 斤蔬菜和 1 两**肉或 1 个鸡蛋，每天获得 2 100 大卡热量和 60 克左右的蛋白质，以满足基本维持稳定温饱的需要，同时，现行贫困标准中还包括较高的非食物支出，2014 年实际食物支出比重为 53.5%[38]。此外，在实际测算过程中，对高寒地区采用 1.1 倍贫困线。

事实上，伴随着上面三次大的贫困线调整的同时，我国每年不断根据物价水平进行微调。尤其是进入 21 世纪以来，我国的贫困标准呈现出明显的历年上升的趋势，从 2001 年到 2006 年，标准在 600～700 元。贫困人口从 2001 年 2 970 万减少到 2006 年的 2 148 万，下降了 27.8%。低收入人口从 6 102 万减少到 3 550 万，下降了 41.8%；2007 年贫困人口标准提高了 13.3%，达到 785 元。低收入人口标准提高了 11.4%。这一年贫困人口减少了 709 万；2008 年提高到 1 196 元，整个贫困群体增加到 4 007 万；2010 年再次调整

　＊　斤为非法定计量单位，1 斤＝0.5 千克。
　＊＊　两为非法定计量单位，1 两＝0.05 千克。

为 1 274 元，但贫困人口则下降减少到 2 688 万，比 2008 年下降了 32.9%；2011 年贫困标准增加到 2 300 元，这个标准已经非常接近世界银行 1 天 1 美元的国际标准。此后 5 年均实行这个标准。国际现行扶贫标准是每人每天 1.9 美元，中国目前的扶贫标准是 2 952 元。按照世界银行的方法进行换算，我国 2016 年 2 952 元的贫困标准约相当于 2011 年的每天 2.3 美元。相比较而言，中国农村贫困标准高于世界银行所发布的每天 1.9 美元的国际贫困标准。

扶贫标准的上调必然意味着扶贫范围的扩大，意味着更多贫困人口将被加入到扶贫计划中，使越来越多的贫困群众受惠。事实上我国的贫困人口主要集中在农村地区，对于农民所有的土地等财产是没有纳入到有关贫困标准的计算中的，如果加入这部分内容，我国的贫困线标准会远超国际标准。另外，原来在制定贫困线标准时仅仅考虑满足低水平生存的情况，对标准进行上调，其实是将部分发展需求纳入到考虑范围之内，所以这一标准更加重视了扶贫减贫质量的动态提升。在 1990 年，中国贫困人口比重无论是以每天 1.9 美元还是 3.2 美元标准与国际作比较，中国贫困人口比重都要高于全球平均水平。截止到 2013 年，生活在每天 1.9 美元标准以下的全球人口比重是 10.7 个百分点，而这个标准下的中国人口比重仅为 1.9 个百分点，中国贫困人口比重显著低于世界平均水平，甚至低于欧洲和中亚地区 2.2 个百分点；生活在每天 3.2 美元标准以下的全球人口比重为 28.3%，而这个标准下的中国人口比重仅为 12.1 个百分点，低于世界平均水平，高于中等偏上收入国家。在 1990—2013 年期间，生活在每天 1.9 美元标准以下的全球人口数量从 18.672 亿人下降到 7.685 亿人，减少了 10.987 亿人，其中 7 亿多人口来自中国。中国贫困人口减少数量占全球贫困人口减少数量的 2/3，为世界反贫困事业做出了榜样。

在中国，除了国家贫困标准之外，由于各地的情况不同，各地也有各自的扶贫工作标准。各地扶贫工作标准的制定一般依据本地区的经济发展水平、收入分布状况、居民消费生活方式等情况。国家贫困标准是测算全国及分省贫困人口规模、贫困发生率等指标的统一标准尺度。各地标准是各地实施扶贫工作、界定具体扶贫对象和帮扶强度等要求的工作标准。二者之间其实并无冲突：首先，各地用同一标准衡量时，数据是可比的，可以相对客观地比较各地的贫困程度、准确衡量扶贫成效，这样便于形成一个可比较、可操作的有机的标准体系，对外也便于参与国际标准的制定。其次，国家贫困标准与各地标准是一个统一的整体，都要为实现 2020 年打赢脱贫攻坚战的目标服务。再者，现行贫困标准在年度之间要可比，要对应同一种生活水平。

关于相对贫困测量的研究，国内学者在相对贫困理论的基础上，由收入、教育、心理等单一指标的测量研究，逐步发展到以收入、健康和教育为基本体系的多维指标，从多视角分析我国相对贫困的动态性变化。

基于收入、心理、教育等单一指标测量相对贫困的研究成果主要有：李小云（2005）在涉及个体或家庭心里感官方面的福利指标的研究，提出了参与贫困指数（PPI）。[39]刘修岩（2007）运用两阶段 Probit 模型分析了农户教育对消除农村贫困的影响，发现提高农户受教育程度能显著降低农村陷入贫困状态的概率。[40]李永友和沈坤荣（2007）提出，相对贫困较难通过市场机制解决，政府有责任在财富的二次分配中调整社会财富的分布状况，以改变初次分配形成的不利格局。[41]王星颖（2013）通过构建 logistic 模型分析贵州农村的贫困问题，并为建立可持续反贫困机制提供数据支撑。[42]段美枝（2014）提出，目前我国相对贫困问题突出，主要是由于收入分配不平等造成的，采用洛仑兹曲线为基本模型进行分析。[43]

近几年，国内基于多维视角研究贫困测量的文献也逐渐增多，但主要还是借助于国外方法。陈立中（2008）运用 Watts 贫困指数，从收入、知识和健康三个维度对我国 1990 年、1997 年和 2003 年的多维贫困进行了测算，并对引起贫困状况变化的因素进行了夏普里分解，得出了引起国内贫困大幅度下降的因素中，收入贫困下降最多，健康贫困最少的观点。[44]王小林和 Sabina Alkire（2009）采用 Alkire&Foster 提出的多维度贫困测量方法，利用中国健康与营养调查中的 2006 年数据，对 8 项指标进行等权重赋值，对我国城市和农村多维度贫困情况做了深入分析。[45]陈宗胜，沈扬扬，周云波（2013）文中借用非参数核密度方法，利用历年《中国农村住户调查年鉴》20 分组数据，绘制农村最低收入户的绝对和相对收入分布图，详细分析 20 世纪 80 年代以来中国农村贫困变动状况。并指出，中国农村相对贫困状况日趋恶化。选用 Shorrocks 和 Wan（2008）提出的分组数据构造方法，以 SM 分布作为构造数据的基础，以 SST 指数进行稳健性检验，提出应当重视相对贫困问题的解决。并建议将 0.4～0.5 均值系数作为"相对贫困线"。[46]张全红，周强（2014）以 MPI 多维贫困指数为基准，增加收入维度，组成 4 个维度共 11 项指标，并以中国 1989—2009 健康与营养调查数据为依据，借助主成分分析法进行非等权重赋值，考察中国多维贫困的动态变化。并指出仅用收入来衡量贫困是有局限的，甚至可能会忽视个体或家庭的脆弱性和贫困的长期性。[47]杨晶（2014）采用双界限的方法，根据《纲要》提出的目标任务选取贫困维度，对我国农村的多维贫困进行测度和分析。[48]刘雨桐（2014）通过 quantile 回归的方法，并用相对剥夺指数替代 logit 回归中二元虚拟变量，证实了社会资本对贫困程度有更高的个体作用，更强的现象。[49]

关于相对贫困群体类型分析。受国外相对贫困理论影响，国内一些学者突破传统的贫困研究方法，以特定群体或特定地区的特征为分析对象，来探析造成贫困的原因及对策。寿可，葛长青（2003）认为，相对贫困的原因是复杂的，可能是单一因素，也可能是多元因素，以下7个群体类型凡居其一，就应归入相对贫困易发生群体，对应类型越多，其属于相对贫困的概率就越高：丧失就业机会群体、老年群体、边缘人群体、低教育水平群体、有多个未成年子女的家庭、残疾人群体、贫困地区的群众。[50]毛广雄（2012）认为，在区域经济整体繁荣的苏南地区，也存在明显的农村相对贫困问题，表现为就业类型的传统化，贫困线水平的高端化，贫富差距的扩大化和弱势群体的"赤贫化"等特点。[51]

施杨（2012）随着社会主义市场经济体制的确立以及不断完善，国企改革逐步推进，工人收入不断增长，生活水平也逐渐提高。但工人群体却逐步走向"相对贫困"状态，与整个社会物质生活的极大改善形成反差。[52]张立东（2013），谢婷婷，司登奎（2014）对代际传递的定义，即父辈处于贫困状态时子女处于贫困状态的可能性。[53]曹小曙，任慧子，黄晓燕（2014）在深入分析乡村贫困地方特征的基础上，提出家庭居住地区、家庭职业阶层、社会公平评判是乡村住户陷入或脱离贫困风险的重要影响因素。[54]

总之，相对贫困提出意义重大。一方面它丰富了贫困的内涵，使我们认识到贫困不仅有物质匮乏，还有精神和资源匮乏。另一方面，在社会基本温饱问题得到解决的情况下，相对贫困问题将会成为多种社会矛盾的主要诱因。研究相对贫困这一问题可以将贫困控制在一个对于社会来说相对安全的范围以内来提供帮助。因此，相对贫困的提出具有深远的意义。

相对贫困是指社会成员基本生活的满足程度以及发展的机会无法达到社会公认的基本水准，其主要特征是社会的"相对剥夺"。相对贫困产生的真正原因不在于生产力的落后，而在于社会制度和社会结构的不公与不完善而导致的经济社会资源分配的不公正，从而使一部分人无法充分享受到整个社会发展的成果，进而影响其主体性的正常形成和发展。因此一般认为，对待相对贫困，必须具有人人共享和社会公正的理念。

人人共享是指，社会发展的成果对于绝大多数社会成员来说应当具有共享的性质，即随着社会发展进程的推进，每个社会成员的基本尊严和基本生存条件能够得到维护和满足，每个社会成员的基本发展条件能够得到保证，每个社会成员的生活水准和发展能力能够随着社会发展进程的推进而不断得以提高。正如恩格斯所说，应当"结束牺牲一些人的利益来满足另一些人的需要的状况"，使"所有人共同享受大家创造出来的福利""使社会全体成员的才能得到全面发展"。[55]

公正是人类社会具有永恒价值的基本理念和基本行为准则，作为一种理念和准则，公正是与人类文明发展相伴随的，但现代意义上的社会公正具体内容和规则主要表现在四个方面：一是基本权利的保证，即保证的规则；二是机会平等，即事前的规则；三是按照贡献进行分配，即事后的规则；四是社会调剂的规则（吴忠民，2004）。平等、自由、社会合作等构成了社会公正这一理念的直接依据。

平等是指人们在政治上、经济上以及在社会生活中都处于同等的地位[56]。平等有权利平等（包括机会平等）与结果平等之分，权利平等是指待遇的公平，即人类在若干方面享有得到平等对待的权利，包括政治平等、经济平等和社会平等。自由指的是一种积极的权力和能力，它让我们去做那种值得做和值得享受的事情，那也是我们与他人一起做或一起享受的事情（诺曼·巴里，2005）。自由侧重对个体所具有的个体差异的尊重和保护，标志着作为主体的人超越限制和打破束缚的活动状态，是人的主体性的最充分的体现（王来法、胡平，2003），人的全面而自由的发展是人类社会发展的终极目标。社会合作是社会个体之间的联合或者结合，社会人只有在社会中进行有效的社会合作，才有可能实现自身的价值，并分享其他人表现出来的天赋才能（吴忠民，2004）。

参 考 文 献

[1] 王朝阳. 马克思主义贫困理论的创新与发展[J]. 当代经济研究，2008（2）：2.

[2] Pyatt，F. G，Ward，M. Identifying the poor[C]. Amsterdam，Washington，DC：10S Press，1999.

[3] S. Rowntree，Poverty：A Study of Town Life，London，Macmillan，1901.

[4] 世界银行. 《2000/2001 年世界发展报告——与贫困作斗争》[R]. 中国财政经济出版社，2001：17.

[5] 世界银行. 1990 年世界发展报告[R]. 北京：中国财政经济出版社，1990.

[6] 阿玛蒂亚·森. 以自由看待发展[M]. 北京：中国人民大学出版社，2002：15.

[7] Chamber，Poverty，Livelihood. Whose Reality Counts? Economic Review，1995（2）.

[8] 迪帕·维拉扬. 谁倾听我们的声音[M]. 付岩梅，等，译. 北京：中国人民大学出版社，2001.

[9] 郭熙保，罗知. 论贫困概念的演进[J]. 江西社会科学，2005（11）：38-43.

[10] Sirovfitka，Mar 西，P. PPoverty，social exclusion and social policy in the Czech Republic[J]. Social Policy and Adminm'wation，2006，40（3）：288－303.

[11] Alcock P. Understanding Poverty，London，The Macmillion Press Ltd，1993.

[12] 威廉姆·贝弗里奇. 贝弗里奇报告—社会保险和相关服务[M]. 劳动和社会保障部社会保险研究所组，译. 北京：中国劳动社会保障出版社. 2004.

[13] Glennerster H，Hills J，Piachaud D，et al. One Hundred Years Of Poverty and Policy. Joseph Rowntree Foundation，2004：87.

[14] Townsend P. The Meaning of Poverty. British Journal of Sociology，1962：86 - 101.

[15] 丁建定. 英国社会保障制度史[M]. 北京：人民出版社. 2015，(1)：366 - 368.

[16] 史蒂芬·M，博杜安：世界历史上的贫困[M]. 北京：商务印书馆. 2015，杜鹃译.

[17] 马克思，恩格斯.《马克思恩格斯选集》第四卷[M]. 北京：人民出版社，1995：93.

[18] 马克思，恩格斯.《马克思恩格斯选集》第四卷[M]. 北京：人民出版社，1995：161.

[19] 马克思，恩格斯.《马克思恩格斯选集》第四卷[M]. 北京：人民出版社，164.

[20] 列宁.《列宁全集》第9卷[M]. 北京：人民出版社，1960：71.

[21] UNDP. Human Development Report [M]. Oxford：OxfordUniversity Press，1997.

[22] 阿玛蒂亚·森. 以自由看待发展[M]. 任赜、于真，译. 北京：中国人民大学出版社，2002.

[23] Grootaert C[A]. Paul Dekker，Eric M. Uslaner. Socialcapitaland participation in everyday life [C]. London：Routledge，2001.

[24] Atkinson，A. B. Multidimensional Deprivation：Contrasting Social Welfare and Counting Approaches [J]. Journal of Economic In equality. 2003 (1)：51 - 65.

[25] Chakravarty，S R,Deutsch，J，Silber J. On the WattsMultidimensional Poverty Index and Its Decomposition [J]. Journal of World Development，2008（36），No. 6，1067 - 1077.

[26] B randoliniA. Onapplyingsyntheticindicesofmultidimensional well-being：health and income inequalities in France，Germany，Italy，and the United Kingdom [R]. Bank of Italy Temidi Discussion Working Paper No. 668，2008.

[27] Alkire，Santos，M E. Acute Multidimensional Poverty：A New Index for Developing Countries [Z]. OPHI Working Paper No. 38，2010.

[28] 辞海，上海辞书出版社，2000，1852.

[29] 同春芬，张浩. 关于相对贫困的研究综述[J]. 绥化学院学报，2015 (8)：14 - 19.

[30] 唐钧. 中国城市居民贫困线研究[M]. 上海：上海科学出版社，1994.

[31] 康晓光. 90年代我国的贫困与反贫困问题分析[J]. 战略与管理，1995 (4)：64 - 71.

[32] 关信平. 中国城市贫困问题研究[M]. 长沙：湖南人民出版社，1999.

[33] 丁谦. 关于贫困的界定[J]. 开发研究，2003 (6)：63 - 65.

[34] 童星，林闽钢. 我国农村贫困标准线研究[A]. 中国扶贫论文精粹[C]. 北京：中国扶贫基金会，2001 (18).

[35] 朱登兴，安树伟. 中国农村贫困问题与城镇贫困问题比较研究[J]. 当代财经，2001 (9)：20 - 23.

[36] 霍艳丽，童正容. 从制度因素视角分析我国的相对贫困现象[J]. 技术与市场，2005 (4)：41 - 42.

[37] 周仲高，柏萍. 社会贫困趋势与反贫困战略走向[J]. 湘潭大学学报（哲学社会科学版），2014 (1)：81 - 84.

[38] 王萍萍，等. 中国农村贫国标准问题研究[J]. 调研世界，2015 (8)：3—8、国家统

计局住户调查办公室. 2001/2006/2009/2015 年中国农村贫困监测报告［C］. 北京：中国统计出版社，2001/2006/2009/2015.

［39］李小云，等. 参与式贫困指数的开发与验证［J］. 中国农村经济，2005（5）：39 - 46.

［40］刘修岩，章元，贺小海. 教育与消除农村反贫困：基于上海市农户调查数据的实证研究［J］. 中国农村经济，2007（10）：61 - 68.

［41］李永友，沈坤荣. 财政支出结构！相对贫困与经济增长［J］. 管理世界，2007（11）：14 - 26，171.

［42］王星颖. 贵州农村贫困状况分析与可持续型反贫困机制——基于 Logistic 模型［J］. 北方经济，2013：71 - 72（1）.

［43］段美枝. 关于我国现阶段贫困的评估［J］. 统计与决策，2014（4）：14 - 16.

［44］陈立中. 收入、知识和健康的三类贫困测算与解析［J］. 改革，2008（3）：144 - 148.

［45］王小林. 贫困测量理论与方法［M］. 北京：社会科学文献出版社，2012.

［46］陈宗胜，沈扬扬，周云波. 中国农村贫困状况的绝对与相对变动——兼论相对贫困线的设定［J］. 管理世界，2013（1）：67 - 77，187 - 188.

［47］张全红，周强. 多维贫困测量及述评［J］. 经济与管理，2014（1）：24 - 31.

［48］杨晶. 多维视角下农村贫困的测度与分析［J］. 华东经济管理，2014（9）：33 - 38.

［49］刘雨桐. 市场化转型中社会资本对相对贫困的影响研究——基于 CGSS 微观数据城市样本的实证分析［J］. 当代经济，2014（7）130 - 136.

［50］寿可，葛长青. 相对贫困易发生群体类型分析［J］. 连云港师范高等专科学校学报，2003（2）：11 - 12.

［51］毛广雄. "苏南模式"城市化进程中的农村相对贫困问题［J］. 人口与经济，2004（6）：7 - 11，36.

［52］施杨. 经济体制转型中工人从贫困到相对贫困的生活变迁［J］. 求实，2012（7）：36 - 39.

［53］张立东. 中国农村贫困代际传递实证研究［J］. 中国人口、资源与环境，2013（6）：45 - 50.

［54］曹小曙，任慧子，黄晓燕. 经济发达地区乡村贫困的地方特征及其影响因素分析——以广东省连州市为例［J］. 地域研究与开发，2014（1）：34 - 40.

［55］马克思恩格斯选集（第一卷）［M］. 北京：人民出版社，1995：243.

［56］王艳萍. 克服经济学的哲学贫困［M］. 北京：中国经济出版社，2006：169.

第二章 | CHAPTER 2
反贫困理论及实践的演化

　　贫困是困扰各国社会经济发展和人类社会进步的一个重大问题。人类社会历史发展表明，一部人类社会的发展史既是人类从愚昧走向文明的历史，也是人类不断同贫困斗争的历史。几千年来，人类一直没有停止反贫困的努力和斗争。在某种意义上可以说，人类反贫困的过程就是人类社会由落后到发达、由不合理到合理的发展过程。

　　人类社会发展的历史，就是一部反贫困的历史，因此消除贫困也是世界各国努力的目标和人类共同的历史使命。

　　反贫困不仅是各国人民的共同心愿，对世界大多数国家来说，更是十分迫切的现实问题。时至今日，人类生活条件虽然得到很大的改善，但现代文明却并未能使人类走出贫困的阴影，贫穷依然在世界上很多地方普遍存在，贫困人口饱受饥饿和疾病困扰，生存权与发展权受到威胁。到 2013 年，全世界仍有超过 7.67 亿人生活在 1.9 美元的贫困线下，贫困率之高令人难以接受。2015年 7 月，联合国发布的《千年发展目标 2015 年报告》显示，全球生活在极端贫困中的人口数量从 1990 年的 19 亿降至 2015 年的 8.36 亿。尤其撒哈拉以南非洲和南亚地区还生活着大量绝对贫困人口。全球贫困日益表现出贫困分化加剧、贫困状况恶化、落后地区人口增速较快、绝对贫困和相对贫困并存等特点。于是，贫困问题被联合国列为影响世界和平与发展的首要全球性问题，1964 年美国总统肯尼迪宣布"向贫困挑战"，贫困问题引起了国际社会的广泛关注。

　　在学术研究上，二战如同一个终止符，它改变了许多问题的成长轨迹，也改变了学术研究的思路与方法。人类关注的永远都是离自己最近的问题，最关生死存亡的问题，战争年代，贫困问题显得相对次要。有学者这样描述当时对贫困问题的关注："在第二次世界大战后期，学术共同体实际上并未展开有关贫困的研究。事实上，研究的缺乏是如此明显，以至于在约翰逊执政的最初数月，组建了一个专门调查委员会以研究美国社会中的贫困问题，而他们几乎是'从零开始'，只得依赖于一个'不满两页'的文献目录。"而随着战争的结束，由于战争而变得更加贫困的人类开始吸引着越来越多的学者的眼球。于是贫困与反贫困问题也成了离人类最近的问题，各发展中国家致力于摆脱贫困，发展经济。相应地，学术界开始对贫困与反贫困问题展开广泛的研究。西方经济学界提出许多反贫困的发展理论，如以罗森斯坦·罗丹、纳克斯、刘易斯等为代表的平衡增长理论和以赫希曼、佩鲁等人为代表的不平衡增长理论等，这些理论对于发展中国家的反贫困实践都起过重要的指导作用。反过来，一些发展中国家分别进行的反贫困实践的经验与教训，对于进一步推动反贫困理论研究，无疑具有很重要的意义。

一、反贫困的界定

（一）反贫困的内涵

社会历史发展表明，反贫困作为一项人类共同的历史使命，其历史几乎同贫困的历史一样源远流长，但"反贫困"作为一个术语，直到20世纪60年代才由冈纳·缪尔达尔引入学术研究中。1970年缪尔达尔出版的著作——《世界贫困的挑战》有一个很醒目的副标题："世界反贫困大纲"。该书从治理贫困的政策层面上提出了反贫困这一概念，这对后来人们使用这一概念产生了极大影响。

目前国外对反贫困（Anti-poverty）有三种概念表述：一是减少贫困（Poverty Reduction）；二是减缓贫困（Poverty Alleviation）；三是消除贫困（Poverty Eradication）。

三种概念表述体现了国外对反贫困的不同理解。减少贫困侧重于从贫困人口的数量的角度，强调反贫困的过程性；减缓贫困侧重于从贫困程度的角度，即减轻、缓和贫困；消除贫困则强调了反贫困的目的性。实际上，国外在谈到反贫困时，用得比较多的还是"减缓贫困（Poverty Alleviation）"这一词组。原因可能在于对于一个国家和地区而言，一些暂时性的贫困、绝对贫困是可以被消除的，但要想从人类社会中完全"消除贫困（Poverty Eradication）"几乎是不可能的，完全"消除贫困（Poverty Eradication）"只能是人类社会一个长远的、坚持不懈的战略目标。同时，贫困是一个相对概念，随着经济的发展和人民生活水平的普遍提高，贫困标准也在不断提高，"减少贫困（Poverty Reduction）"也体现了一种相对性。因此，相比较而言，"减缓贫困（Poverty Alleviation）"是一种比较折中的说法，既能表达反贫困的决心，又能够表达反贫困过程的艰巨性。

从减少贫困的因素、减缓贫困的程度直至消灭贫困的目标，也正好反映了人类社会摆脱贫困的逻辑顺序和渐进过程。[1] 从中我们可以发现，反贫困不仅是一个具有政策实践与制度安排双重涵义的治理概念，而且是一个与社会发展的终极目标——人的全面发展相关的目的性概念。

我国对于反贫困的广泛表达是"扶贫"（support poverty——扶持贫困），主要是从政策实践的角度研究和落实政府或民间的反贫困计划与项目。它是一种以消除贫困为目标的具体行为，同时也是一个过程，所以与国际上减少贫困和缓解贫困的概念较为相近。

（二）反贫困的基本特征

基于上述反贫困内涵的不同表述和分析，反贫困至少有以下几个特征：

反贫困具有长期性。贫困存在的长期性决定了反贫困的长期性，解决贫困问题不是一朝一夕的事，消除贫困绝非轻而易举。从 16 世纪末英国颁布《伊丽莎白济贫法》至 20 世纪中叶英国创立"福利国家"再到 20 世纪 60 年代美国创立"伟大社会"以及 1945 年联合国成立时将"消除贫困"写入《联合国宪章》，人类对于消除贫困的努力和实践从未停止，然而半个世纪过去了，贫困仍时刻威胁着人类的生存。不仅广大发展中国家绝对生存型贫困人口庞大，即便是在生产力高度发达的西方资本主义国家，也存在着一定比例和程度不等的贫困人口。同时，伴随全球经济的高速增长，贫富差距在日益增大。联合国在《1998 年人类发展报告》中指出："世界上 1/5 最富有的人消费全球商品和服务总量的 86%，而 1/5 最穷的人仅消费 1.3%。"穷人与富人的收入比由 30 年前的 30∶1 扩大到 61∶1。因此，贫困问题被联合国列为社会发展问题三大主题之首，联合国在 1945 年成立时就把"消灭贫困"写进了庄严的《联合国宪章》。1992 年 12 月 22 日，第 47 届联合国大会根据联合国第二委员会（经济和财政）的建议，确定每年的 10 月 17 日为世界消除贫困日，旨在引起国际社会对贫困问题的重视。事实表明，随着一个国家或地区的科技进步和生产力的发展以及经济的发展，贫困的范围将不断缩小，绝对贫困人口逐步减少，相对贫困人口将超过绝对贫困人口，消灭贫困人口将是一个漫长的过程，反贫困将是一个长期任务。

反贫困具有阶段性。从全世界反贫困历程来看，贫困现象是与社会历史发展、与一定的社会生产方式和生产关系密切相连的，贫困的本质主要是人的生存与发展需要的物质和精神需求未能得到满足和实现的结果。不同的阶段和不同的社会生产方式与生产关系中，贫困的性质和内涵都会有所不同，贫困的历史性决定了反贫困的阶段性。因此，要消除贫困，首先必须要从经济物质上满足人的生存需要，只有在人的基本生存需求得到满足后，才能考虑满足人的发展需要的各种需求。这些决定了反贫困必然具有阶段性的特征，反贫困必须要随着经济社会的发展及时调整各个具体时段扶贫的目标、任务和方式方法。

反贫困具有艰巨性。贫困的成因十分复杂，既有自然因素，也有个人能力和社会经济、政治、文化等因素，而对任何国家或地区的贫困人口而言，都不可能是某一种原因所致，通常都是多因素综合的结果，从而给反贫困带来了较大的难度。此外，随着贫困的成因和性质的变化，贫困表现的多元性也更加突出。除了收入不足和物质匮乏等传统表现形式外，诸如受教育情况、婴儿死亡率、医疗保健、营养、卫生状况等有关人的发展社会指标也越来越多。可见，面对如此复杂多元的贫困问题，制定任何一项政策或措施都只可能解决贫困产生的某一方面原因以及由此造成的贫困表现的某一方面，要实现最终消除贫困的反贫困任务还是相当艰巨的。

反贫困具有渐进性。 贫困需求的层递性表明，社会越向前发展，贫困就越表现为较高层次需求的缺失。随着贫困人口最基本的物质生存需求得到满足，绝对贫困人口表现为不断减少之后，人们对物质生存之外的安全、稳定、权利、受尊重、发展能力、精神需求等较高层次需求将会逐渐显现，并随着社会的发展进步、人们对贫困认识的进一步深入发现以及与其他群体的比较，依次逐渐成为贫困人口新的贫困表征或标签，成为反贫困的新的努力目标和方向。如此递推演进，不断扬弃超越逐步上升和完善过程，必然推动反贫困渐进性地向前发展，而每一次又都是"在更高水平上逐步推进人的发展"。[2]

二、国外反贫困理论视角

反贫困问题随着经济的发展日益复杂化，一方面是因为贫困问题的研究视野不断拓展，另一方面也是因为贫困现象本身随经济的发展出现了不少新的特点。在不同的国家和同一国家的不同地区，由于经济发展水平、文化传统、社会风俗等因素的不同，由此引发贫困的不同理论阐释，也衍生出了相应的反贫困研究视角。从时间顺序上来看，在历史上产生过较大影响且具有典型代表性的反贫困理论主要有以下几种。

（一）马尔萨斯"抑制人口增长"的反贫困理论

从理论渊源上讲，最早从反贫困视角进行理论研究的是 18 世纪末 19 世纪初英国的经济学家和人口学家托马斯·马尔萨斯（Thomas Malthus）。

马尔萨斯的反贫困理论主要体现在其代表作《人口原理》一书中。其理论要点可以概括为三方面：第一，人口数量是按几何数列增加的。第二，生活资料因土地有限而只能按算术数列增加。第三，人口增长速度快于食物供应的增长速度，随时间推移，最后必然会因食物不足导致人口过剩，从而致使贫困、恶习等现象出现。[3]马尔萨斯的论点主要建立在他所认为的两个"公理"或规律基础上：一是食物为人类生存所必需；二是两性间的性欲是必然的，且几乎会保持现状。基于对上述两个假设前提的深信不疑，马尔萨斯提出了他的"人口剩余致贫论"：既然人口的过度增长是受人口规律支配的，是不以人的意志为转移的必然，人口过剩实际上无法避免，那么贫困的主要责任在贫困者本身，同社会制度、财产的不平等分配和政府的形式没有关系。解救工人、消除贫困的唯一办法不是革命，不是实行平等的社会制度，而是直接"抑制人口增长"，即实行"两类抑制办法"，以达到人口增长与食物供应间的平衡：一是"道德抑制"，即用节育、晚婚等方法减少人口的增加，以保持人口的增长和生活资料的增长相一致；二是"积极抑制"，即通过提高人口死亡率来减少人口数量，如通过战争、饥荒、疾病以及瘟疫等办法达到抑制人口增长和消灭现存的多余的人的目的。因为穷人"没有权利得到一点食物，在自然界的宴席上，没有他们的席位，自然命令他们离开"。[4]

马尔萨斯的反贫困理论产生于 18 世纪末英国资本主义迅速发展、劳动人民日益贫困化时期。由于所处社会历史时代的制约，以及马尔萨斯个人的资产阶级本质立场，其"抑制人口增长"的反贫困理论存在着很多片面、错误甚至反人类的观点。这主要体现在以下三方面：第一，仅从人类的生物属性出发，"只考虑到实际中存在着什么东西而不考虑谁在控制着这些东西。只关注食物相对于人口的比率是十分幼稚的，这一幼稚的方法在过去几个世纪中一直起着混淆是非的作用，并且扭曲了以往的反饥荒政策"。[5]第二，制造了一个抽象的、永恒的"人口自然规律"，把资本主义生产方式造成的广泛的贫困、失业现象说成是自然规律作用的结果，这是错误的。第三，试图通过"消灭贫困者来消灭贫困"，暴露了当时整个资产阶级的阶级本质和本来面貌。"所采取的办法不是消灭贫困，而是消灭穷人本身。穷人不被视为不公正的腐败的社会秩序的受害者，而被看做社会混乱的腐蚀者和罪人。事实上，社会秩序和富人的尊严受到贫困的威胁，这就是为什么社会必须抛弃穷人的原因。"[6]所以恩格斯称马尔萨斯的理论"是现存最冷酷无情、最野蛮的理论，一个摧毁了爱人如己和世界公民等所有美好词汇的、绝望的系统"。

当然，辩证地看，作为人口学的理论先驱，马尔萨斯关于贫困的认识以及反贫困的路径设计也有其合理因素和一定的积极意义。马尔萨斯在西方工业革命蓬勃发展时期，关注到社会中广泛存在的贫困问题，并试图从社会经济的表面现象认识中阐述贫困产生的原因及其解决和消除贫困的路径，不仅吸引了更多的人来关注社会贫困问题，而且也为后来反贫困的理论研究开启了先河。此外，马尔萨斯提醒人们在解决贫困问题中要高度关注人口问题，强调"人口增长应该与生活资料的增长相协调"的观点，以及提出利用晚婚、节育等社会和道德措施来抑制人口增长的办法与当今世界的反贫困工作仍然是息息相关的。正因为如此，恩格斯才认为："马尔萨斯的理论确是一个不停地推动我们前进的、绝对必要的转折点。由于他的理论，总的说来是由于政治经济学，我们才注意到土地和人类的生产力。"总之，马尔萨斯的反贫困理论有其固有的时代局限性，但也有不可抹杀的思想价值和历史贡献。尽管两种生产绝非是马尔萨斯所断言的两种级数的增长模式和由此导出的悲惨境况，但他在上一个世纪就指出无抑制的人口增长将会导致食物供给危机，这不能不说是警世之言。

（二）马克思主义的反贫困理论

马克思和恩格斯是科学社会主义和马克思主义的创始人，反贫困理论是马克思主义的重要组成部分。尤其是在《资本论》230万字中，马克思有140多处分析了工人阶级的贫困问题，大量地使用了"贫困""贫苦""贫困与富裕""工人阶级的饥饿和痛苦""贫困化""相对的绝对的贫困""贫民""贫民窟"等词句。与马尔萨斯立足社会经济和人口表象研究贫困问题形成鲜明对比的是，马克思、恩格斯对阶级贫困的性质进行了独到的分析，并最早从制度层面上对贫困的根源以及反贫困道路等问题进行了科学系统的研究。

早在《摩塞尔记者的辩护》一文中，马克思在研究国家生活现象时，就发现了人的行为和意志的表现都打上了阶级的烙印，认为客观的生产关系"决定私人和个别政权代表者的行动"，而且"就像呼吸一样地不以他们为转移"。在《乌培河谷来信》中，恩格斯提出了无产阶级"普遍处于可怕的贫困境地"，马克思在《1844年经济学哲学手稿》中对无产阶级普遍贫困现象进行了初步的分析，提出了雇佣劳动者是"最贫困的商品"的论断。

马克思认为，贫困在资本主义条件下作为一种阶级现象，其实质是资本主义生产方式掩盖下的剥削与被剥削的生产关系。无产阶级的贫困本质上是一种"制度性贫困"，资本主义制度是贫困产生的症结所在，是一切罪恶的根源。只要存在私有制和雇佣劳动，无产阶级的贫困就成为必然。

马克思主义的"制度性贫困"论主要包含以下四点内容：

第一，生产资料私有制是无产阶级贫困的症结所在。这是因为，生产资料私有制下，资本为资产阶级私人占有，工人阶级既非国家和企业的主人，亦不掌握、占有生产资料，缺乏再生产的条件，就必然地处在"绝对贫困"的境地；生产资料私有制下，资产阶级处于社会统治地位，用资本去雇佣劳动者，工人阶级无论"蓝领"还是"白领"都只能受雇于资本家，不得不处于"相对贫困"境地。"因此，无产阶级的绝对贫困与资产阶级财富的对立是资本主义生产的前提、基础与结果"。[7]只要资本的关系还存在着，无产阶级就脱离不了贫困。

第二，剩余价值无偿占有与资本积累规律导致无产阶级的贫困化。资本主义生产的实质，就是资本家以各种方式和手段竭尽全力地占有由无产阶级创造的剩余价值。马克思说："生产剩余价值或赚钱，是这个生产方式的绝对规律。"[65]剩余价值规律是指剩余价值产生、资本增值的规律，它反映了资本主义生产的本质，揭露了资本主义剥削的秘密。正是在剩余价值规律的作用下，生产中的不等价交换被赤裸裸地暴露出来——资本家支付给工人的工资 V 只可能是由工人的必要劳动所创造出的价值，而工人实际上所创造出的全部价值远远大于它，由工人们的剩余劳动所创造出的价值 M 就由资本家无偿占有。因此，在资本主义条件下，无产阶级受剥削的程度会随着创造社会财富增多而不断加深。马克思指出，"我们在第四篇分析相对剩余价值的生产时已经知道，在资本主义制度内部，一切提高社会劳动生产力的方法都是靠牺牲工人个人来实现的。"[66]可以说，资本主义的生产，是剩余价值攫取和增值的过程，是资本家积累财富的手段，同时也是无产者积累贫困的原因。

第三，劳动异化使得工人阶级的贫困问题更加普遍化。马克思在《1844年经济学哲学手稿》中提出了"异化劳动"概念，并指出了劳动异化的四种形式，每一种形式都可以解释劳动异化为什么会使工人阶级的贫困问题具有普遍性。

首先是劳动产品的异化产生社会贫困。"工人生产得越多，他能够消费得越少；他创造价值越多，他自己越没有价值、越低贱；工人的产品越完美，工人自己越畸形；工人创造的对象越文明，工人自己越野蛮；劳动越有力量，工人越无力；劳动越机巧，工人越愚笨，越成为自然界的奴隶。"[10]也就是说，工人劳动时生产的对象越多，资本增值得就会越快。那么在将劳动和资本视为一对矛盾的基础上，资本的增值就会导致工人的贬值，工人的贫困程度同他所产出的商品质量与数量成反比。工人辛苦生产出来的商品，并不能使用它、交易它、存储它，因为在完成生产的那一瞬间就被资本家无情地夺走了，他们自己只能依靠着还在被不断压缩的计件工资维持生计。

其次是劳动本身的异化形成生存贫困。这表现在"这种劳动不是他自己的，而是别人的；劳动不属于他；他在劳动中也不属于他自己，而是属于别人。"[11]在劳动过程中，资本家为实现利益的最大化，将工人贬低为机器的附属品。在这种情况下，劳动者不能任意运用自己的劳动，只能出卖劳动来获取最低生活用品来维持生存，马克思指出：他"是把劳动的客观条件……因而也是把劳动本身所创造的客体性……看做是他人财产的关系：劳动的外化。"[12]当劳动脱离了劳动者，劳动被"异化"后，劳动者便会忍受肉体上、精神上的折磨，强迫自己限于无尽的单调和同一的生产过程中。他们的时间与精力也被大量地损耗，他们丧失了提高自身能力的途径，只得沦为这一操作的奴隶，失去了通过自身努力改变贫困处境的机会。

再者是人同自己的类本质相异化导致人的本质性贫困。马克思认为，"人是类存在物"[13]，人才是有意识的社会存在物，人的类本质即自由、自觉的活动和创造改变世界。但"异化劳动把这种关系颠倒过来，以致人正因为是有意识的存在物，才把自己的生命活动，自己的本质变成仅仅维持自己生存的手段。"[14]对于工人而言，自己的生命活动只是为了维持生命存续的一种手段，这种基于肉体的强制性生命活动直接改变了人的类本质，使人沦落为生产工具。为了生存，人与自己的类本质发生异化，犹如动物的求生本能一样。始终忍受着劳动折磨的人不能享有社会发展带来的财富，只能是不断的劳累与贫困。

最后是人与人的异化形成了阶级贫困。劳动者在生产活动过程中，不仅生产了异化自己的产品，产生了异化自己的劳动，而且还生产出了权利给予别人，用来支配、奴役自己。为了在激烈的市场竞争中获得能够让自己生存的工作，工人会接受、甚至是主动要求降低工资来争取获得工作的机会。同时异化还体现在工人与工人之间处于疏远、对立、敌视的状态之中，在生存面前，人与人之间的道德援助、友爱之心和互助精神都被无情地驱散了，而这种近似于饮鸩止渴的行为无疑会导致贫困问题层出不穷。

第四，资本有机构成的提高加剧了贫困问题的严重性。马克思认为，"要研究资本的增长对工人阶级的命运产生的影响。在这种研究中，最重要的因素是资本的构成和它在积累过程进行中所起的变化"。[15]资本的构成可以从物质形式和价值形式两个方面进行考察。从在生产过程中发挥作用的物质形式来看，如果将每一个资本细化为生产资料和活的劳动的话，资本构成表现为生产过程中的生产资料数量和使用这些生产资料的劳动力数量的比例关系，这叫做资本技术构成。从价值形式来看，资本构成表现为不变资本和可变资本的比率，或者是生产资料价值和劳动力的价值即工资总额的比例关系，这叫做资本价值构成。资本技术构成和资本价值构成关系密切，后者是由前者决定的，资本价值构成的变化，一般都是资本技术构成变化的反映。马克思把这种由资本技术构成所决定并反映技术构成变化的资本价值构成，称为资本的有机构成。

资本有机构成的变化为何能够加剧贫困问题的严重性呢？这是因为，资本家为了追逐尽可能多的超额利润相继提高劳动生产率，增加对生产资料的投入。而劳动生产率的提高，就意味着每个工人在一定时间内所推动的生产资料数量相应增多，意味着资本技术构成的提高。而资本技术构成的提高，反映在资本价值构成上，不变资本部分所占比重相对增多，可变资本部分所占比重相对减少，从而导致资本有机构成不断提高。资本构成的提高带来的是两个积累：一是财富的积累，一个是贫困的积累。马克思指出，"工人人口本身在生产出资本积累的同时，也以日益扩大的规模使他们自身成为相对过剩人口的手段，也就是资本主义生产方式特有的人口规律"[16]。这是因为，资本积累规律必然产生相对过剩人口，使得失业或半失业成为常态。相对过剩人口也使工人更加附属于资本，造成无产阶级贫困化的不断累积。

面对着上述种种资本主义制度下的贫困厄运，马克思主义创始人明确提出了解决无产阶级贫困问题的出路：就是消灭资本主义制度，"剥夺剥夺者"，建立社会主义公有制。马克思认为，在资本主义社会中的贫困并非是由于工人们自身不努力、懈怠而造成的，而是一种制度性贫困。在生产资料的私人所有制经济中，正是因为所有权关系导致的政治不平等致使贫困产生。换言之，贫困是一种阶级性症候，只有消除生产资料私有制，推翻资本主义制度，建立共产主义制度，才可能彻底铲除无产阶级贫困和劳动折磨的根源，真正地解决贫困问题。

（三）以收入分配为主导的福利经济学反贫困理论

福利经济学是以效用理论为出发点，以社会资源配置效率和国民收入分配的公平等问题为主题，研究社会福利最大化问题的经济学分支学科。福利经济学是20世纪初才发展起来的，1920年经济学家庇古的《福利经济学》面世，标志着福利经济学的诞生。庇古第一次建立了福利经济学理论体系，对福利概念及其政策应用作了系统论述，在经济学发展史上具有划时代意义，因此被誉为福利经济学之父。福利经济学由20世纪20年代庇古的旧福利经济学、20世纪40年代帕累托等为代表的新福利经济学和20世纪80年代后福利主义发展理论构成。

旧福利经济学以基数效用假设和人际效用可比较为前提，以"国民收入"作为衡量经济福利的尺度标准，坚持边际效用递减法则。以庇古为代表的古典福利经济理论认为，社会经济福利在很大程度上受国民收入总量和国民收入在社会成员之间分配情况的影响。因而，旧福利经济学包含两个基本命题：一是国民收入总量越大，福利就越大；二是公民收入越平均，差异越小，福利就越大。在旧福利经济学视野里，资源的最优配置和收入的最优分配均是社会福利最大化的必要条件，而且实施收入均等化的政策，如征收累进所得税、遗产税及扩大失业救济和社会救助等措施，实现国民收入再分配，把富人的一部分货币转移给穷人，可以在不增加国民收入总量的条件下，使社会福利得到改进。庇古在其专著《财富与福利》（1912）中将福利区分为一般福利（人们对一般欲望、感情和知识等方面的满足）和经济福利（专指同人们经济生活有关的效用和满足）。并且他还认为，收入均等化措施的实行，不仅有益于调节分配关系本身，而且有益于调节生产和分配的关系，使资源得到更加合理的配置和使用，实现经济增长最大化，从而增加社会福利。他主张政府通过实行累进税，实现收入相对均等化。

20世纪三四十年代，新福利经济学对庇古的理论进行了修正和补充。以帕累托为代表的新福利经济学家们认为，经济理论应当将价值判断排除在外，效用可衡量性和个人间效用可比较性不能成立。主张以"序数效用论"代替"基数效用论"，反对将高收入阶层的货币收入转移一部分给穷人的主张。社会福利的核心是经济效益而不是公平，也就是说研究如何达到社会的最优状态。而且帕累托还以序数效用和无差别曲线分析为基础发展了他所提出的社会最大满足原则，即"帕累托最优状态"（包括交换的最优状态、生产的最优状态以及交换和生产的同时最优状态三个方面的内容），其主要内容是：在收入分配既定的条件下，生产资源在各部门之间的分配和使用已经达到了这样一种状态，以至于生产资源的任何重新配置，都不能使任何人的福利增加而不以其他人的福利减少为代价。帕累托在其后期的著作（如《政治经济学教程》等，1906）里，将最优状态区分为单一的"全社会效用最大化"状态和无限的达到个人效用最大化的"社会许多效用最大化"状态，更加丰富了关于福利经济理论的内涵和外延。他对于社会福利最大化的理论分析，成了以后三四十年福利经济研究的中心问题，并在此基础上发展出了各种社会福利函数和相关原则，如补偿原则、次优原则等等。新福利经济学家们强调政府应当尊重个人的自由选择权，通过个人福利的最大化增进整个社会的福利，进而实现社会福利最大化，其依据是"边际效用序数论"、"补偿原理"、"帕累托最优"和"社会福利函数"等理论。

20世纪80年代中期，阿玛蒂亚·森认为，帕累托最优化原则没有考虑到收入分配问题。按照帕累托最优化原则，任何一种收入分配状况都是最优的，但是每一种收入再分配过程都是对帕累托最优化的破坏。因为收入再分配总是会使一部分人的收入下降。其结果是"帕累托条件"的一种悖论。因此，收入分配理论应该有一个价值标准，用来评价一种收入分配结果是否比另一种收入分配结果更好。在森看来，衡量一个社会福利水平的指数应该考虑如何把收入水平和收入分配结合起来，通过重建个人能力来避免和消除贫困。阿玛蒂亚·森将社会个体潜能的实现作为福利评判的主要内容，认为资源占有状况必然影响到个人潜能的实现。这种强调生活质量和发展权益的理论又称为后福利发展主义。后福利发展观认为，每一个社会个体或群体均享有发展权益，包括社会、经济、政治等方面的权益。因此，不仅要注重当前已实现的各种权益，更要注重个体或群体可能实现的各种潜在的权益。

强调社会保障和社会福利战略的福利经济学是发达国家缓解贫困的主要方式。其理论核心在于通过国民收入的再分配，使社会财富在富人和穷人之间、在职者与失业者之间、健康者与病残者之间、富裕地区和贫困地区之间合理地进行适当转移。与初次分配有所不同，初次分配着重的是效率，由于"市场失灵"，扶助弱者就被看作弥补市场缺陷，因此再分配则强调公平。社会保障在反贫困中发挥了巨大的作用，不仅保障了穷人的基本生活，有利于消除绝对意义上的贫困，而且维护了社会的公平，促进了社会的文明进步。但同时，我们也应看到，从其产生就与广大工人的斗争分不开，维护阶级统治和社会稳定的考虑大于保护穷人的利益。所以，尽管今天的发达国家很富裕，但贫困问题依然比较严重，因为其目的本身不是在于促进人的全面发展，所以，社会保障在维持了穷人生存需要的同时，也维持了贫困本身的存在和代际传递，使之成为一个无法消除的现象。另外，通过再分配的方式解决贫困问题，必然也涉及社会财富的创造问题。"福利国家"的危机表明，创造财富和分享财富是一样重要的，否则不可能从根本上消除贫困。

（四）"涓滴效应（Trickle down-effect）"反贫困理论

"涓滴效应"反贫困理论的出现与两个因素有关：一是与美国自身的经济刺激计划息息相关。1929 年，美国爆发了资本主义历史上最大的一次经济危机，为应对危机，维持社会稳定，美国政治家和学者们致力于探寻新的反贫困理论，以缓解社会底层人群的贫困处境以实现经济的改善和复苏。二是"二战"结束后，世界格局被重新建立，民族独立解放运动掀起第二次高潮，西方殖民大国经营几个世纪的殖民体系被迅速瓦解。这些刚刚从殖民主义中摆脱出的独立国家经过多年的殖民和掠夺，非常贫困和落后，想要改变贫困现状的愿望也非常强烈。于是以全面经济增长为主导的"涓滴效应"（Trickle down-effect）反贫困理论成为许多发展中国家的扶贫战略选择，且在战后相当长一段时期内，在指导广大发展中国家的反贫困实践中居于主导地位。

涓滴，很少的意思。"涓滴效应"又译作渗漏效应、滴漏效应。1957 年，美国著名发展经济学家阿尔伯特·奥图·赫希曼（A. O. Hirshman）在《不发达国家中的投资政策与"二元性"》论文中正式提出。他认为在不发达国家中，经济发展是一个连续和不平衡的过程，而贫困问题就是其中一个极具困难的挑战，问题的关键在于寻找贫困的产生原因和减少其继续扩散并发生代际传递的策略。他进一步指出第三世界不发达国家的经济增长存在不平衡的问题，如消费和投资之间的比例关系。但受生产力发展限制，这些国家很难做到经济的平衡增长。于是，赫希曼主张在经济发展的初期阶段，对发达地区予以政策倾斜，如减免企业的净所得税，降低个人最高税率，发挥极化效应，使区域经济发展的差距不断扩大。经过一个时期以后，取得经济优势的发达地区对不发达地区带来的投资和就业等发展机会的"涓滴效应"就会缩小区域经济发展差异。

具体而言，这一理论主要包含三层意思：第一，要改变落后现状，经济增长是一个国家发展进程中最重要的因素，特别是对落后的发展国家而言。第二，增长与公平在一定时期内具有不相容性，要想把经济增长放在优先地位，就得先接受收入分配两极分化的社会不公现实，否则，就会影响资本积累和经济增长潜力。如冈纳·缪尔达尔就认为，"这些极端贫困的国家尚不足以从社会公正方面思考并付出平等改革的代价。要想达到经济发展，必须牺牲掉社会公正"。[17]第三，只要经济增长了，有了足够的经济繁荣，不需要进行社会政策干预，经济发展的好处就会通过市场机制"滴漏"到贫困阶层身上，进而解决贫困问题。

1974 年，美国经济学家阿瑟·拉弗（Arthur.Laffer）提出"拉弗曲线"，以描绘官方税率变化与实际税收变化之间的关系。拉弗曲线的非线性形式表明，征税可能会过轻或过重，而在这两种情况下社会无法产生最大的收入。因为在 0% 时，不存在税收；而在 100% 时，社会成员会失去创造财富的动力。拉弗认为适当地降低征税额度，可以对经济的增长和实际的税收产生益处。可以说，他的这个想法与赫希曼主张的"涓滴效应"有异曲同工之妙，因此很快就被贴上了"涓滴"的标签，并在之后成为了美国里根政府的经济政策的基石。

"涓滴效应"反贫困理论实质反映的是反贫困中的市场机制与政府行为的关系。由于贫困的首要表现是物质和收入的匮乏，因此，经济增长是减少收入贫困的强大动力，这是理论的合理性一面。"但是经济增长与收入贫困减少之间的联系远非自动形成的"，[18]现实调查表明，"涓滴效应"在现实应用中经常会遇到以下两种情况：一是高收入者往往有较高的边际储蓄倾向，因此，由于减税而提高的可支配收入并没有如预想那样的广泛投入到资本的再生产中；二是高收入可以用来积累财富，这种财富积累会导致资本收益和资产收益的进一步增加，从而导致更高的收入和财富不平等。[19]这主要源于经济发展并没有形成利益自动"向下涓滴"的机制，以及社会严重不平等（不仅包括收入分配的不均等，也包括社会机会的不均等）产生的"致使贫困的增长"（Immiserizing Growth）所致。对此，美国经济学家迈克尔·P·托罗达在对 43 个发展中国家（不含中国）的收入分配状况和发展趋势进行调查后指出："并没有依据说明经济增长的利益扩散会自动地流向极端贫困的人口。相反，上述 43 个不发达国家所经历的增长过程，普遍引起了经济增长利益向有利于少数中产阶级，特别是非常富有的阶层方向慢慢移动。"[20]因此，减缓贫困仅靠经济增长是不够的，还需要"有利于穷人的增长"的社会政策的调节和制度的安排，一国政府若不干预收入分配，任由市场经济下"滴流效应"自发作用，贫困人群的贫困处境仍然无法解决，甚至会出现富者更富、贫者更贫的"马太效应"的泛滥，使得整个社会的贫富差距进一步拉大。如墨西哥 1955—1970 年平均经济增长率达 6.5%，人均国民生产总值也由 1950 年的 181 美元增至 1970 年的

661 美元。但经济增长的背后，贫困问题却有增无减。1970 年，墨西哥有 64％的在职人口低于维持最低生活的收入水平，有近 2/3 的居民得不到医疗，1/3 以上的居民栖息在贫民窟里。这种"有增长而无发展"的"墨西哥病"，在当时是一种比较普遍的现象。[21]正如有学者所指出的："在 60 年代期间，许多人认为，经济增长是一个国家发展进程中最重要的因素，并进而认为，经济增长既是必需的，也足以解决包括就业与贫困等社会问题在内的其他问题……到 70 年代末期人们才发现，高增长率可以与就业形势恶化及贫困并存。"[22]

（五）"赋权"反贫困理论

"涓滴效应"反贫困理论在实际中的应用说明，更高的 GDP 并不能解决资本主义社会根本上的不平等问题。不平等不仅存在于收入分配上，也存在于社会权利及能力和机会上。减轻贫困的程度与初始不平等密切相关，一般初始不平等程度很低的国家所带来的减贫效果是不平等程度很高国家的 2 倍左右。[23]所以，贫困对增长的敏感性很大程度上取决于贫困人口能否获得分享增长的权利和机会。[24]而这些显然是通过强调市场经济下经济增长的自然滴漏而减少贫困的涓滴反贫困理论所未能预见和考虑到的。于是，赋权理论得到更多的认可和推广。

赋权（Empowerment），也译为赋能、增权、充能、授能、培力等，主要是指"赋予权利、使有能力"。赋权理论（Empowerment theory）的研究始于 20 世纪 60 年代，80 年代以后迅速进入兴盛发展时期。该理论最初发起于社会工作和女性主义运动研究领域，后因其明显的可行性和建设性，逐渐扩大至尽可能多的失权个人或群体。

在反贫困研究中，赋权理论真正作为一种反贫困理论被提出，最主要的还要归功于阿马蒂亚·森（Amartya. Sen）关于"贫困的实质源于权利的贫困"这一研究发现，而森也因为在权利贫困研究中的杰出贡献而在 1998 年获得诺贝尔经济学奖。森在 1981 年出版的《贫困与饥荒》一书中对饥荒进行了系统分析后指出："除非一个人自愿挨饿，我们可以说，饥饿现象基本上是人类关于食物所有权的反映。因此，要说明饥饿现象，就必须深入研究所有权的结构。"[25]森的结论源于他的现实经验，他在九岁时亲眼目睹了 1943 年的孟加拉饥荒，当时共有三百万人不幸丧生。森总结说，这种惊人的生命损失是不必要的。当时的数据表明孟加拉的食物供应充足，但由于英国军事部门对粮食的大量抢购和囤积，致使粮食价格飞速上涨，社会贫困人群无法购买到粮食。因此他指出，要理解饥荒和贫困，就应当把他们放在权利体系中来加以分析，权力关系决定着一个人是否有权力得到足够的食物以避免饥饿。虽然这一权利体系分析方法具体地应用于饥荒分析，但同样"可以更广泛地应用于贫困分析"。[26]

从积极的方面讲，赋权反贫困理论突破了前人对贫困问题的研究局限，成为了反贫困理论发展的重要历史里程碑。一方面，对饥荒和贫困发生的原因做出了回答，同时也对"涓滴效应"反贫困理论指导下的贫困现象为何会愈演愈烈做出合理地解答。另一方面，它通过赋权贫困人口平等参与，给了贫困人口"在干中学"的机会，因而有助于提升贫困人口的能力，同时有助于增强贫困人口在扶贫项目的主人翁意识，发挥他们的主动性和创造性。此外，它通过贫困人口的参与和意见表达，为政府和其他外部力量了解贫困人口的需求并提供针对性的服务也提供了有效机制。在这个意义上，世界银行在《2000—2001 世界发展报告》提出了一项通过创造机会、促进赋权、增加安全保障三个途径实现消除贫困战略的总体战略框架，把促进赋权视为三大扶贫战略之一。

从其局限性来讲，赋权反贫困理论最核心的理念是向穷人"赋权"，即通过对获得资源和参与决策发展活动的权力再分配，为贫困群体提供最基本的参与和决策权力，从而真正受益。但"权利关系又决定于法律、经济、政治等的社会特性"，[27]所以要实现贫困者的权利，只能通过相应的制度安排，建立一套政治和社会体制，以保障贫困者享有基本的政治与公民自由、获得基本生活需要和教育、医疗卫生等权利。而现实中，在资本主义私有制下，资本为达到剩余价值的最大化，必然会尽可能地使相应的国家政策向其倾斜。资本主义经济不仅会在最大程度上允许生产资料的私人占有，不可能会真正致力于实现贫困人群的社会权利平等化。而且，赋权反贫困理论过于强调客观的机会，却忽略了主观的能力。如果一个人缺乏相应的工作能力，那么即使他通过赋权得到了公平的社会对待，也未必就一定能消除贫困。因此，赋权反贫困理论很难从根本上解决贫困的问题。

（六）"人力资本"反贫困理论

"人力资本"反贫困理论是在美国经济学家西奥多·威廉·舒尔茨（Theodore. William. Schultz）和阿马蒂亚·森为代表的发展经济学家们关于人力资本和能力贫困研究的基础上形成的。

人力资本反贫困理论的核心是"贫困问题源于人力资本匮乏"。20 世纪 60 年代，舒尔茨突破了传统理论中资本只是物质资本的束缚，将资本划分为人力资本和物质资本，提供了从全新的视角来研究经济理论和实践的思路。人力资本，即反映人的能力的价值、衡量一个人的经济价值的指标。舒尔茨指出，发展中国家贫困的根源不是自然资源的丰瘠或资本存量的多寡，而主要是人力资本投入不足。他认为人力资本主要包括在职训练、正规的初等、中等和高等教育支出，当然还包括保健设备和服务的各种开支等，在这些投资中，舒尔茨特别强调教育投资在人力资本形成中的作用。他认为，不包括人力资本的资本概念是残缺的，人力资本投资有利于劳动者技能的提高，像投资于厂房和机器设备一样，可以提高劳动生产率和经济效益。他的这些观点与以森为代表的学者们在"权利贫困"后提出的"能力贫困"相耦合，即解决贫困的根本原因在于提高个体的能力，或者说是行业竞争力。

　　显然，在人力资本反贫困理论的视角下，贫困的产生主要是由于"贫困人口的人力资本不足，使得他们没有足够的'能力'去追逐生存和发展的机会，进而被社会排斥，处于社会的最底层，过着贫困的生活"。[28]因此，对贫困人口进行人力资本投资，提升他们的可行能力就成为推进反贫困战略的理性选择。把人力资本投资视为反贫困的主要路径，就是将贫穷者本身作为最重要的资本进行培植和投资，充分发挥人力资源在经济增长和收入能力增加的核心作用，从而在微观和宏观两个层面上形成反贫困的良性循环与可持续发展，为贫困人口从单纯国民财富的"消费者""接收者"向"创造者"和"生产者"的转变提供了一个新的视野。这一点正是人力资本反贫困理论对传统反贫困理论的重要突破。当前，西方国家面对反贫困中存在"福利依赖"现象所采取的"积极福利"政策主张正是这一理论在反贫困实践中的运用。同时，通过投资穷人的医疗保健、职业培训和教育等途径来提高他们的健康、技能、知识和能力，不仅有利于增强贫困人口或低收入群体的市场竞争力和抵抗风险的能力，从而摆脱经济上的贫困，给贫困者带来更多的闲暇时间、生活享受和其他诸如安全感、方向感、自信心等精神上的无形收益，而且健康和知识文化素质的提升，也有利于充分发挥穷人的主体意识和主观能动性，促进他们追求生存之外更高层次的发展需求，在提高穷人生活质量的同时，更促进了人的自由和全面发展。目前人力资本投资反贫困路径作为一项重要的反贫困战略也越来越成为发展中国家摆脱贫困状态的重要选择。

　　像所有其他的反贫困理论一样，人力资本理论在对贫困问题的解释和应用上有强大的解释能力的同时，自身也有诸多局限。首先，在该理论的分析框架中，只考虑到了劳动力的微观供给情况，却没有考虑到社会的宏观需求以及制度等因素对收入分配的影响。人力资本高、能力强不一定就代表都有机会，更不代表一定能获得高收入。其次，人力资本强调主观的个人能力，却忽略了客观的机会，如充分就业、平等的权利等，而这些必须要由政府和社会提供的。只有综合考虑主观的能力与客观的机会，才能从根本上减少贫困。另外，人力资本反贫困理论并不能完全取代以消费支持为主要特征的社会救助方式的反贫困功能。因为不管怎样，总会有一部分没有劳动能力的孤老残幼或者因遭遇灾害、事故、疾病等风险需要依赖社会救助来维持生存或度过危机。

（七）国际反贫困理论的新变化

进入 21 世纪，反贫困理论也出现了新的变化，开始出现"益贫性增长理论""包容性增长理论""绿色减贫理论"以及"多元发展理论"等众多新的反贫困理论。[29]

益贫性增长理论。益贫式增长是发展经济学的一个新领域，它关注经济增长、不平等和贫困三者之间的关系。国际上对如何定义益贫式增长有很大争议，世界银行的瑞福林以贫困人口的实际收入为测量标准，认为凡是能够增加穷人的平均收益，使其大于零的经济增长都是益贫性增长。他的观点仅仅考虑了经济增长和减贫的关系，但是忽略了在此过程中的不平等问题。后来卡鸥尼提出了相对益贫式增长理论，把穷人平均收入增速与富人比较，如果穷人在经济增长中收益大于富人，这种增长才是真正的益贫式增长。[30]

包容性增长理论。包容性增长理念由亚洲开发银行于 2007 年首次提出，该理论强调通过建立包容性的制度，提供广泛的机会来消除各种社会排斥。"合作型反贫困理论"由此而生，合作型反贫困理论主张构建包括官民合作机制、贫困户经济合作机制、社区与农户间合作机制、政府部门间合作机制共四种合作机制[31]。在这四种合作机制基础上，建立完整的合作平台，不仅可以调动贫困群体积极脱贫的主动性，还能够整合资源，增加扶贫力量、经济活力。

益贫式绿色增长理论。在全球绿色发展的大背景下，国际组织和学者在益贫式增长理论的基础上提出了绿色增长的概念，强调经济增长要与生态环境相结合，以求得可持续发展的减贫与脱贫。

多元发展理论。发展具有复杂性与多样性，并不存在普世性的发展道路。要根据不同的地理条件，特殊性寻找减贫的方法。

总体来看，国外反贫困研究时间较早，积累丰富，研究成果多；研究视野较宽阔；应用性较强，能够紧跟贫困的发展变化及时开展深入研究，许多关于贫困的观点和主张都被联合国、世界银行等国际组织采纳，并运用到各国的反贫困实践中，对减缓和逐渐世界消除贫困发挥了巨大的作用。但同时，上述主要反贫困理论，都有各自具体的时代背景。而且国外的研究主要是由西方发达资本主义国家的学者进行的，他们主要是基于特定的阶级立场背景下从资本主义发达国家经验出发进行研究的，所以，对于以上各反贫困理论，既不能照搬照抄，也不能简单地以一种取代另一种，而是要结合贫困问题本身的复杂性特点加以整合，系统深入地分析各种反贫困理论，科学准确地辨析各种理论的相对优势，澄清理论认识上的偏差，从整体上把握，综合运用，才能保持反贫困的平衡与协调发展，不至于重视某一方面，忽视另一方面，导致差距太大，影响反贫困的整体进程。

三、主要国际组织的反贫困实践

国际社会高度重视全球反贫困。联合国开发计划署、世界银行、亚洲开发银行等一些国际组织成立伊始就关注人类贫困问题，并围绕着世界贫困与反贫困问题进行了深入的研究和探讨。20世纪中期以来，历年的世界银行《世界发展报告》、联合国开发计划署《人类发展报告》等文件都对世界贫困问题进行了详细的阐释。2000年，联合国大会通过了千年发展目标。2013年4月，世界银行和国际货币基金组织一起设定目标，即希望在2030年前基本消除全球绝对贫困。

（一）世界银行的反贫困实践

世界银行关于贫困的定义。《1980年世界发展报告》对贫困的定义是：当某些人、某些国家或群体没有足够的资源去获取他们在那个社会公认的一般都能享受到的饮食、生活条件、舒适和参加某些活动的机会，就是处于贫困的状态。这种传统定义把贫困界定为达不到基本的物质生活水平。

《2000/2001年世界发展报告：与贫困作斗争》明确提出了更为宽泛的贫困概念，也被称为广义贫困，即贫困是指福利的被剥夺状态。报告称，贫困不仅仅指收入低微和人力发展不足，它还包括人们对外部冲击的脆弱性，包括缺少发言权、权利被社会排斥在外。[32]这一对贫困的定义不单单指传统的生活层面，进一步突出了抵御风险能力和社会尊严等层面。可以看出，世界银行在报告中所说的"福利"是一种广义福利的概念，它不仅包括物质福利，而且还包括文化福利和政治福利。贫困实际上是指广义福利被剥夺的状态。这种广义贫困的概念，可以使人们更加深入全面地了解贫困的涵义以及贫困产生的原因。世界银行在2004年出版的《世界发展报告》中指出，面对不同的贫困阶层，应该提供针对性的服务，提高全社会的服务功能是解决贫困问题的主要手段之一。

综上所述，我们可以发现，世界银行的《世界发展报告》对贫困定义的认识从传统的狭义层面上升到了广义范畴，为制定反贫困策略提供了更多的思考角度和借鉴。

世界银行还制定了被世界广泛应用的"1天1美元"的贫困标准。

此外，世界银行强调要开展反贫困领域的国际合作，倡导国际社会对落后国家和地区进行扶贫援助。《1990年世界发展报告》专门探讨了"援助和贫困"问题，指出，"世界上大多数穷人生活在低收入国家，对这些国家来说，援助资金接近于它们得到的外资净收入的70％。在多数这些国家中，援助与出口相比，是更为重要的外汇渠道。假如确定了援助规模，则对评估外援的效益和借鉴过去的成败经验是很重要的。"[33]世界银行建议援助者加深认识外援对贫困对象产生的影响，并积极调整援助政策。《2000/2001年世界发展报告》第10章是"举全球之力以助贫"[34]。倡导全球合作加速贫困国家和地区的减贫进程。在《2012年世界发展报告》中，世界银行专门强调了国际社会在反贫困方面的作用以及国际扶贫合作产生的积极影响。

（二）联合国反贫困实践

联合国是人类最大组织，在关于人类发展的问题上做了大量有意义的工作。自2000年以来，千年发展目标一直是这项工作的指南。

联合国重视在全世界提高生活水平，增进人类技能和潜力，并为此投入资源。更是将消除贫困作为近年的重要议题，不遗余力地推进世界反贫困进程。早在20世纪90年代，通过《联合国第四个国际发展战略》《联大第十八届特别会议宣言》《90年代援助最不发达国家行动纲领》等文件，把促进发展中国家经济持续发展和消除贫困作为国际发展战略的目标和国际合作的优先领域；1992年第47届联合国大会将每年的10月17日确定为"国际消除贫困日"，要求各成员国切实采取行动，消除世界贫困；1995年联合国召开社会发展世界首脑会议，再次集中讨论了全球消除贫困、社会融洽和促进发展的问题，通过了《哥本哈根宣言和行动纲领》；而2003年人类发展报告提出的千年发展目标不仅重申了反贫困的决心，更是把反贫困的具体努力目标付诸实践，为人类向贫困宣战勾画出了美好的蓝图。

联合国在145个国家驻有工作人员的联合国开发计划署，支持减少贫穷、促进治理、处理危机和保护环境的项目。联合国儿童基金会在150多个国家主要从事儿童保护、免疫接种、女童教育和防治艾滋病毒/艾滋病的工作。贸发会议为发展中国家提供最充分的贸易机会。自1947年以来，世界银行还为发展中国家提供贷款和赠款，并在100多个国家支持了11 000多个发展项目。

千年发展目标（MDGs）是联合国全体191个成员一致通过的一项行动计划，目标是在2015年之前将全球贫困水平降低一半（以1990年的水平为标准）。2000年9月，在联合国千年首脑会议上，世界各国就消除贫穷、饥饿、疾病、文盲、环境恶化和对妇女歧视等问题，商定了一套有时限的目标和指标：千年发展目标（MDGs：Millennium Development Goals）。即消灭极端贫穷和饥饿，普及小学教育，促进男女平等并赋予妇女权利，降低儿童死亡率，改善产妇保健，与艾滋病毒/艾滋病、疟疾和其他疾病作斗争，确保环境的可持续能力，全球合作促进发展。这些目标和指标被置于全球议程的核心，统称为千年发展目标，是一幅由全世界所有国家和主要开发援助机构共同设计的蓝图。

（三）联合国开发计划署反贫困实践

联合国开发计划署（The United Nations Development Programme，简称UNDP）是世界上最大的进行技术援助的多边机构，是联合国的一个下属机构，为发展中国家特别是最不发达国家提供了大量帮助。

人类发展指数。联合国开发计划署每年出版发行《人类发展报告》，报告包含了该署的理论政策、研究重点和调研数据。在近 20 年出版的《人类发展报告》中，多次提到贫困问题。尤其《1990 年人文发展报告》中对于人类发展指数（HDI：Human Development Index）的提出有重大意义。

人类发展指数是从人类发展的三项基础变量来衡量一个国家的社会经济发展水平，这三项基础变量分别是长寿水平、知识水平和生活水平。长寿水平是用出生时的预期寿命来计算；知识水平是用居民平均受教育年限和预期受教育年限来计算；生活水平是用国民生产总值来计算。从 1990 年开始，联合国开发计划署每年都发布世界各国的人类发展指数，并在《人类发展报告》中使用它来衡量各个国家的社会发展水平。1990 年以来，人类发展指数已经在指导发展中国家制定相应发展战略方面发挥了极其重要的作用。

人类贫困指数。1997 年，联合国开发计划署在《人类发展报告》中提出了一个新概念，即人类贫困指数（HPI：Human Poverty Index）。它由预期寿命在 40 岁以下的人口比重、成人文盲比重、拥有医疗服务的人口比重、拥有安全饮用水的人口比重和 5 岁以下营养不良的人口比重这五个指标综合而成。可见，人类贫困指数对贫困的解释不仅仅是缺乏收入的问题，更包括了对人类发展的权利、知识、教育、长寿和尊严等多方面的剥夺。人类贫困比收入贫困具有更广泛的内涵，它从人的全面发展、保障基本人权等方面来考察、分析和测量贫困问题。人类贫困指数和人类发展指数一样，在很长时间内得到了人们的认可，并广泛应用在各国对贫困的测量中。

人类安全保障。"贫困是孕育恐怖事件的温床，减少贫困是维护世界和平的重要手段之一"。20 世纪 90 年代中期，国际社会又开始从人类安全保障角度来探讨贫困的概念。UNDP 在 1994 年版的《人类发展报告》中首次提出了"人类安全保障"这一概念。人类的安全保障由"从恐怖到自由""从缺乏到自由"两个概念组成。具体包括：经济安全保障、粮食安全保障、健康安全保障、环境安全保障、个人安全保障、地区社会安全保障、政治安全保障七个方面的内容。与此同时，世界银行还从"脆弱性"的角度来补充说明人类安全保障，"经济上的打击、自然灾害、疾病、暴力"是导致脆弱性产生的根本原因。

目前，以世界银行为首的国际机构对以人类安全保障出发减贫的课题开展并进行了深入地研究。从最近的研究成果看，威胁人类安全的因素可归纳为：金钱危机、因暴力引发的战争、慢性赤贫状态、恐怖袭击、艾滋病毒感染、对健康的低投入、饮用水缺乏、来自远距离的污染等。

联合国开发计划署也非常重视反贫困领域的国际合作。该组织在历年《人类发展报告》中一直强调进行国际援助的意义，倡导各国建立国际合作机构，促进全球缓解贫困，每年约 10 亿美元将用于加快实现千年目标。

联合国开发计划署在《2003 年人类发展报告》中把千年发展目标作为消除人类贫困的全球公约。其署长马克·马洛赫·布朗在报告中指出，《千年发展公约》提出了一个全面的框架，以使国家发展战略与来自捐助者、国际组织以及其他行为者提供的国际支持更好地联系在一起，应对"千年发展目标"的挑战。而且，公约明确了双方责任：穷国要采取勇敢的改革行动，援助国有义务进一步支持它们的努力。[35]

（四）亚洲开发银行反贫困实践

亚洲开发银行（Asian Development Bank，简称"亚行"ADB）是一个致力于促进亚洲及太平洋地区发展中成员经济和社会发展的区域性政府间金融开发机构。

亚行关于贫困的定义。亚行副行长沙里温于 2000 年 5 月 16 日在《亚洲开发银行与中国扶贫——在"21 世纪初中国扶贫战略国际研讨会"上的致辞》中给贫困下了一个定义：贫困是一种对个人财产和机会的剥夺。沙里温认为每个人都应享受最基本的教育和健康等权利。穷困的人既应享有通过劳动获得报酬来供养自己的权利，也应具有抵御外来风险保护自己的能力。除此之外，如果穷人不能参与影响自身生活状态的决策，那么，这样的人和社会就处于贫困状态。[36]可见，亚洲开发银行认为，贫困不仅仅是缺少最基本的物资生活保障，也包括社会参与、公平的机会和受教育的权利等方面的缺失。

亚行关于贫困标准的分析。同世行测量的贫困标准结果不同，亚行从 25 个发展中国家成员国（占发展中国家成员国人口的 95.3%）获得一组新的数据。这组数据显示：2005 年生活在极端贫困中的人口有 9.03（占总人口的 27%）亿人，比之前估算的 6.64 亿人（20%）要高出 1/3。此外，这些地区还有约 9 亿人属于中等贫困，也就是说这 25 个国家中有超过一半的人口生活在极端贫困或中等贫困中。[37]亚行研究人员认为，发展中国家生活成本的提高是导致贫困人口数量增加的根本原因。这也说明这些地区要想摆脱贫困需要进一步的努力，短期内贫困人口生活状况很难有较大改善。

亚行与 23 个国家的统计机构一起搜集并分析比较了 1 000 多种产品

（一半以上是家庭消费商品和服务）的价格。这些产品价格用来计算家庭消费购买力水平，进而比较国家间的生活成本。研究发现，世界银行的贫困标准每天 1.25 美元虽然代表了世界上最穷国家的贫困状况，但是亚洲许多国家使用了高于 1.25 美元的贫困线。在亚洲，1 天 2 美元代表中等贫困线，泰国和马来西亚使用的贫困线都高于 1 天 2 美元。亚行建议制定亚太地区贫困线标准。[38]

亚行同样重视反贫困领域的国际合作，致力于亚太地区的经济发展，1999年以来，特别强调把扶贫作为首要战略目标，加强地区间交流合作，促进共同发展。

亚行每年 4～5 月在总部或成员国轮流举行年会。主要议题是探讨亚太地区的经济金融形势、发展趋势和面临的挑战，加强国际合作，推动其作为地区性开发机构在促进本地区社会经济发展方面发挥作用。2011 年 5 月 5 日，亚行理事会第 44 届年会在越南首都河内开幕。行长黑田东彦在年会开幕式上呼吁亚洲国家加强合作，以增强亚洲经济活力。[39]亚行年报也把加强扶贫合作，致力亚太地区减缓贫困作为重要内容。为了进一步推动各国反贫困的合作与发展，20 世纪 80 年代末亚行成立了扶贫办公室，旨在促进区域内各国经济的全面增长，摆脱贫困。

总得来说，国际反贫困机构为人类摆脱贫困走向繁荣作出巨大贡献，其反贫困实践意义重大。首先，有利于深化对贫困的认识和理解。贫困的定义不是一成不变的，从传统的经济分析到重视教育、健康、卫生和生活设施等非经济领域分析，从一维指数到多维指数的广泛应用，尽管对贫困的理解不尽相同，但都是对贫困问题认识的深化和发展。其次，有利于贫困标准的统一和确定。长期以来，许多国家都是依据各自经济发展水平、贫困人口数量和贫困程度制定各自的贫困标准，其优点当然是显而易见，但是也存在明显的不足。就是由不尽相同的贫困标准而计算出的贫困人口数量、贫困发生率、贫困程度等往往相差很大，无法进行贫困比较，尤其是跨国间的贫困比较。国际贫困标准不但符合相对性的贫困定义，而且有利于使受助者得到的救助金额与社会上大多数人的收入同步增长，分享经济、社会发展的成果。再者，有利于反贫困战略的制定。国际社会提出的政策建议在减贫实践中确实卓有成效，比如从多维角度审视农村贫困问题、千年发展目标的减贫战略等，都对发展中国家的经济发展起了很大推动作用。最后，倡导扶贫合作，推动世界减贫进程。国际组织积极致力于全球反贫困事业，把减贫作为工作的主要目标之一，推动人类社会减缓贫困。世界银行、联合国开发计划署、亚洲开发银行等国际机构通过多种形式援助发展中国家，积极帮助其摆脱贫困。国际组织在贫困国家和地区开展扶贫援助项目，帮助它们制定减贫政策，搭建减贫交流合作平台，培训扶贫开发工作人员等，这些举措对受援国减缓贫困产生深远影响，推动了全球反贫困事业的发展。

参 考 文 献

[1] 黄承伟. 中国反贫困：理论、方法、战略 [M]. 北京：中国财政经济出版社，2002：17.

[2] 张磊. 关于当前我国贫困与反贫困几个基本问题的新认识——马克思主义经济学关于贫困问题的理论及其时代涵义 [J]. 理论前沿，2007（18）：15.

[3] 马尔萨斯. 人口原理 [M]. 朱泱，等译. 北京：商务印书馆，1992：6-17.

[4] [英] 特里弗·梅. 1770—1970 年英国经济和社会思想史（Trevor May, An Economic and Social History of Britain：1760—1970 [M]. 朗曼图书公司，1987：120）.

[5] [印] 阿马蒂亚·森. 贫困与饥荒一论权利与剥夺 [M]. 北京：商务印书馆，2004：14-15.

[6] 厄内斯特一玛丽鸲邦达. 贫困是对人权的侵犯：论脱贫的权利 [J]. 秦喜清，译. 国际社会科学，2005（2）：91.

[7] 赵汇. 马克思的资本主义本质理论与当代现实 [M]. 北京：中国人民大学出版社，1996：148.

[8] 马克思，恩格斯. 马克思恩格斯全集：第 44 卷 [M]. 北京：人民出版社，2001：714.

[9] 马克思，恩格斯. 马克思恩格斯文集：第 5 卷 [M]. 北京：人民出版社，2009：743

[10] 马克思，恩格斯. 马克思恩格斯全集第 3 卷 [M]. 北京：人民出版社，2002：269.

[11] 马克思，恩格斯. 马克思恩格斯全集第 3 卷 [M]. 北京：人民出版社，2002：271.

[12] 马克思，恩格斯. 马克思恩格斯全集：第 30 卷 [M]. 北京：人民出版社，1995：511.

[13] 马克思，恩格斯. 马克思恩格斯文集：第 1 卷 [M]. 北京：人民出版社，2009：162.

[14] 马克思，恩格斯. 马克思恩格斯全集：第 3 卷 [M]. 北京：人民出版社，2002：273.

[15] 马克思，恩格斯. 马克思恩格斯全集：第 44 卷 [M]. 北京：人民出版社，2001：707.

[16] 马克思. 资本论：第 1 卷. 北京：人民出版社，1975：692.

[17] 冈纳. 缪尔达尔. 世界贫困的挑战——世界反贫困大纲 [M]. 北京：北京经济学院出版社，1991：45.

[18] 世界银行. 2003 年人类发展报告 [R]. 北京：中国财政经济出版社，2003：68-72.

[19] Tejvan Pettiger. Trickle-down economics [EB/OL]. [2014-12-09]. https://www. economicshelp. org/blog/174/economics/trickle-down-economics/.

[20] 迈克尔·P·托罗达. 经济发展与第三世界 [M]. 北京：中国经济出版社，1992：137.

[21] 苏振兴. 增长、分配与社会分化——对拉丁美洲国家社会贫富分化问题的考察 [J]. 拉丁美洲研究，2005（1）：4.

[22] Louis Emmerij. F1 desarrollo econ6micoy social en los umbrales del siglo XXI, P. 5. BID Washington，D. C，1998.

［23］世界银行. 2000/2001 年世界发展报告［R］. 北京：中国财政经济出版社，2001：56.

［24］叶普万. 贫困问题的国际阐释［M］. 延安大学学报（社科版），2003（1）：68-72.

［25］阿玛蒂亚·森. 贫困与饥荒［M］. 北京：商务印书馆，2011：5.

［26］阿马蒂亚·森. 贫困与饥荒一论权利与剥夺［M］. 王宇，等，译. 北京：商务印书馆，2001：6.

［27］阿马蒂亚·森. 贫困与饥饿一论权利与剥夺［M］. 王宇，等，译. 北京：商务印书馆，2001：198.

［28］张友琴，等. 人力资本投资的反贫困机理与途径［J］. 中共福建省委党校学报，2008（11）：46-50.

［29］黄承伟，刘欣. "十二五"时期我国反贫困理论研究述评［J］. 云南民族大学学报（哲学社会科学版），2016（2）：42-50.

［30］张庆红. 益贫式增长的内涵及其实现路径［J］. 新疆财经大学学报. 2014（3）：5-12.

［31］李鹍，叶兴建. 农村精准扶贫：理论基础与实践情势探析——兼论复合型扶贫治理体系的建构［J］. 福建行政学院学报，2015，2.

［32］施锦芳. 国际社会的贫困理论与减贫战略研究［J］. 财经问题研究，2010（3）：116.

［33］世界银行. 1990 年世界发展报告［M］. 北京：中国财政经济出版社，1990：127.

［34］世界银行. 2000/2001 年世界发展报告［M］. 北京：中国财政经济出版社，2001：179.

［35］联合国开发计划署. 2003 年人类发展报告［M］. 北京：中国财政经济出版社，2003：2.

［36］王雨林. 中国农村贫困与反贫困问题研究［M］. 杭州：浙江大学出版社，2008：13.

［37］吴忠. 国际减贫理论与前沿问题［M］. 北京：中国农业出版社，2010：69-70.

［38］赵洁民，马尼拉. 亚行称亚太国家应制定地区性贫困线标准［N］. 经济参考报，2014-08-25（A04）.

［39］李勍，李丹. 亚行行长在年会开幕式上呼吁亚洲国家加强合作［EB/OL］.（2011-05-05）. http：//news. xinhuanet. com/2011-05/05/c_121383371. htm.

第三章 | CHAPTER 3
精准扶贫的一般理论研究

精准扶贫是习近平新时代中国特色社会主义思想的重要组成部分，是党的"十八大"以来我国扶贫开发的战略导向，是对接经济新常态要求扶贫资源优化配置和发展质量提升的政策回应，是中国特色社会主义道路的又一重大创新。

精准扶贫是传统扶贫开发方式创新转变的新思维、新思路。相比过去的粗放扶贫方式，作为"方略"的精准扶贫是巨大改革，精准扶贫不仅仅是战略、政策、机制，更是涵括理论、战略、政策、机制和行为的完整系统。

精准扶贫对我国新时代的脱贫攻坚具有重要的指导价值，是关系到我国最后 3 000 万贫困人口脱贫的重要脱贫理论、我国破解深度贫困问题的行动纲领。也是我国"十三五"规划的重要内容、全面建成小康社会的内在要求、世界减贫事业的外在要求、科学社会主义共同富裕的本质要求。进行精准扶贫、实现精准脱贫、打赢脱贫攻坚战的意义重大。

一、精准扶贫的提出

精准扶贫思想作为中国扶贫思想的最新成果，是在中国特色社会主义理论体系发展的大背景下形成的。这一新时代扶贫指导思想的形成有其特定的背景，是处于非常之时的非常之举。

（一）提出背景

新阶段扶贫工作面临严峻的脱贫形势。 经过几十年的大规模农村扶贫开发，农村贫困人口大幅减少，农村贫困地区生产生活面貌显著改善，部分脱贫难度小的贫困群体实现了脱贫致富，但是剩下的多是扶贫开发攻坚的难点。新时期我国扶贫工作仍然面临着众多考验和挑战，脱贫攻坚形势依然严峻。

首先，农村贫困人口规模仍然很大。虽然进入新世纪以来，我国官方贫困标准一直不停地根据国际惯例和我国实际情况进行相应调整，但不论哪个标准，我国农村贫困人口数量都是相对比较庞大的，扶贫任务异常艰巨。依据2004 年国家统计局农村人口绝对贫困标准（近似 1 天 1 美元国际贫困标准），

《中国农村扶贫开发纲要（2001—2010年）中期评估政策报告》中明确指出"需要扶持的贫困群体数量依然庞大，扶贫任务依然繁重。按照我国现行的年农民人均纯收入683元的贫困标准，目前全国农村仍有2 365万人没有解决温饱问题，处于年收入683～944元的低收入群体，还有4 067万人。两者合计6 432万人，都是我们需要扶持的对象。在实际工作中，建档立卡的对象有近1亿人。根据世界银行和亚洲开发银行的研究报告，我国的贫困人口总数仅次于印度，列世界的第二位"。[1]全国政协委员、国务院扶贫办主任范小建在2011年两会期间指出："2010年我国贫困人口为2 688万，贫困发生率为2.8%。进入'十二五'，减贫的任务依然繁重。贫困人口的规模还很庞大，如果参考国际标准，贫困人口会更多；返贫压力十分明显，根据有关分析，在贫困人口当中，属于当年的返贫人口占三分之二；集中连片特困地区的矛盾越来越突出，西部贫困人口所占比例已经达到全国贫困人口的三分之二，贵州、云南、甘肃三省的贫困人口占全国40%；收入差距扩大，相对贫困的问题也很突出。"[2]2011年作为"十二五"的第一年，大幅上调国家扶贫标准，确定了农村人均纯收入2 300元/年的贫困标准，比2010年的1 274元/年的贫困标准提高了80%。标准提高以后，2011年中国还有8 200万的贫困人口，占农村人口的13%，占全国总人口近十分之一。以后中国贫困线以2011年2 300元不变价为基准不定期调整。截至2014年年底，我国仍有7 017万贫困人口。严峻的经济现实摆在国家经济发展的道路上，时刻提醒着我们脱贫致富的实践工作任重道远。

其次，剩下的都是难啃的硬骨头，返贫率高。"返贫"是指脱贫人口在短期内或者一段时间后又陷入贫困状态的现象。从现实情况来看，我国剩余贫困人口大部分生活在老少边穷地区，该类地区一般自然生态环境条件脆弱、基础设施极其薄弱，缺乏抵御自然灾害的能力，特别是大部分集中连片贫困区，长期面临干旱、洪涝、泥石流等突发自然灾害，而且地理位置偏远、信息闭塞，与外界的沟通和交流极其困难，扶贫成本高、致贫因素多，因病致贫、因学致贫、因灾返贫现象常见，长期以来"大灾大返贫小灾小返贫"呈规律性发生[3]。同时，建档立卡系统中的贫困人口整体教育文化能力水平偏低、缺乏自力更生的劳动能力，贫困代际传递趋势明显。返贫问题具有频繁性、易发性和反复性，这反映出中国脱贫人口的抗贫能力和基本能力素质较差，贫困问题不再是单纯的收入贫困，而是一种"能力贫困"，尤其是少数经济基础差的脱贫农户抵御经济风险能力薄弱，往往陷入"脱贫—返贫—再脱贫—再返贫"的循环中难以自拔，能力贫困成为了解决贫困问题的根本制约[4]。

再次，剩余贫困人口的分布具有极强的地域指向性和集中分布性特征，呈现零星分散状，绝大部分分布在集中连片特困地区，尤其是老少边穷地区和中西部的农村。致贫机理复杂，贫困具有多维性和复杂性，扶贫难度更大、贫困形势更加复杂，减贫边际效应下降。"14.81万个贫困村的贫困状况：共有人口2亿人，其中农村人口1.8亿人。分布在东部的有15 206个，占行政村总数的10.3%；中部有58 624个，占39.6%；西部有74 301万个，占50.2%。2002年贫困发生率为12.8%，低收入发生率为20.2%，明显高于全国3%和6.2%的水平。自然村通公路率为66.8%（75%），通电率为89.8%（93.3%），通电话率为40.2%（59.1%），接收电视节目率为78.0%（86.5%），有卫生室的村为60.9%（70.2%），有合格乡村医生和接生员比例分别为64.3%（72.3%）和60.9%（69.6%），明显低于重点县平均水平（括号内为重点县数据）。"[5]

传统扶贫模式已不适应新需要，扶贫过程出现大量异化现象。新中国成立以来，我国传统的农村反贫困模式先后以输血救济扶贫和开发式扶贫为主导。输血救济式扶贫战略是在社会经济发展水平偏低，农村人口普遍贫困的背景下，与高度集中的计划经济体制下"平均分配"相适应的救济模式。是单纯以政府为主导，通过小规模带输血救济色彩的扶贫手段来保障贫困群体最低程度的生活标准。开发式扶贫区域主要以县为单元展开，通过制定一系列扶贫惠农政策推进实施。这两种模式曾经极大地促进了农村生产力的解放、人民群众温饱问题的解决，提升了解决自身贫困问题的综合素质与能力，大大改善了中国农村的贫困状况。但是这种传统的扶贫方式在新的社会条件下已不能满足贫困群体的新的需要，不能充分解决新的贫困问题，亟须改革与创新。

第一，目标设定偏低，不符合新时代贫困群众对于美好生活的期待。我国的扶贫开发战略目标在过去几个阶段里，虽有调整，但总的来说多着力于解决温饱问题。新时期，贫困群众不仅期待生存有保障，也期待生活有质量、有尊严。因此，中国扶贫开发工作必须立足于更高层次的全新战略之上。在过去的扶贫开发工作当中，扶贫标准定得太低太严太死，与国际扶贫标准还有很大差距，很难适应经济社会发展的需要。而且在实际操作过程当中，过于机械僵化，导致大量贫困群众没有进入帮扶范围。

第二，单纯的输血救济式扶贫无法实现扶贫资源和扶贫资金使用效率的最大化。救济式扶贫是在社会经济发展水平偏低，农村人口普遍贫困的宏观背景下，与高度集中的计划经济体制下"平均分配"相适应的救济模式，是带公益性色彩粗放式扶贫模式。救济式扶贫一般是由一级政府统一制定整齐划一的扶贫策略，再依靠一定的组织程序引导贫困人口参与到扶贫开发工作中。这种模式的弊端在于："相对平等、普遍贫穷"的思想观念极大地打击了人民的生产积极性，削弱了社会救济的效果；这种带有强输血救济色彩的扶贫工作一味强调外部暂时性的救助、救济，忽视了贫困人口自身的内在因素，在一定程度容易滋生"惰性",一些地区在扶贫工作实践过程中"等、靠、要"等不良风气的盛行;统一帮扶策略往往粗放漫灌、针对性不强,与贫困户的脱贫需求不匹配或严重脱节;程序往往比较烦琐,群众需要跑来派去,短时间也难以见到明显利益,很多农户参与并不积极,难以有效发挥扶贫工作成效。所以,"直到1978年改革开放前,我国仍有2.5亿人口生活在贫困线以下,贫困发生率高达30.7%"。[6]

第三,开发式扶贫下扶贫瞄准和扶贫资金的落实使用上极易产生偏差。开发式扶贫合理性在于可以适应改革开放初期的整体贫困状况;便于集中有限财政资源提供基础设施建设和公共服务等方面;可以基本摸清整体性的贫困情况等等。不足之处在于:部分贫困县面临地方财政考核压力,不重视扶贫开发工作,开发式扶贫项目,往往多偏好于基础设施建设以及工业项目,与解决贫困地区困难群众的温饱没有直接关系;由于扶贫工作考核机制不完善,致使一些地区不注重扶贫实效,单纯应付扶贫指标。一些盲目上马项目的最终烂尾,造成扶贫资金浪费的同时,也给贫困地区财政带来极大的负担;传统开发式扶贫主要特点是区域瞄准、面上扶贫脱贫,没有识别到户,这样很难将真正贫困、有帮扶需求的人筛选出来,也难以避免无效投放、错误投放、普惠投放等问题,容易导致扶贫资源的浪费。比如,扶贫过程中的"精英捕获"现象,即精英、富人利用自身较高的知识水平、丰富的阅历以及获取信息的便利渠道,对扶贫政策的漏洞加以利用,大量捕获扶贫资金与资源,严重阻碍了扶贫正向效应的发挥,使得扶贫的边际效应呈下降趋势;扶贫过程很难进行监管,对扶贫主体、扶贫资源的流向、各个扶贫过程中的运行环节缺乏足够的监督,致使权力寻租现象成为扶贫事业的极大障碍。这些现象严重阻碍了扶贫资源的精准使用,使得扶贫资源使用效率和使用质量低下,扶贫效果差。

第四,扶贫主体单一,政府"一家独大"。政府主导,是新中国成立以来我国扶贫开发事业最为显著的特征和经验。无论救济式亦或开发式扶贫都决定了扶贫工作必须在政府的主导之下进行。离开政府的主导,农民的主体作用将失去明确的方向。但政府主导并不是越俎代庖,农民才是改造客观世界的主体、内因和力量源泉,才是落后地区进步的实际践行者,离开了农民主体作用的发挥,缺乏内生动力的支持,政府的主导作用就会失去依靠;而且从扶贫瞄准的角度来看,政府主导属于"间接瞄准",如果缺乏贫困群体的参与,容易偏离扶贫目标;部分地区过分强化政府的主体地位,在社会力量参与扶贫开发准入方面,管得过宽、过严,严重影响了其他扶贫主体参与扶贫开发的积极性,贫困人口自身造血能力培养严重缺乏;政府主导,固守效率优先原则,往往进一步拉大了贫富差距。

补齐全面建成小康社会的关键短板,脱贫时间紧迫。党的十八大以来,党中央、国务院把扶贫工作提高到了前所未有的高度。习近平总书记和李克强总理多次实地调研，专门批示，亲自过问。习近平总书记在提出"科学扶贫、精准扶贫、精准脱贫"新要求的同时，也强调指出，"十三五"时期是我们确定的全面建成小康社会的时间节点……各级党委和政府要把握时间节点，努力补齐短板，科学谋划好"十三五"时期扶贫开发工作，确保贫困人口到2020年如期脱贫[7]。这一重要论述，为各级党委、政府带领广大人民群众全面建成小康提供了根本遵循。可见，确保农村贫困人口在现有标准下如期脱贫是2020年全面建成小康社会的一个标志性指标，是中国政府对人民的庄严承诺，也是"十三五"时期的最艰巨的重大战略任务。全面小康，是全体中国人民的小康，是没有人掉队的小康，是要惠及所有中国人、财富和收入差距不断缩小、人民生活水平和质量普遍提高的小康，更是要统筹城乡区域协调可持续发展、生态环境和社会秩序取得显著进步的小康。而目前我们尚有4 335万农村贫困人口未实现脱贫。非常之时需要非常之举，对贫困村、贫困户的"点穴式"扶贫，在"精准"二字上下工夫成为必然。只有精准摸清贫困户、精准制定脱贫方案、精准做好资源分配和管理，实实在在地把扶贫工作下沉到村到户，对贫困家庭、贫困人口实施精准帮扶，才能从根本上找到贫困因素、扫清致贫障碍、拔掉致贫"病根"，实现真正意义上的脱贫。[8]只有实施对症下药、靶向治疗，扶贫才能取得实实在在的成效，才能赢得贫困户的真心欢迎和接纳，扶贫脱贫才能见到实效。[9]

（二）提出过程

萌芽：精准扶贫来源于20世纪80年代的"扶真贫，真扶贫"。习近平在《摆脱贫困》一书记录了他1988年至1990年在福建宁德地区担任地委书记时期的重要讲话、文章。书中，习近平同志专门阐释了我国宁德地区开展农村扶贫工作的思路，比如要笨鸟先飞，地区贫困不能影响人的观念的"先飞"理论；要大力发展农村生产力，改进贫困地区的经济状况；将扶贫工作跟农村经济建设进行有效结合。"在对贫困地区的扶贫投资工作上一定要讲效益""物质文明跟精神文明的建设属于农村地区进行扶贫脱贫工作需要注意的两个重要方面，两方面都要抓好，要相互协调共同促进"等。2003年，习近平同志在人大讨论中提出："我国的广大贫困地区也不是都是普遍的整体性贫困，很多贫困地区也存在资产超过一百万元以上的富裕人口，贫困并不是普遍现象，也不是不可解决的问题，因而扶贫工作首先要做到扶贫对象的明确化，扶真贫，做好扶贫工作的针对性，将扶贫工作的资金用于真正解决贫困户问题上。"

概念的提出：精准扶贫是党的十八大以来，以习近平为总书记的新一届党中央关于扶贫开发战略的核心思想。自 2012 年始，习近平总书记就到全国各地考察调研扶贫工作，真正做到了探真贫、访最贫。2012 年年底，习总书记在河北省阜平县考察扶贫工作时，强调说不要用"手榴弹炸跳蚤"，要因地制宜、科学规划、分类指导、因势利导，真真实实把情况摸清楚，一家一户摸情况。2013 年 4 月，汪洋副总理在甘肃调研考察扶贫工作时强调，要创新精准扶贫体制，采取有针对性的帮扶措施，以"解剖麻雀"的方式切实提高扶贫成效。同年 6 月，汪洋副总理在扶贫开发领导小组会上指出，目前扶贫开发中存在的一个突出问题是许多地方底数不够清、指向不够准、针对性不够强，要完善贫困识别机制，改"大水漫灌"为"滴灌"，逐村逐户制定帮扶措施[10]。2013 年 9 月中旬和 10 月上旬，李克强总理两次主持国务院常务会议研究扶贫工作时，都对精准扶贫和建档立卡工作提出了具体要求。他强调，对扶贫对象要建档立卡，确保项目资金要到村到户。2013 年 11 月，习总书记在湘西考察时提出了"扶贫要实事求是，因地制宜。要精准扶贫，切忌喊口号，也不要定好高骛远的目标"。业内普遍认为这是精准扶贫一词的首次明确提出。可见，精准扶贫的提出彰显了党中央、国务院对扶贫工作的高度重视，契合时代发展的需要。

具体落实：在习总书记明确提出精准扶贫的理念后，2013 年 12 月，中共中央办公厅、国务院办公厅印发的《关于创新机制扎实推进农村扶贫开发工作的意见》（中办发［2013］25 号）文中，明确提出建立精准扶贫工作机制，并将建立精准扶贫工作机制作为六项扶贫机制创新之一。2014 年 1 月 25 日，中共中央办公厅、国务院办公厅印发的《关于创新机制扎实推进农村扶贫开发工作的意见》中详细规定了精准扶贫工作模式的顶层设计，明确提出要建立精准扶贫机制，并要求在 2014 年年底完成贫困识别建档立卡工作，推动了"精准扶贫"思想的落地。国务院扶贫办随后制定了《建立精准扶贫工作机制实施方案》，在全国推行精准扶贫工作，自此"精准扶贫"思想得以落实到具体方法中。

进一步发展：2014 年 1 月 26 日至 28 日，习近平同志在内蒙古扶贫工作调研考察过程中提出，我国的扶贫工作只要还存在一个人，一家一户尚未解决温饱问题，广大人民群众的生存生活与发展的根本需要没有得到充分满足，党员干部就不能安之若素，要毫不懈怠地团结带领群众一起奋斗[11]。随后多次深入贫困地区，特别是多次视察老、少、边、穷地区：从河北阜平县骆驼湾村到顾家台村，从太行山区到陇西荒原，从大山深处到棚户陋室，从云南鲁甸地震灾区到陕北革命老区，习近平总书记以不懈的脚步丈量着中国每一寸贫困角落，察真情、看真贫，多次阐述和作出一系列重要论述，精准扶贫理念逐步成型。

2014年3月，在参加十二届全国人大二次会议贵州代表团审议时，习近平总书记重点谈及实行精准扶贫、聚焦扶贫对象的重要作用，进一步阐释了精准扶贫理念，并提出了精细化管理、精确化配置、精准化扶持等重要思想。习近平总书记指出："精准扶贫，就是要对扶贫对象实行精细化管理，对扶贫资源实现精确化配置，对扶贫对象实行精准化扶持，确保扶贫资源真正用在扶贫对象身上、真正用在贫困地区。"强调："要实施精准扶贫，瞄准扶贫对象，进行重点施策"，扶贫要注重精准发力，在"精准"二字上下工夫，必须在精准施策上出实招、在精准推进上下实功、在精准落地上见实效。从理论的高度丰富完善了精准扶贫思想的内涵。

2015年，习总书记先后到云南、陕西、贵州调研考察扶贫工作，6月18日在贵州召开部分省区市党委主要负责同志座谈会时，强调要科学谋划好"十三五"时期扶贫开发工作，提出了扶贫开发工作"六个精准"的基本要求，即扶持对象精准、项目安排精准、资金使用精准、措施到户精准、因村派人精准、脱贫成效精准。同时还提出了"四个切实"，即切实落实领导责任、切实做到精准扶贫、切实强化社会合力、切实加强基层组织。体现了党的责任和担当，解决了扶贫开发"最后一千米"问题。2015年10月，习总书记在减贫与发展高层论坛上明确将精准扶贫作为我国扶贫攻坚工作方略。"精准扶贫"从何下手？在2015年11月27日至28日的中央扶贫开发工作会议上，习总书记给出了"五个一批"（即：发展生产脱贫一批，易地搬迁脱贫一批，生态补偿脱贫一批，发展教育脱贫一批，社会保障兜底一批）的明确答案，进一步完善了精准扶贫、精准脱贫的基本方略。至此，"精准扶贫"思想成为我国扶贫工作的重要指导思想。

2016年以来，习总书记在致新年贺词和考察重庆、江西、宁夏、河北、山西等地时，围绕精准扶贫、精准脱贫这个重大问题，作出了一系列深入的阐释。2017年以来，随着脱贫攻坚战的深入推进，习总书记进一步指出，扶持谁、谁来扶、怎么扶、如何退的全过程都要精准，有的需要下一番"绣花"功夫。在党的十九大上，习总书记又提出坚持大格局扶贫。这些论述形成了习近平扶贫开发战略思想，为打赢脱贫攻坚战注入了强大的精神动力。

二、精准扶贫的内涵

精准扶贫重要战略思想集中反映了党和政府对减贫规律性的认识，是习近平扶贫开发思想的核心概念和重点内容。学界对此概念还没有统一定义，研究者对精准扶贫的内涵解读更多地来源于领导讲话、政府文件。

精准扶贫的官方定位是"粗放扶贫"的对称，最基本的定义是指针对不同贫困区域环境、不同贫困农户状况，运用合理有效的程序实施精确识别、精确帮扶、精确管理、精准考核的治贫方式。这一界定基本上囊括了习近平提出的"精准扶贫"概念的主要内核。通过精准扶贫、精准脱贫，可以解决"贫困村中哪些人需要扶贫""哪种方式扶贫效果最好"等问题，防止扶贫工作中"一视同仁"，吃大锅饭的现象。通过精准识别，可以具体到村、户采取措施，用定向帮扶取代普惠帮扶，有效提升扶贫工作的效率和质量。

总得来看，精准扶贫思想内涵丰富，层次多样，是涵盖战略、政策、机制、措施的一个完整的国家扶贫治理理念和一套全面的扶贫开发系统工程。

（一）精准扶贫的前提——精准识别

精准识别贫困对象是精准扶贫的开局，是实现"真扶贫、扶真贫"的基础和前提。精准扶贫不是普惠性社会福利，而是补齐全面小康"短板"的重大举措。只有精准识别扶贫对象，才能真正摸清贫困底数，找准致贫原因，为定点"滴灌"打下基础。在传统的扶贫过程中，贫困居民数据来自抽样调查后的逐级往下分解，扶贫中的低质、低效问题普遍存在，贫困居民底数不清。这种方式虽然可以估算我国的贫困地区的范围和贫困人口的规模，但是不能具体到详细的地区和家庭，从而导致了扶贫政策针对性不强，容易产生"平均主义"现象，很难做到"扶真贫"。

精准识别则着眼解决以往未纳入国家贫困县而确实贫困，部分区域贫困村、贫困人口识别不清的主要矛盾问题。贫困识别是遵循"严格对象标准、规范识别程序、坚持公平公正、直接到户到人"的原则，按照规范的标准、流程和方法，将贫困户识别出来，盘清底数，建档立卡。贫困人口的识别标准依照人均年纯收入计算，然后决定执行国家贫困标准或省定贫困标准；识别工作程序上一般经过农户申请、入户调查、评议公示、县镇村审核、数据录入等环节；建档立卡一般涵盖贫困人口的规模、分布以及居住条件、就业渠道、收入来源、致贫因素等情况。同时精准识别环节要求建立贫困人口动态管理机制，做到有退有进，确保扶贫资源向贫困对象集中，使"真贫困者"和"返贫困者"能够得到更为有效的扶持和帮助。

从国家贫困现状看，目前大部分贫困地区和贫困人口的生活和温饱问题基本得到解决，绝对贫困人口数量大幅降低，但随着国家经济发展和贫富差距的存在，相对贫困人群的规模有增长趋势，这类人群的贫困识别难度也在不断加大；从现实情况看，识别定位贫困村的难度相对减小，但把识别的单位定位到贫困个体却不是件容易的事。因此，需要村干部有较强的政治素养，做到不优亲不厚友、避免不公道现象。也需要驻村工作队有足够的工作热情和耐心，俯下身子走到老百姓家里了解情况，做到识别精准。

（二）精准扶贫战略措施——分批分类

分批分类扶贫是习近平扶贫思想中重要的基础工具，在明确提出精准扶贫思想之前，习近平就指出：因地制宜、科学规划、分类指导、因势利导，各项扶持政策要进一步向革命老区、贫困地区倾斜。分批分类扶贫着重体现在"五个一批"重要论述中。

"五个一批"使扶贫举措多元化、有针对、更具体、更全面，很好地解决了精准扶贫中"怎么扶""如何退"的问题，"发展生产脱贫一批"要求引导和支持所有有劳动能力的人，依靠自己的双手，立足当地优势资源，发展地区特色产业，实现就地脱贫；"易地搬迁脱贫一批"要求对于难以实现就地脱贫的贫困人口，要实施易地搬迁，充分规划，分年度，有计划组织实施，确保贫困人口乐意搬、不反复，站得住脚、致得了富，从而逐步使"一方水土养不起一方人"的贫困区域走出原有的"贫困循环"怪圈；"生态补偿脱贫一批"要求对生态环境特别重要和脆弱的地区实行生态保护扶贫，对不宜发展种植业的地区实现退耕还林、退耕还牧、退耕还湖等，对生态环境脆弱的贫困区域增加重点生态功能区转移支付，强化保护和修复生态环境的相关工作，扩展相关政策的覆盖范围和领域，让当地有劳动能力的贫困人口就地转成护林员等生态保护人员，以此来解决当地贫困人口的工作和收入来源问题；"发展教育脱贫一批"要求治贫先治愚，扶贫先扶智。要把发展教育的经费和政策持续向贫困地区、基础教育和职业教育倾斜，帮助贫困地区改善办学条件，帮助因学致贫家庭的孩子继续求学，为每个孩子提供用知识改变命运以及实现人生价值出彩的机会；"社会保障兜底一批"要求对完全或部分丧失劳动能力的贫困人口，由社会保障来兜底，统筹协调农村扶贫标准和农村低保标准，引导和支持社会的一些救助机构、慈善机构和爱心组织参与进来积极帮扶。要逐步健全和完善国家医疗保险制度和医疗救助服务体系，使新型农村合作医疗和大病保险等民生政策，更多地倾向于贫困地区的困难群众。要持续不断的关注和支持革命老区、少数民族地区、边疆地区的脱贫攻坚工作。

（三）精准扶贫的关键——精神脱贫

推进脱贫致富奔小康，充分发挥贫困群众的主体作用是脱贫成败的关键。贫困群众既是脱贫攻坚的对象，更是脱贫致富的主体。精神能变物质，人的思维转变了，生产面貌也会变，社会风气也会变，就会转化为治穷致富的前进动力。精神脱贫是精准扶贫的精髓之一，精准扶贫坚持人民群众的主体地位，强调要处理好国家和社会帮扶与贫困地区贫困群众自力更生的关系，注重培育精准扶贫的内生动力。习近平指出："扶贫先要扶志，要从思想上淡化'贫困意识'。不要言必称贫，处处说贫。"[12] "志不立，天下无可成之事。"只有坚定脱贫信心，才会有主动奋斗的动力。扶志就是帮助贫困群众树立脱贫的信心，使贫困群众意识到主观能动性的重要作用。脱贫是一项长期而艰巨的任务，习近平强调："贫困地区独特的地理位置和经济发展的具体条件，决定了它的发展变化只能是渐进的过程。根本改变贫困、落后面貌，需要广大人民群众发扬'滴水穿石'般的韧劲和默默奉献的艰苦创业精神，进行长期不懈的努力，才能实现。"[13] 有了脱贫意愿还需要一定的教育知识作为基础，习近平指出："扶贫先扶智，让贫困地区的孩子接受良好教育，是扶贫开发的重要任务，也是阻断贫困代际传递的重要途径。"[14]

（四）精准扶贫的保障——精准考核管理

精准考核管理是指充分运用统计监测、扶贫信息数据库等科学信息管理手段，及时调整贫困户和决策执行。同时合理设置考核指标和权重，有效监管扶贫资金与扶贫项目的进度和效果。精准考核管理意味着扶贫过程的合理化、有效化和可持续化，是精准扶贫的保障。中央多次强调，基层扶贫工作的开展一定要严格就扶贫工作的真实性与有效性进行严密监督，绝对禁止扶贫工作中出现弄虚作假与统计数据与现实情况不一致的状况。

精准的考核管理体系，有利于树立正确的扶贫工作导向。实施精准考核管理，需要各司其职、各尽其责，协调运转，而不能各唱各调、各管各段，更不能推诿扯皮、敷衍了事。精准管理包括三个方面的内容，一是建立数据库，将精准识别的贫困个体、贫困户、贫困村的信息等相关数据第一时间录入系统。二是利用数据库及时对扶贫工作进展情况进行分析，确定扶贫措施是否可行有效，为上级部门的科学决策提供有益的借鉴和参考。三是适时对扶贫对象的资料进行维护、修改，及时调整贫困户和决策执行。四是就扶贫资金使用过程进行严密监控与管理。此外，精准管理过程中对驻村帮扶人员、扶贫工作人员的日常工作实绩情况也进行录入统计，从而为下一步的精准考核打下坚实的基础。

精准考核主要针对地方政府，有着严格规范的程序。分工明确：中央政府负责区域开发和片区开发，地方政府负责具体的精准扶贫事务；明确奖惩目标：扶贫工作的绩效要得到贫困户的真实反馈并取得贫困户认可；引入第三方评估：对于贫困县脱贫的核实工作是建立在对省级评估标准实施调查前提下，国务院扶贫领导小组委托第三方评估机构开展现实情况调查与第三方评估，达到要求以后，经由省级政府批准才可退出。

（五）精准扶贫的基本原则——"四个坚持"

"四个坚持"是做好精准扶贫工作的基本原则，是习近平在 2015 年 11 月

23 日的政治局会议上提出的精准扶贫要求。

第一，坚持扶贫开发和经济社会发展相互促进。即扶贫工作不能单靠"输血"，还应努力"造血"，要用专项资金因地制宜地鼓励贫困户联合起来发展本地区特色产业，以区域经济社会发展为主要物质依托，提升地区社会和经济发展的水平，为扶贫开发工作提供动力。

第二，坚持精准帮扶和集中连片特殊困难地区开发紧密结合。即在扶贫工作中，既要精准帮扶贫困户脱贫，又要关注集中连片特殊困难地区的整体脱贫；既要关注集中连片特殊困难地区的贫困户，又要精准关注到各个地区每一个贫困户，不能忽视和遗留任何一个贫困户。

第三，坚持扶贫开发和生态保护并重。一般情况下，贫困地区也是生态脆弱区和环境恶劣区。将扶贫开发与生态保护并重，实际上是"既要金山银山，又要青山绿水"，即要求在扶贫开发过程中，既让贫困户生活水平不断提高，又要注重生态保护，让贫困户拥有一个良好的自然生产生活环境。

第四，坚持扶贫开发和社会保障有效衔接。精准扶贫是系统工程，社会保障和扶贫开发是其中的两个重要支点，社会保障是生活救助，扶贫开发是能力提升，把扶贫开发和社会保障有效衔接更有利于巩固脱贫成效，保证贫困户的基本生活和医疗卫生，防止贫困户返贫。为确保衔接工作落地，人民政府必须继续完善农村基本养老制度、基本医疗制度等社会保障制度，为广大农民提供最基本的生活、生产、医疗、教育等社会保障。要坚持应扶尽扶、应保尽保、动态管理、资源统筹等原则，将政府兜底保障与扶贫开发政策相结合，形成脱贫攻坚合力，实现对农村贫困人口的全面扶持。

三、精准扶贫的理论依据

精准扶贫既是实践创新，又是理论创新。其产生与形成是对贫困现象认识逐步深化的结果，是立足于我国文化传统、新时代社会环境和经济发展实际需要而生成的。具体来说，精准扶贫战略思想是对国外反贫困理论的参考借鉴，是对新中国成立以来我国农村扶贫战略的总体把握，是在适应当前农村扶贫现实困境的必然需求等逻辑下生成。基于此，精准扶贫思想才能够经受历史与人民的检验，成为符合中国当下实际的科学理论，引领扶贫事业科学有效地向前发展。

（一）精准扶贫是对国外反贫困理论的参考借鉴

贫困问题是阻碍世界各国社会经济持续发展的因素之一，也是影响各国人民实现全面发展和幸福生活的重要因素。国外许多国家和学者对此进行了大量有益的探索工作，推动了人类对贫困问题认识的深化，也为发展中的中国农村扶贫提供了一定的参考价值。

国外反贫困研究经历了从一维到多维，从物质贫困到权利贫困再到能力贫困的逐步深入过程，研究的视角也比较广泛，反贫困模式也越来越多元化。

从理论观点看，"贫困恶性循环"论认为，发展中国家通过大规模投资并形成资本才能摆脱贫困恶性循环；"低水平均衡陷阱"认为，经济增长的主要障碍源于资本稀缺和人口过快增长，资本形成对摆脱"低水平均衡陷阱"具有决定性作用；"资源与环境匮乏论"认为，贫困与生态环境紧密相连，具有双向关系，应保持生态平衡，避免与贫困产生不良循环。"人力资本扶贫理论"认为摆脱贫困的关键在于提高人力资本投入；"能力缺失论"认为，贫困是源于生产方式落后和能力缺乏，必须保证穷人有一定的资源才能让他脱贫。"制度障碍论"认为，制度设计也是引发贫困的重要因素之一，要完善机制体制，修补各种制度漏洞。

从研究视角看，经济学的收入贫困视角认为，经济增长是解决贫困问题的重要途径；发展学的能力贫困视角认为，促进居民就业、提高教育水平、改善居民健康状况、完善社会保障制度、保护生态环境以及维持人与自然和谐发展是减贫的关键；社会学的权利贫困和心理学的心理贫困视角认为，维护公民权利、保护公民人格尊严、促进人与人之间平等互助关系、完善社会包容政策、完善民生以及建立"包容性发展"的长效发展机制是减贫基石。

从反贫困模式看，美国的"以工代赈"模式，即通过国家投资大型工程来创造就业岗位，减少失业人口，增加贫困人口收入，逐步完善立法的一种扶贫模式；美国、荷兰、北欧等发达国家和地区的福利国家模式，即由国家主导，并依据国家政策和法律法规，保证全社会公民平等享有失业保险、养老金、医疗卫生等方面福利的一种救济模式；均衡发展消除贫困模式，是由国家政权出面，对社会经济的发展进行有效干预，并引导其均衡平稳运行，在此过程中使贫困逐步消除的一种减贫模式；区域发展模式，是指在不同地区因地制宜地采取不同发展措施，根据贫困家庭的不同需求实施最合理的救助方式的一种扶贫模式，通过政府培训提升贫困人员的知识水平和技能水平，使他们更有可能实现就业。[15]

精准扶贫思想是在参考国外反贫困理和实践模式的基础上形成的，其中提升贫困人口发展能力、因地制宜扶贫、国家福利救济以及国家有效干预等思想，对新时代精准扶贫思想的形成具有重要的参考价值。

（二）精准扶贫思想是对新中国成立以来我国农村扶贫战略的总体把握

精准扶贫是新中国成立以来扶贫策略改革的历史选择，以往的扶贫实践活动对其有巨大的塑造作用。

新中国成立以来，在中国共产党领导下，在社会主义现代化总体方针下，以政府扶持为主导的中国减贫事业取得了巨大成就。国家统计局的数据显示，按照现行农村贫困标准衡量，1978 年农村居民贫困发生率为 97.5%，农村贫困人口规模为 7.7 亿；2014 年农村贫困人口规模为 7 017 万，贫困发生率为 7.2%。从 1978 年到 2014 年，农村贫困人口减少 7 亿，年均减贫人口规模为 1 945 万人；贫困发生率下降 90.3%，贫困人口年均减少 6.4%。我国扶贫工作之所以取得如此重大的成就与许多成功经验和有效措施密切相关，新时期的精准扶贫思想就是习总书记结合我党过去 60 多年扶贫开发成功经验，在新中国成立以来我国农村扶贫战略的科学把握基础上生成的。

首先是实施惠农政策，提高农民的生产积极性。新中国成立以来，对于脱贫工作起重要作用的有两大惠农政策：一是农村家庭联产承包责任制的推进，极大解放了农村生产关系，提高了农民生产积极性，使农业获得了较快发展，人民生活有了明显改善。据统计，从 1979 年至 1983 年，我国农业总产值平均每年增长 7.9%，1984 年增长 14.5%，远远超过了 1953 年至 1978 年 26 年间平均每年增长 3.2% 的速度[16]；二是从 2006 年起，全国取消农业税以后，国家在税收上把农民负担降低为零，这极大地提高了农民的生产积极性，也减轻了贫困地区农民的经济负担。

其次是开展有步骤、有计划、有组织的开发式扶贫工作。消除贫困，实现共同富裕是我国政府一贯坚持的方针。新中国成立以来，我国政府的扶贫工作大致经历了以缓解极端贫困为主的输血救济扶贫阶段（1949—1977 年）、以农村制度改革减少贫困的发展阶段（1978—1985 年）、以贫困区域为主要对象的大规模开发式扶贫推进阶段（1986—1993 年）、以解决贫困人口温饱问题为目标的"八七扶贫"攻坚阶段（1994—2000 年）、以巩固温饱成果为主要目标的整村推进扶贫阶段（2001—2010 年）以及 2011 年开始的集中连片扶贫等几个阶段。

新中国成立初期，面对内外交困，满目疮痍，"一穷二白"，绝大多数人口处于绝对贫困状态的严峻客观现实，政府采取了与高度集中的计划经济体制下"平均分配"相适应的救济模式，保障了大多数贫困人口的基本生活需要，一定程度上解放了生产力。

十一届三中全会后，全面启动农村经济体制改革。实行家庭联产承包责任制；鼓励城乡人口流动，促进乡镇企业发展；设立专项扶贫资金，开展专项扶贫；转变扶贫思路，划定重点扶贫区域等等，经济体制结构性变革的巨大溢出效应使得原先的普遍性贫困问题得到了极大程度地缓解，该时期也成为我国扶贫史上减贫最为显著的时期。

随着体制改革红利的边际递减，我国农村经济增长开始趋于平缓，农村减贫效应也开始放缓。一些自然条件恶劣，位置偏远，自身发展优势缺乏的"老、少、边、穷"地区，经济发展相对滞后。与东部沿海地区相比，我国农村贫困呈现出明显的地域性特征，而且贫富差距悬殊，贫困状况更加突出。为了有效化解改革驱动式扶贫下遇到的新的贫困问题，进一步促进扶贫工作体系化、制度化、专业化，1986 年，中国政府正式启动了直接针对贫困地区的大规模扶贫开发计划，率先把"老、少、边、穷"地区纳入重点扶贫区域，并把331 个县确定为国家专项扶贫基金投放重点对象。1986 年国务院设立了专门性的减贫工作机构——国务院贫困地区经济开发领导小组（现为国务院扶贫开发领导小组），有针对性地开展农村扶贫工作。

20 世纪 90 年代中央又重新调整了贫困县的范围和标准，进一步细化了政策的内容和措施；进入 21 世纪以后，中央把扶贫重点从贫困县转移到贫困村和贫困户，使扶贫的精准性和针对性进一步得到提升。据统计，2000—2014 年，仅中央财政就累计投入 2 966 亿元专项扶贫资金，2015 年中央和各省市至少投入 600 亿元财政专项基金用于扶贫开发，而整个"十三五"扶贫攻坚阶段国家 5 年拟投入 6 000 个亿[17]。

三是实施对口支援和定点帮扶。1996 年在中央政府的直接安排和布署下，北京、天津、上海、广东、江苏、浙江、山东、辽宁、福建和深圳、青岛、大连、宁波等 13 个发达省市对口帮扶内蒙古、甘肃、云南、广西、陕西、四川、新疆、青海、宁夏和贵州等 10 个贫困省区的工作全面展开[18]，在产业发展更新、企业交流合作、技术提升推广、人才干部支援等方面提供了巨大的支持。党政机关和大型企事业单位定点帮扶贫困地区，是做好扶贫工作的外部有效形式之一。中央和各省市国家机关、事业单位和国有企业根据自身优势，发挥各自职能作用，为贫困的乡村以及家庭提供帮助，包括资金投入、产业发展、技术引进、干部选派等方面。

四是积极开展国际交流与合作。改革开放以来，我国与世界的交流日益密切，在反贫困问题上与国际社会的合作交流也越来越成熟，比如与世界银行、联合国开发计划署、人口基金会，英国、日本、荷兰等政府，以及与亚洲开发银行、世界宣明会、福特基金会、日本协力银行等在扶贫项目中开展交流与合作，其中与世界银行的合作最为有效[19]。

（三）精准扶贫的中国传统文化渊源

中华优秀的传统文化作为立国之本，有着顽强的生命力和丰富的历史底蕴，其中的"大同"与"小康"理想为新时期精准扶贫思想提供了源源不断的精神动力。

关于大同理想。大同思想出自《礼记·礼运》篇，《礼记》是中国古代一部重要的典章制度书籍，是战国至秦汉年间儒家解释说明经书《礼仪》的文章选集。《礼运》是《礼记》中的一篇，《礼运》实际上代表了儒家的政治思想和历史观点，尤其书中的"大同"思想，对历代政治家，改革家都有深刻的影响。

《礼记·礼运》中有文云："大道之行也，天下为公，选贤与能，讲信修睦。故人不独亲其亲，不独子其子，使老有所终，壮有所用，幼有所长，矜寡孤独废疾者，皆有所养。男有分，女有归。货，恶其弃于地也，不必藏于己；力，恶其不出于身也，不必为己。是故，谋闭而不兴，盗窃乱贼而不作，故外户而不闭，是谓大同。"[20]从中可以看出，大同社会是和谐与安宁、"天下一家、人人为公"的理想社会。在政治上国家选贤举能，为天下人的利益服务。它主张政治权利归于天下，国家是大家的国家，而非一家所有。在伦理上强调天下一家，守望相助，使鳏寡孤独和残疾的人都能得到供养，生活幸福。在经济上强调财富共享，人人为公，不将财物据为己有。

孟子主张："老吾老以及人之老，幼吾幼以及人之幼……"[21]并描绘出"五亩之宅，树之以桑，五十者可以衣帛矣……谨庠序之教，申之以孝悌之义，颁白者不负戴于道路矣。七十者衣帛食肉，黎民不饥不寒"[22]的理想蓝图。这与《礼记·礼运》中的描述与阐释大同小异，它们都表达了一种儒家对天下为公、社会和谐、众生平等的大同社会的美好期盼与追求。

关于小康理想。小康一词最早出现于《诗经》中，《诗·大雅·民劳》中说："民亦劳止，汔可小康。惠此中国，以绥四方。"[23]意思是说，辛苦的老百姓希望得到安康的生活，小康社会可以让劳苦大众享受实惠，还可以使国家得以稳定。清朝末年，儒家学者康有为在《大同书》中提出："升平者，小康也。"他认为，小康是人类社会从多灾多难、困苦不堪的乱世向大同社会即太平之世发展的中间阶段。

《礼记·礼运》中对小康也有所描述："今大道既隐，天下为家。各亲其亲，各子其子，货力为己。大人世及以为礼，城郭沟池以为固。礼义以为纪，以正君臣，以笃父子，以睦兄弟，以和夫妇，以设制度，以立田里，以贤勇知，以功为己，故谋用是作，而兵由此起。禹汤文武成王周公，由此其选也。此六君子者，未有不谨于礼者也。以著其义，以考其信，著有过，刑仁讲让，示民有常。如有不由此者，在执者去，众以为殃。是谓小康。"[24]在这里，小康社会被看做是仅次于大同社会的理想社会模式，这种社会模式在经济上允许人民拥有私有财产，在政治上主张以礼来规范社会秩序，礼是社会生活的最高准则。小康社会允许人们各自为私，但不能品德败坏。

由上可见，无论是大同亦或是小康都是在关注民生、以民为本的基础上提出来的。二者都是中国传统文化中一种幸福而美好的生活理想。其中"大同"思想的核心是"天下为公"，它在强调人人为公的同时，否定了人的自私自利与各种不公平、不正当的现象。显然，儒家学说对于大同社会的描述与构想在当时的历史条件下甚至目前都难以实现，大同社会作为一种人人幸福、社会和谐与国家进步的价值理想，只能是人们对于未来美好社会追求的一种价值预设或目标指引，是社会发展的将来时态。反观小康理想，更多是基于文明社会的现实，体现了劳苦大众对日渐贫困、压迫加深、困苦不堪的生活的抗议和积极斗争的进取精神，是社会发展的现在时态。

事实上，小康思想的提出在当时的历史条件下具有必然性，体现了儒家思想家的智慧与通达。随着社会的发展与人们思想的演变，儒家学派逐渐认清了单纯的、绝对的人人平等与天下为公只能是一种价值理想，以生活宽裕、小富即安为主要特征的小康社会才是与人们生活密切相关的现实社会。总之，由"大同"向"小康"的转变表面上来看是在大同理想难以实现的情况下的退而求其次，实际上则是采取了以退为进的战略，从小康入手以更好地推进社会的前进与发展。这为目前精准扶贫思想的提出提供了强有力的借鉴意义。精准扶贫的目标是全面建成小康社会，在此基础上实现中国梦，实现社会主义现代化和中华民族的伟大复兴。小康问题事关社会主义现代化建设的大局，事关社会的和谐与稳定，只有实现"全面小康、共同富裕"的目标，才能在此基础上促进人的自由全面发展，实现"大同"社会的理想目标，逐步向共产主义社会迈进。

四、精准扶贫政策特质阐释

精准扶贫思想是伦理性、价值性与科学性的统一。伦理性，是指精准扶贫思想蕴含着共建共富共享、可持续发展、协调发展等丰富的伦理价值因素，包含着人们对共同富裕、美好幸福生活的伦理诉求。精准扶贫思想的价值性，是指它不仅是对贫困产生发展规律的正确认识，更是以人民为中心的价值追求。精准扶贫思想的科学性，是指它基于对贫困产生发展规律的正确认识，揭示了由粗放式扶贫向精准扶贫转变的必然性。

（一）精准扶贫的伦理精神

主张共建共富共享发展。共建共富共享是中国特色社会主义的奋斗目标和根本原则，同时也是精准扶贫理念产生的思想源泉。共同富裕是社会主义本质要求，共享发展是习近平总书记提出的"五大发展理念"的出发点和落脚点，是保障人民获得感幸福感的重要发展理念。和谐社会要靠全社会共同建设，共建强调积极参与，通过共建达到共富共享，共建是共富共享的伦理保障。其中，共富并不是同步富裕，也不是平均富裕。共享要求承认贫富差距，而不是指平均主义，要求把差距控制在合理范围之内，防止贫富差距悬殊，尤其是指要努力消除贫困。共建共富共享目标的提出，充分体现了中国政府谋求全社会共同发展的道德理念，也充分彰显了人类道德与文明的重大进步。

精准扶贫、精准脱贫是当前我们党和政府惠民为民的民生工程，是全面建成小康社会的关键，更是全体人民实现共富共享最基本的伦理要求。习近平指出"人民对美好生活的向往，就是我们的奋斗目标。"精准扶贫是农村扶贫开发的新模式，是新时期贫困群体脱贫致富的有效途径。其核心理念是"精准化"；伦理价值目标和理论出发点就是：帮助农村贫困群体尽快脱贫致富，让其有更多的获得感、安全感、归属感和幸福感；实现途径是充分利用合力、共同参与。2017年2月21日下午，习近平总书记在主持中央政治局就我国脱贫攻坚形势和更好实施精准扶贫进行的第39次集体学习时提出了"七个强化"，即强化领导责任、强化资金投入、强化部门协调、强化东西协作、强化社会合力、强化基层活力、强化任务落实。这是我们党根本宗旨的重要体现，充分体现了对贫困群众的关爱与伦理担当，也体现了中国政府对人的地位、价值、尊严的尊重。全力以赴、积极作为、共同创建，也为有效推进精准扶贫、打赢脱贫攻坚战、实现"两个一百年"奋斗目标及伟大复兴中国梦夯实了基础。

注重绿色与可持续发展。习近平同志高度重视生态文明建设、关心生态环境保护，将生态文明提到前所未有的战略高度，并指出："建设生态文明是中华民族永续发展的千年大计。"[25]我国的贫困地区，往往是生态比较脆弱的地方，更要加大对生态保护与生态修复的力度。精准扶贫不是简单的只注重收入水平提升，更是一种多维的、更加注重质量和创新发展的更高层次的扶贫。我国现阶段的社会发展战略和文明追求中加入生态文明内涵之后，绿色扶贫政策创新理念、产业模式和市场形态都是未来我国精准扶贫的必然选择，加大贫困地区生态保护修复力度，增加重点生态功能区转移支付，"生态补偿脱贫一批"，将成为我国扶贫开发创新发展的新动力、新支撑和新路径。

精准扶贫需要保障扶贫脱贫效果的可持续性。目前，扶贫对象脱贫后返贫非个别现象，主要原因还是缺乏市场经济条件下的可持续发展能力。脱贫的标志是扶贫对象具备市场条件下的自主发展能力，增强造血功能与内生能力。因此，精准扶贫必须从扶贫机制、资源、措施与行动上保持可持续发展。

强调协调发展。新古典经济学认为，协调就是均衡，协调意味着资源配置最优，而协调的力量，则来自供求双方。从精准扶贫的视角来看，首先，要与"全面建成"相协调。精准扶贫是全面建成小康社会的主要瓶颈和重要突破口，是其"最后一千米"，精准扶贫就是要补好全面建成小康社会的短板。"全面建成"的宏伟目标正是精准扶贫理念产生的现实需求。因此，必须把精准扶贫和全面建成小康社会紧密结合起来，统筹兼顾，协调发展。其次，精准扶贫要与民族地区共同繁荣协调发展。经过几十年的扶贫开发，目前我国的贫困人口主要集中在"老、少、边、穷"地区，其中少数民族地区的脱贫任务更加艰巨。精准扶贫作为促进各民族共同繁荣的重要支点，就要完善民族区域发展条件，增强少数民族的发展能力，加强各民族的社会经济文化交流，保障各族人民共享改革发展的成果。因此，必须重视精准扶贫工作中对于各项民族政策的精准把握与运用，将精准扶贫与民族共同发展协调起来。再者，精准扶贫要与扶志扶智协调发展。习近平总书记指出："真正的社会主义不能仅仅理解为生产力的高度发展，还必须有高度发展的精神文明。"[26]"授人以鱼，不如授人以渔。扶贫必扶智，让贫困地区的孩子们接受良好教育，是扶贫开发的重要任务，也是阻断贫困代际传递的重要途径。"精准扶贫只有充分认识贫困区域与贫困人口的致贫原因，用科学的态度和丰富的知识促使一些贫困地区转变"等靠要"的落后观念，积极建立扶贫扶志扶智的制度环境，发动贫困群众主动参与乡村建设，才能彻底解决人的素质性脱贫问题，从根本上拔掉穷根。

（二）精准扶贫的价值取向

坚持人民利益至上的价值立场。以人民利益为价值立场，就是在精准扶贫工作过程中要"坚持以人民为中心"，要深入贫困群众，问需于民、问计于民，时刻把人民放在心中最高位置，真正做到情为民所系，利为民所谋。党的十八大以来，以习近平同志为核心的党中央从党和国家全局发展的高度，把扶贫开发作为重大政治任务来抓，对精准扶贫进行周密部署，强调干部群众是脱贫攻坚的重要力量，贫困群众既是脱贫攻坚的对象，更是脱贫致富的主体等等，彰显了鲜明的人民本位意识，也是对以人民为中心发展思想的深刻、集中、生动的体现和阐释。

精准扶贫工作中坚持人民利益价值立场，意味着要尊重人民的主体地位，要把人民放在扶贫工作这个系统工程中的中心地位，任何工作的开展都要以人民利益的实现为核心。尊重人民主体地位就必须坚持群众路线，坚持人民是历史的创造者、是决定党和国家前途命运的根本力量的马克思主义群众观。尊重人民主体地位对广大党员干部提出了更高要求，强调干部要更加清晰地对自我身份定位，明确共产党人的历史使命，自觉确定目前脱贫攻坚的历史方位，拟定脱贫攻坚的阶段性目标并为之奋斗。

精准扶贫工作中坚持人民利益价值立场，还意味着要以最广大人民根本利益为最高标准。习近平总书记指出："我们党的执政水平和执政成效都不是由自己说了算，必须而且只能由人民来评判。人民是我们党的工作的最高裁决者和最终评判者。"对精准扶贫而言，扶贫成效体现了历史发展的主体价值要求，是人民群众美好价值诉求的具象化价值显现，其价值判定最高标准是人民利益的实现程度、人民群众对扶贫成效满意不满意、赞成不赞成、高兴不高兴。

以公平正义为价值追求。公平正义是诸多价值观念中居于最高层次和最具有全局性的观念，是人们永恒的价值追求。早在古希腊时期，正义就已是最重要的美德。亚里士多德认为，在各种德性中，"公正是最主要的，它比星辰更加光辉"，"公正不是德性的一部分，而是整个德性""公正集一切德性之大成"[27]；美国当代著名经济学家莱斯特·瑟罗也曾经说过："我们的社会已经发展到了这一步，即只要求其有所发展，首先就必须做出明确的、公正的抉择"[28]；人类在自己的生活中也深切体验到："有一种东西，对于人类的福利要比其他任何东西都更重要，那就是正义"。[29]

公平正义作为推动人类社会发展的内在逻辑力量和检视社会历史进步的基本价值尺度，也为精准扶贫提供了价值标准和价值原则。精准扶贫的价值问题其实就是公平正义问题：贫困的存在一定程度上是由于贫困群体被剥夺了发展机会与发展权利，在先天条件上远远落后于其他群体，无法公平地享受社会发展成果所致；精准扶贫运行过程中的权利寻租现象、精英捕获现象则是由于贫困群体缺失话语权，由不公平、不合理的制度所致。可见，精准扶贫是一整套关于贫困群体脱贫致富的扶贫体系，任何一个扶贫环节都离不开公正理念的指引。

精准扶贫的根本价值目标就是保障贫困群体享有公平发展的机会，共享社会发展的成果，实现共同富裕。一方面，它赋予贫困群体参与市场的机会和能力，积极为贫困群体提供就业机会、教育机会，加大对贫困人群的人力资本投入，使他们充分享有发展机会，积极发挥自身的潜能，提高脱贫致富的信心与能力。同时，赋权贫困群体，改变以往权利不对等的局面，激发其脱贫致富的内生动力。另一方面，精准扶贫强调精准管理、精准考核，保障贫困人口得到精准识别，扶贫资源实现公平分配。因此，公平正义是精准扶贫的价值理想。

以社会的全面进步为发展取向。精准扶贫作为社会发展的重要助推器，注重扶贫竞争力的增强、扶贫领域的全覆盖与扶贫区域的协调发展，旨在推进社会的全面进步。2016 年 7 月 19 日，习近平在宁夏考察时强调："到 2020 年全面建成小康社会，任何一个地区、任何一个民族都不能落下。东西部扶贫协作是加快西部地区贫困地区脱贫进程、缩小东西部发展差距的重大举措，必须长期坚持并加大力度。要鼓励支持更多企业参与西部地区脱贫攻坚工程。"[29]随着社会的发展以及贫困问题的复杂化，我国农村贫困问题呈现出"大分散、小集中"的特点，"老、少、边、穷"贫困日益凸显。同时绝对贫困缓解，相对贫困凸显。因此，精准扶贫要更加关注"老、少、边、穷"地区和相对贫困，从整体性的角度对扶贫区域进行统筹协调，宏观把握，强调空间地域的平衡发展，为社会的全面进步奠定基础。

以人的自由全面发展为价值理想。精准扶贫的价值在于对人本身的满足程度。在贫困群体与精准扶贫的价值关系中，贫困群体为了自身生存、全面发展的需要，赋予了精准扶贫价值意义，精准扶贫则把贫困群体中每个人的充分自由全面的发展作为扶贫的角度和价值理想。

从贫困的多维角度看：随着社会的发展，贫困问题由一元逐渐转向多元化，物质贫困、权利贫困、能力贫困、精神贫困等问题凸显。对此，精准扶贫改变以往的单一式扶贫方式，强调扶贫扶志与扶智相结合，充分考虑贫困群体的多维需要，不断向贫困群体的完整发展而努力。

从贫困的社会性角度看：精准扶贫主张调动社会力量参与扶贫，强调将贫困群体放在大的社会环境中进行考察。为了更好地实现社会价值，精准扶贫为贫困群体提供各种社会资源与力量，以加强贫困群体与其他社会群体包括社会公益组织、各种扶贫主体、广大社会成员等的沟通和联系，通过有效互动使其在脱贫致富的过程中逐步发展成为与社会联系密切的社会人；精准扶贫注重加强贫困村的基础设施建设，为贫困群体走出贫困村，加强与其他社会群体的联系与交往提供了关键性的支持。对于生存条件恶劣的贫困地区，通过异地扶贫搬迁脱贫的办法，为处在孤立中的贫困群体提供了社会交往的可能性；精准扶贫重视贫困群体主观能动性的发挥，主张赋予贫困群体参与市场的机会与权利，主张贫困群体要积极主动地运用社会关系来解决自身的脱贫致富问题。

从贫困的个体性角度看：贫困群体由于各种主客观条件的限制，往往很难有机会和能力来自由选择并变换自己所从事的活动，导致生活来源的单一性，由此产生了严重的贫困状况。面对此状况，精准扶贫战略采取多样的帮扶渠道，因地制宜选择不同的扶贫项目，比如特色产业的发展。同时，精准扶贫注重贫困群体独特性的发挥，因人而异地制定扶贫方案，比如"五个一批"工程的实施等。从而为贫困群体带来了多样的发展选择，使他们突破了各种不利的主客观条件的限制，提高了自由发展的可能性。

（三）精准扶贫的科学思维特质

精准扶贫思想内涵深刻，特征鲜明。实施精准扶贫，有利于集中各类资源，聚焦扶贫对象，提高扶贫工作的精准度和有效性，确保帮到点上、扶到根上，让贫困地区和贫困群众真正脱贫致富奔小康。精准扶贫思想开创了新时期扶贫开发工作的新思路、新境界。其中蕴含的"精准化"科学思维方法，是贯穿精准扶贫全过程、分析和解决新时期农村贫困问题的"总钥匙"，为打赢脱贫攻坚战提供了重要的思想武器。

"精准化"是针对"粗放式"而言的。"粗放式"扶贫是一种大水"漫灌式"的救济式扶贫，主要依靠政府财政扶贫资金持续性投入。这不但难以让贫困户摆脱贫困，还容易衍生出基层腐败以及"等靠要"思想等形形色色的问题。

"精准化"扶贫的核心理念是扶贫工作的准确化、精细化。是把"精准化"治理理念贯穿于精准扶贫全过程，通过建立精准化的瞄准机制、开展精准化的致贫分析、进行精准化的制度设计等，破解粗放式扶贫弊端，推动扶贫开发由传统向现代转化。

精准扶贫贵在"精"字，这意味着在扶贫工作中要做到精细、精确，直至精准。作为新时期我国扶贫开发战略的重要调整，"精准化"理念成为了精准扶贫战略实施创新的重要方向和重要抓手。"精准化"扶贫有效地解决了精准扶贫工作中"扶持谁""怎么扶"的问题，有效地找到了"贫根"，从而解决了传统的"大水漫灌"式扶贫带来的弊端，使精准扶贫更有目的、更见成效，体现了真扶贫，扶真贫。

参 考 文 献

［1］中国农村扶贫开发纲要（2001—2010 年）中期评估政策报告［EB/OL］. 国务院扶贫办网站 . http：//www. cpad. gov. cn/data/2006/1120/article＿331606. htm.

［2］24 年中国贫困线增 5 倍 GDP 由千亿升至万亿增 42 倍［EB/OL］. 中国扶贫办网站. http：//www. cpad. gov. cn/data/2011/0318/article＿344103. htm.

［3］刘慧. 实施精准扶贫与区域协调发展［J］. 中国科学院院刊，2016（3）：320 - 327.

［4］高帅. 社会地位、收入与多维贫困的动态演变——基于能力剥夺视角的分析［J］. 上海财经大学学报，2015（3）：32 - 40，49.

［5］中国农村扶贫开发纲要（2001—2010 年）中期评估政策报告［EB/OL］. 国务院扶贫办网站. http：//www. cpad. gov. cn/data/2006/1120/article＿331606. htm.

［6］国家统计局农村经济调查总队. 中国农村贫困监测报告［M］. 北京：中国统计出版社，2003：142.

[7] 陈政. 全面建成小康社会最艰巨最繁重的任务在农村 [J]. 理论与当代, 2015 (9)：12-13.

[8] 张占斌, 杜庆昊.《精准扶贫若干理论问题探析》[J]. 贵州省党校学报, 2017 (02)：89-95.

[9] 闻涛. 扶贫开发, 精准在于扶贫 [N]. 人民日报, 2015-06-25 (05).

[10] 新浪网. 汪洋副总理在国务院扶贫开发领导小组第一次全体会议上的讲话 [EB/OL]. (2013-06-28)[2016-05-20]. http：blog. sina. com. cn/s/blog-599a3da90101gcno. html.

[11] 习近平. 希望各族干部群众守望相助, 新华网, 2014-1-30.

[12] 习近平. 摆脱贫困 [M]. 福州：福建人民出版社, 1992：6.

[13] 习近平. 摆脱贫困 [M]. 福州：福建人民出版社, 1992：10.

[14] 2015 年 10 月 16 日, 国家主席习近平发表题为《携手消除贫困 促进共同发展》的主旨演讲.

[15] 黄荣华, 冯彦敏, 路遥. 国内外扶贫理论研究综述 [J]. 黑河学刊, 2014, （10）：135-137.

[16] 中共中央党史研究室. 十二大以来重要文献选编（中）[M]. 北京：人民出版社, 1986：689.

[17] 钟惠波. 精准脱贫：既是投入牌, 更是红利产出牌 [DB/OL] (2016-03-16)〔2016-11-18〕. http：// news. hexun. com/2016-03-16 /182795067. html.

[18] 韩广富, 王丽君. 当代中国农村扶贫开发的历史经验 [J]. 东北师大学报（哲学社会科学版）, 2006（1）：32-36.

[19] 杨占国, 于跃洋. 当代中国农村扶贫 30 年（1979—2009）述评 [J]. 北京社会科学, 2009 (5)：80-87.

[20] 孙希旦. 礼记集解中 [M]. 北京：中华书局, 1989：582.

[21] 孟轲. 孟子 [M]. 任大援, 刘丰注, 译. 合肥：安徽人民出版社, 2002：10.

[22] 孟轲. 孟子 [M]. 任大援, 刘丰注, 译. 合肥：安徽人民出版社, 2002：3.

[23] 李立成. 诗经直解 [M]. 杭州：浙江文艺出版社, 2004：160.

[24] 孙希旦. 礼记集解中 [M]. 北京：中华书局, 1989：583.

[25] 习近平. 决胜全面建成小康社会 夺取新时代中国特色社会主义伟大胜利——在中国共产党第十九次全国代表大会上的报告 [N]. 人民日报, 2017-10-28 (01).

[26] 习近平. 摆脱贫困 [M]. 北京：人民出版社, 1992：11.

[27] 苗力田. 亚里士多德选集：伦理学卷 [M]. 中国人民大学出版社, 1999：103-104

[28] 瑟罗. 得失相等的对策 [M]. 上海：商务印书馆, 1990：42.

[29] 周辅成. 西方伦理学名著选辑下卷. [M]. 商务印书馆, 1987：534.

[30] 习近平在宁夏召开扶贫座谈会 [EB/OL]. http：//finance. ifeng. com/a/20160721/14624478_0. shtml, 2016-07-21.

第四章 | CHAPTER 4
苏南区域农村精准扶贫、脱贫致富实践

贫困不仅是困扰落后地区的一大难题，也是困扰发达地区的一大难题，因而人们将贫困称之为"永久难题"和"超级难题"。1992 年以来，江苏省委、省政府组织实施了多轮有计划、大规模的扶贫开发，帮扶对象主要是苏北经济薄弱地区。苏南是江苏经济最发达的区域，也是中国经济最发达、现代化程度最高的区域之一。苏南农村在整体上已经不属于贫困行列，但这并不意味着苏南农村已没有贫困问题。"天堂里也有穷人"，苏南地区农村仍然面临着相对贫困的困扰。事实上由于家庭背景及收入水平等差异，苏南农村仍然存在着贫困现象。从贫困的内涵角度看，苏南农村存在着明显的相对贫困现象。

"十三五"期间，江苏省委省政府对苏南地区的扶贫开发工作提出了明确要求，要求苏南各市县结合本地实际，制定与经济社会发展相适应的扶贫标准，锁定经济相对薄弱的村和低收入农户，积极探索发展，壮大集体经济、强村带富民的有效机制。并特别强调，要把茅山革命老区作为帮扶重点，将当地的低收入人口，特别是把低于收入平均线的老军烈属、老党员作为建档立卡对象，落实帮扶对象、帮扶责任人、帮扶项目。

本章对江苏省苏南地区农村贫困问题及扶贫工作现状进行了阐述，介绍了苏南地区农村经济和农业发展的整体情况，对苏南在"十二五"规划期间农村扶贫开发的整体情况进行了概述和总结，并对苏南"十三五"时期农村的反贫困进行 SWOT 分析，探寻治理相对贫困的实践。作为全国富裕农村的典型代表，苏南农村相对贫困的解决途径和方略在实现"农民富"上探索了一条新路，为江苏省更高水平全面建成小康社会做出了积极贡献，也必将引领其他农村地区为迈向共同富裕提供有意义的借鉴。因此，研究苏南地区农村的贫困问题，观照中国乡村振兴战略在苏南的探求，对我们制定具体的反贫困政策具有重要的启发意义。

一、苏南地区"十二五"时期农村扶贫开发概况

以长江和淮河为界，江苏省分苏南、苏中、苏北三部分。苏南是江苏省南部地区的简称，地处中国东南沿海长江三角洲中心，东靠上海，西连安徽，南

接浙江，北依长江、东海。实际上的苏南虽然指淮河以南，但主要是指长江以南，属于长江流域。传统意义上的苏南，是指苏州、无锡、常州三个市，简称苏锡常，1951 年至 1953 年，曾由江苏省的苏南行政区统一管辖。江苏省委、省政府在制定"十五"计划时，对苏南、苏中、苏北三大区域做出了新的定界，把南京、镇江划入了苏南的范围，实施区域共同发展战略。如今的苏南包括南京、苏州、无锡、常州、镇江 5 个市。2015 年 GDP 总量近 4 万亿元，人均 GDP 突破 13 万元，接近发达国家水平；截至 2015 年年末，苏南地区人口众多，人口密度也较大，常住人口 3 324.08 万人。

（一）农村经济发展状况

苏南区域拥有广袤的太湖平原，水网密集，长江东西横贯境内，总面积 27 872 平方千米，占江苏省土地总面积的 27.17%。其中平原面积占土地总面积的 50.45%，山丘面积占 28.4%，水域面积占 21.15%。从气候条件看，苏南地区属于亚热带湿润季风气候，温暖湿润，降水丰沛。这种优越的自然环境、农业生产条件非常适合农耕文明发展。因此，苏南素有"鱼米之乡"的美誉，自古是"人间天堂""富庶之地"，农村经济比较发达，贫困问题不突出。

苏南毗邻我国最大的经济中心上海，水陆交通便利，接受其经济、技术辐射能力较强。苏南又是近代中国民族资本主义工商业的发祥地。发达的物流业和工商业，使得苏南人口比较均匀地分布于各个地区，各个乡镇在近代已没有特别大的贫富差距，建国后农村城市二元化的社会结构也没其他省市那么严重。尤其在 20 世纪 70 年代，由于一家一户手工作坊的兴起，后来转型升级的家族企业等实业的发展，使得许多乡镇的农村人口实际收入甚至反超城市人口收入。截至 2015 年苏南城镇化率已超过 70%，实际上已经没有了绝对的农村，城乡贫富差距不是特别明显。

苏南地区村集体经济实力雄厚，乡镇企业比较发达。村级集体经济是农村经济的重要组成部分，是促进农民增收的重要途径，是维护社会和谐稳定的基层基础。早在计划经济时期，苏南地区就有搞集体经济的传统和基础，为发展乡镇企业积累了宝贵的经验提供了必要的资金。苏南的村集体有三种类型，一种是名副其实，"三农"齐全，保留着传统村组织形态和功能；一种名不副实，主要分布在城郊结合部、各类开发区、高新区、镇区合一的村庄，虽然还有土地、农民和农业，但自身发展严格受到区规划发展的限制，村组织的主要任务是配合开发区做好土地征用、拆迁、人员安置等工作。一种是名存实亡，虽然村的建制还在，但已无农业、农民和农村。唯一与村民联系的纽带是村集体资产货币化后的股份。[1] 自 1997 年对传统的集体经济的改制浪潮之后，苏南农村的集体经济出现了新的形式，即重点推进村镇、社区的股份合作制改革，努力发展合作经济和股份经济，使集体经济的运行机制发生了深刻的制度变革，村集体经济由此焕发了新的生机和活力，促进了苏南农村经济繁荣、共同富裕和社会和谐。

（二）"十二五"期间苏南地区农村贫困状况概述

2011 年是"十二五"的开局之年，中央要求，各省可根据当地实际情况制定高于国家扶贫标准的地区扶贫标准，国务院提出可按照上年度农民人均纯收入的 30%～50% 确定扶贫标准。国家是将农民人均纯收入 2 300 元作为新一轮扶贫标准，占 2011 年全国农民人均纯收入的 33% 左右。2011 年 5 月开始，江苏省委农工办（扶贫办）、省财政厅、国家统计局江苏调查总队等部门共同组织开展了全省"百村万户"抽样调查活动，历时 5 个月，基本摸清了全省农村低收入农户数量和分布。根据全省农村低收入人口数量和分布状况，参考联合国与世界银行、经济合作与发展组织制定的全世界贫困标准的两种方法，把按每天 2 美元计算和按全省农民人均纯收入的 40% 计算两种方法结合，由此确定了 4 000 元/（年·人）的省定贫困标准。据调查统计，截至 2011 年年底，全省农民人均年纯收入低于 4 000 元的低收入人口在 400 万人左右，占全省乡村人口的 8.1%。从分布情况看，苏南仅占 2% 左右，苏中占 10% 左右，85% 以上的低收入人口集中在苏北地区，其中近 3/4 的低收入人口集中分布在 25 个经济薄弱县（市、区）。

苏南是江苏发达地区，按照《江苏新一轮扶贫开发行动政策概要（2012—2015 年）》精神，苏南地区根据各自情况自行确定扶贫标准，锁定对象积极开展帮扶工作。"十二五"时期，南京市确定了家庭人均纯收入 6 500 元/年的贫困人口标准。经省统一公布认定，全市共有建档立卡农户 5.8 万户、12.1 万人，其中扶贫开发人口 5.5 万人，分别占全市农户和农村人口的 9%、5.9% 和 2.7%。经济薄弱村标准是年收入 50 万元以下的村集体；苏州市确立了 8 000 元/（年·人）的农村贫困标准；无锡市确立了可支配收入 100 万元以下为经济薄弱村标准；常州市确定金坛、溧阳两市 5 000 元/（年·人）扶贫标准，武进、新北、钟楼、天宁、戚区五区 6 000 元/（年·人）扶贫标准，经济薄弱村标准为集体经济年收入 100 万元/（年·村）以下，其中经营性收入 70 万元/（年·村）以下；镇江市确定 6 000 元/（年·人）扶贫标准，经济薄弱村标准为 50 万元/（年·村）以下。

（三）农村扶贫工作成效

"十二五"期间，苏南地区遵循"一个都不能少，一户都不能落"的目标，积极组织实施脱贫攻坚工程，坚持不懈推进扶贫开发事业，取得了显著成效。

1. 扶贫开发目标任务全面完成

"十二五"期间，苏南地区抓住现代化建设示范区国家战略实施的重大机遇，转型升级和结构调整成效明显，第三产业占比达 46.2%，城乡收入差距比缩小到 2.09：1，在加快农村发展、促进农民增收以及提升经济薄弱村发展能力上做了大量工作：聚焦建档立卡低收入农户，坚持开发式扶贫和救助式扶贫相结合、政府主导与社会参与相结合、普惠政策与特惠政策相结合，扶农户、强村社、促镇街、帮郊区，截至 2015 年年底，农村整体脱贫目标任务全面完成，低收入群体收入水平明显提高，经济薄弱村村级实力得到壮大，欠发达镇街发展能力不断提升。2015 年年底，南京市完成 40 个市级美丽乡村示范村创建工作，基本建成 100 个美丽乡村示范村和 1 000 多平方千米示范区。新建改造四级以上农村公路 400 千米、农路桥梁 35 座，在全省率先实现镇村公交全覆盖。关于扶持低收入农户增收和"万名党员干部帮万家"活动的政策意见也荣获了"全省农业农村政策创新成果奖"；苏州市充分发挥蒋巷村、永联村等明星村的示范效应，优化农村资源配置，推动资源资产化、资产资本化、资本股份化，村级集体资产股份化覆盖率达到 100%；无锡市自 20 世纪 80 年代到 2012 年，已连续开展了七轮薄弱村扶持，村级实力普遍提升。到 2012 年年底，100 个市级薄弱村的村均总收入达到 138.17 万元，较 2010 年第七轮扶持之初的 89.04 万元增长了 55%，消灭了村级可支配收入低于 50 万元薄弱村，市级薄弱村农民人均纯收入达到 15 182 元；"十二五"以来，常州市把农村扶贫帮困作为实施民生幸福工程和村级"四有一责"建设行动重要内容，加快低收入农户增收、经济薄弱地区和薄弱村发展。按照"一户低收入人口至少有一名党员干部挂钩"的要求，针对低收入农户出现的因病、因灾致贫等情况，我市积极组织广大党员干部开展帮扶活动，挂钩结对，进行捐资、捐物、助学、助业等帮扶活动，一批贫困户脱贫，一批薄弱村变强；镇江市双达标行动成绩突出，贫困对象大量减少，村集体收入成倍增长，扶贫工作成效明显。2014 年年底，208 个经济薄弱村已实现脱贫，达标率 56.4%，22 038 名低收入人口摘掉贫困帽子，达标率 70.1%。坚持项目化帮扶、向"造血式"扶持转变，全市已落实帮扶项目 649 个，覆盖高效农业、物业经济、合作经济、旅游休闲等多个产业，到村帮扶资金 1.81 亿元，落实财政奖补资金 1 985 万元。

2. 村民养老保险、医疗保险基本实现全覆盖

"十二五"期间，苏南地区开始建立较高水平的城乡一体化社会救助保障体系，低保标准和养老金"城乡同标"，低保人员实现"应保尽保、应出即出"，农村五保、城市"三无"、特殊困难残疾人和孤儿等保障标准同步提高，社会保障普惠性程度明显提升。2005 年，全国共有 14 个省的 1 534 个县（市、

区）建立了农村低保制度，江苏是其中之一，苏州在全省最先建立了农村最低保障制度，低保标准当年为 340 元/月。同年苏州工业园区在全省率先实现了低保城乡并轨，2008 年昆山市、2010 年吴江市和吴中、相城、高新区相继并轨。2011 年全市开始实施"三年实现三大并轨"行动计划，即"2011 年城乡最低生活保障并轨、2012 年城乡养老保险并轨、2013 年城乡医疗保险并轨"，率先在全国实现最低生活保障"城乡统筹、标准并轨、同城同标"，城乡低保标准统一达到 750 元/月（全省最高）。同时建立了低保标准 12% 以上年度自然提升机制，2015 年 12 月 3 日苏州市民政局统计，城乡低保家庭在享受低保等相关帮扶后，家庭累积收入达到 1 000 元/月。率先在全国建立自然灾害民生保险制度，"十二五"苏州市累计投入保费 1.42 亿元，赔付 9 792 万元，惠及受灾群众超过 18 万人次；2014 年 7 月 1 日开始，南京市城乡低保统一提高到 700 元/月，这是南京低保政策实施 20 年来，全市第一次实现城乡统一标准；常州市养老、医疗、失业三大保险综合覆盖率达 98%，城乡低保工作扎实推进，市区城乡低保标准和市区低保边缘困难家庭补助标准分别提高到 620 元/月和 1 500 元/年；无锡市通过整合原有的农民基本养老保险、农村社会养老保险、被征地农民基本生活保障、城镇老年居民养老补贴等制度，截至 2012 年年底，建立了覆盖城乡的居民养老保险制度，率先实现了居民养老保险城乡统一，农民大病医疗、养老保险覆盖率分别达到 99.5% 和 97.3%；"十二五"末镇江市新型农村养老保险实现了农村居民应保尽保，覆盖率高达 99%。

3. 强村富民帮扶工程成效显著

常州市从 2012 年起开始实施茅山老区"百千万"（百村创业、千项帮扶、万户致富）帮扶工程。据统计，2012—2014 年，12 家成员单位共筹措资金 314 万元，实施各类帮扶项目 79 个，10 个帮扶村 2014 年经济总收入均超过 80 万元，茅山老区经济薄弱村基础设施明显改善、经济明显发展、农民生活明显提高、脱贫致富速度明显加快、经济和社会事业都发生了巨大变化。到 2014 年年底，三年中 48 家帮扶单位共投入帮扶资金 1 584 万元，实施各类帮扶项目 168 个，40 个经济薄弱村的村级经济总收入均超过了 100 万元。[2] 镇江市 2013—2015 年组织开展了"百村万户双达标"行动，市财政分三年累计投入 1.2 亿元；苏州市城乡公共服务支出 3 412.4 亿元，占公共财政支出的 73.6%。2014 年城镇居民人均可支配收入和农民人均可支配收入分别达到 4.67 万元和 2.36 万元，"十二五"以来年均分别增长 11.2% 和 12.8%。五年免费培训城乡劳动力 150 万人次，创业培训 5 万人次，发展私营企业 5 万户，并且深入实施生态文明建设工程，继续推进以太湖为重点的环境治理，加强跨区域联防联治，加快生态环境向优美宜居提升，努力实现经济发展与生态改善同步提升，创造良好生产生活环境；"十二五"时期，南京市连续出台了《关于共建宁高、宁溧高科技产业园的意见》《关于进一步扶持低收入农户增收的实施意见》《南京市 2013—2015 帮扶攻坚工程实施意见》《关于进一步提升村级"四有一责"建设水平的若干政策措施》和《"万名党员干部帮万家"活动实施方案》等系列政策文件，从农户、村社、镇街、郊区 4 个层面，全方位、多领域扶贫，打出帮扶攻坚"组合拳"。通过帮促，4 个经济欠发达镇街主要经济指标增长水平均达到或超过所在郊区平均水平，市一级现代农业示范园全部建成，晶桥镇、龙袍街道分别在 2013 年、2014 年镇街分类考核中获得进位奖。冶山镇、阳江镇农村改水、道路建设、社区服务中心建设、养老院建设等一大批帮扶项目的实施，极大地改善了农民的生产生活水平。宁高宁溧产业园形象初步显现；无锡市在保障城乡困难群众基本生活的基础上，不断创新，引入社会资本，推进民生保险救助制度，对遭受火灾、爆炸和 13 种自然灾害的常住居民以及意外伤害的低保人员给予保险救助，实现了"特惠型"向"普惠型"地转变，进一步提高了"救急难"的能力。自 2012 年 11 月以来，帮助近 9 万名市民渡过了难关。

二、"十三五"时期苏南农村脱贫致富实践分析

（一）"十三五"时期苏南地区农村贫困概况人口的建档立卡情况

为低收入人群建档立卡，精准识别扶持开发对象是脱贫致富工作的前提。根据苏南五市的门户网站以及各市农工办、农工委、民政局等数据，"十三五"时期，苏南五市高起点确立扶贫开发重点，精准识别帮扶对象。

建档立卡低收入农户的识别，严格按照《江苏省农村扶贫开发条例》所规定的程序，以农户收入为基本依据，综合考虑住房、教育、健康等情况，整户识别，逐级审核。

建档立卡的内容：包括家庭基本情况、家庭成员信息、致贫原因、收入情况、生产生活条件、帮扶责任人等六个方面内容。

建档立卡的工作步骤：

村（居）民委员会在本村（居住地区）公布低收入农户申报公告；

农户向村（居）民委员会提出申请；

村（居）民委员会对提出申请的农户进行初审后，召开村（居）民会议或者村（居）民代表会议进行评议，并公示评议结果；

镇（涉农街道）人民政府对评议结果进行审核，随机抽取 10% 农户进行调查，并公示审核结果；

辖市、区人民政府对审核结果进行确认，随机抽取 5％农户调查，由村（居）民委员会对确认名单进行公示。

三次公示时间各不少于 7 天。村民对辖市、区人民政府审核确认结果有异议的，可以自审核结果公示之日起三十日内向辖市、区人民政府提出复核申请，辖市、区人民政府应当进行调查、核实，并在十个工作日内公示复核结果。

每年年底，对建档立卡户进行动态调整，根据情况及时做好数据更新。

建档立卡对象及标准：低收入是一个动态的概念，随着农村经济的发展和农民收入的提高，以及地区、区位、经济环境状况等因素不同，各地对低收入有不同标准。国家制定的脱贫攻坚战略，针对的是贫困地区、贫困人口。江苏是经济发达地区，没有国定贫困和脱贫任务，只有省定脱贫目标，而省定意义上的贫困人口主要分布在苏北和苏中少部分地区。苏南五市的低收入贫困都是各自制定的标准，"十三五"时期苏南低收入人口的贫困标准是 8 000～10 000 元/（年·人），经济薄弱村和欠发达村都在 80 万元～200 万元/年。其中，南京市农村已建档立卡可支配收入 9 000 元/（年·人）以下的低收入农户 3.94 万户、7.73 万人（低保人口 5.27 万人，占 68％；有劳动力的低收入人口 2.5 万人左右，占 32.4％。），分别占全市农村户数和农村人口数的 6.28％和 3.91％。经济薄弱村标准是的年收入 100 万元以下，确定经济薄弱村 70 个，欠发达村 130 个，共 200 个村；常州市建档立卡低收入农户 19 696 户、34 076 人（溧阳市 6 185 户、11 196 人，占 32.86％。金坛区 6 656 户、11 036 人，占 32.58％。武进区 3 133 户、5 201 人，占 15.26％。新北区 2 867 户、5 268 人，占 15.46％。天宁区 386 户、563 人，占 1.65％。钟楼区 469 户、812 人，占 2.38％）。经济薄弱村标准是 80 万元～100 万元/年；镇江市建档立卡低收入户中有一般贫困户 3 210 户/7 626 人（茅山老区户 1 931 户/4 448 人，占比分别为 60.16％和 58.32％）。经济薄弱村标准是 80 万元/年以下；苏州和无锡两市农村都没有法定意义上的贫困人口，只有低保对象、低保边缘对象、社会救助对象等。在实践中进行了深入排查，采用科学程序，对各种"对象"进行一次精确的认定，摸清需要帮扶的人员、致贫致困原因等底数，建立台账。苏州把低于上年农民人均纯收入平均水平 50％左右的农村家庭列入农村扶贫对象，将年人均收入达不到最低保障标准 9 720 元的对象，全部纳入城乡低保范围，全市大约有 1.8 万户/2.9 万名困难群众，经济薄弱村标准 200 万元/年以下。2016 年无锡市人均年收入达不到 9 120 元者，全部纳入低保范围，全市有贫困家庭 4.2 万户/7.7 万人，其中低保家庭约 2.2 万户，低收入家庭 1.3 万余户，突发困难家庭近 6 700 户。

（二）"十三五"时期苏南地区农村贫困的一般特征

经济发达的苏南地区也存在着贫困现象，但由于贫困人口划分标准、贫困人口数量及分类、经济薄弱村等诸多方面和欠发达地区相比有许多不同，因而在特征上呈现出个体性差异。

1. 从贫困的程度和范围看

苏南和次发达的苏中及欠发达的苏北相比，发达的苏南地区农村贫困程度相对较轻，范围也小，人数较少，致贫原因相对简单，危害较轻，属于"贫困的岛屿"。因而精准识别的工作量和难度不大。加上在建档立卡贫困人口中，致贫原因主要集中在因病、因残致贫这一范围，这些家庭有的收入并不低，只是由于家中突发疾病或残疾，现有收入无法满足支出，形成支出性贫困。由于地方经济发展就业机会多，群众个体收入有持续性的来源，因而，脱贫具有持久性，返贫现象不多。

2. 从贫困的区域分布来看

苏南低收入人口主要分布在茅山革命老区。其中，南京市溧水区有 3 个乡镇 31 个行政村，常州的金坛市有 3 个乡镇 44 个行政村以及溧阳市有 5 个乡镇 100 个行政村，镇江的句容市有 4 个乡镇 72 个行政村、丹阳市有 3 个乡镇 34 个行政村、丹徒区有 4 个乡镇 49 个行政村、润州区有 1 个乡镇 1 个行政村。

3. 从贫困属性来看

低收入人口包括一般贫困户、低保贫困户、五保贫困户。一般贫困户是指家庭人均年纯收入低于农村扶贫标准且有劳动能力的农户。低保贫困户是指农村共同生活的家庭成员年人均收入低于当地保障标准的所有农村居民。五保贫困户是指无劳动能力、无生活来源、无法定赡养人或抚养人的农村居民，即指 60 岁以上无赡养人的老人或无抚养人的未成年人。五保主要是保吃、保穿、保医、保住、保葬（孤儿为保教）。苏南五市中苏州、无锡低收入人口只有低保对象、低保边缘对象、社会救助对象等扶贫帮困对象，对象一般由民政局认定。南京、常州、镇江三市低收入人口除了政府兜底的低保户、五保户之外，还有一定数量的一般贫困户。根据各市农工办信息采集系统的调查结果，"十三五"时期苏南地区农村低收入人口致贫的主要原因有：因病致贫（64%）、因灾致贫（17%）、缺技术致贫（18%）、因残致贫（4%）等因素。

4. 从贫困的类型看

苏南地区属于典型的相对贫困，即对贫困的界定不是依据低于维持水平的固定标准来定义，而是根据低收入者与社会其他成员之间的收入差距来定义，其内涵包括物质生活缺乏和文化精神生活贫乏两个方面。在划分相对贫困的具体操作方面，通常把低于一定百分比的最低收入者或低于平均水平的一定比例者作为贫困人口。

5. 革命老区经济和社会发展事业水平亟待提升

茅山老区主要分布在镇江、常州和南京这三个市区，其中镇江包括句容（4 个乡镇 72 个行政村，43 个经济薄弱村）、丹阳区（3 个乡镇 34 个行政村，5 个经济薄弱村）、润州区（1 个乡镇 1 个行政村），常州的金坛市（3 个乡镇 44 个行政村，4 个经济薄弱村），南京的溧水区（3 个乡镇 31 个行政村）。虽然经过多轮帮扶，茅山老区仍是苏南地区全面小康"短板"中的"短板""洼地"中的"洼地"。老区 70% 以上的土地为丘陵山区和岗旁坡地，传统农业比重高，农业现代化推进难度大，区域性特色产业急需提升。尤其是镇江市革命老区，"十三五"建档立卡 204 个经济薄弱村，有 101 个集中在茅山老区镇，占比 49.5%。新一轮建档立卡低收入户中有一般贫困户 3 210 户/7 626 人，其中茅山老区户 1 931 户/4 448 人，占比分别为 60.16% 和 58.32%。

（三）"十三五"时期苏南地区农村反贫困有利条件

1. 反贫困基础不错

苏南地区是江苏经济实力最雄厚、经济发展水平最高的区域。上海开埠以后，既带动了长江中下游物流业和工商业的发展，也给苏南地区农村劳动力提供了便利的就业条件，进一步促进了苏南地区农村的发展，再加上优良的气候环境等等，都为苏南地区人民生活质量的提高及收入来源提供了保障，因而在近代苏南地区每个乡镇已没有太大的贫富差距，建国后农村城市二元化的社会结构也没有其他省市那么严重。

甚至 20 世纪 70 年代以后乡镇的农村人口实际收入开始反超城市人口收入。主要原因在于从 70 年代开始，苏南地区开始兴起了一门一户手工作坊，后来产业升级以及产业转移，这些工厂身后发展成为一个个风格各异的企业家族，这样一代代传承走实业的道路，形成了如今苏南各地各个乡镇家庭富裕的结果。因此从收入的情况来看，苏南地区农村居民人均绝对纯收入一直领跑整个江苏全省，农村贫困程度全省最轻，无论精准识别还是精准施策实施难度都较低。

2. 从基尼系数的情况来看

苏南的农民收入最高，而收入分配却是最平衡的。这主要得益于农村集体经济的发展，给农民提供很多致富途径。苏南地区农村以集体经济占优，集体经济进行成果分配时要考虑集体内收入分配平衡。

3. 地区经济基础雄厚，扶贫的社会参与度高

苏南地区由于整体的经济发展水平高，参与扶贫的社会主体相对较多且实

力较强。积极广泛动员社会力量参与扶贫工发，开展资金支持、劳动用工、技术扶持、产业带动、合作开发等多种形式的挂钩帮扶。此外，还加强与经信、工商联、金融、红十字会等部门以及各民间慈善机构的沟通，发动全社会力量参与扶贫开发。

4. 政府重视扶贫工作，建立了长效工作机制

苏南地区高度重视新一轮的精准扶贫工作，立足扶贫对象"相对贫困"实际，致力于"缩小收入差距、促进共同富裕"的目标定位，帮扶工作重扶贫更重开发，重脱贫更重致富。围绕建立低收入人口动态管理机制、产业扶贫、盘活村级集体资产、增加集体经济发展内生动力、建立薄弱村财政支出保障机制、贫困人口能力提升、扶贫目标考核等重点问题，建立扶贫工作长效机制。

5. 致贫原因相对简单，实施难度较低

苏南地区贫困地区和贫困人口较少，精准识别的工作量和难度不大。加上在建档立卡贫困人口中，致贫原因主要集中在因病、因残致贫，这些家庭有的收入并不低，但由于家中突发疾病或残疾，现有收入无法满足支出，形成支出性贫困。但由于地方经济发展就业机会多，群众个体收入有持续性的来源，因而，脱贫具有持久性，返贫现象不多。

（四）"十三五"时期苏南地区农村反贫困难点

1. 扶贫标杆下确有相当数量的贫困人口存在

贫困人口存在的主要表现之一，在于扶贫标准调高之后，产生了一定数量的贫困人口，使得扶贫所增加的投入显著上升，扶贫任务更加艰巨。表现之二，在于绝大多数农村贫困人口都是那些残疾人、慢性病患者、没有劳动能力的老年人，或虽有劳动能力但家有病残患者而不能外出的人员，以及生态环境脆弱、生存条件恶劣、基础设施和社会事业严重滞后的"集中连片"贫困地区，即所谓难啃的"硬骨头"，扶贫开发任务比较艰巨，常规手段往往效果有限。

2. 革命老区脱贫攻坚任务艰巨

革命老区（以下简称老区）是党和人民军队的根，老区和老区人民为中国革命胜利和社会主义建设做出了重大牺牲和重要贡献。虽然从 1985 年开始，江苏省委、省政府为加快老区经济和社会发展，将南京、常州、镇江的部分经济薄弱乡镇划定为"茅山革命老区经济开发试验区"（以下简称茅山老区）进行重点开发建设，老区面貌由此发生深刻变化，老区人民生活水平显著改善，但由于茅山老区经济薄弱村和低收入人口较为集中，再加上自然、历史等多重因素影响，老区达标基础还不牢固，发展相对滞后、基础设施薄弱、人民生活

水平不高的矛盾仍然比较突出，脱贫攻坚任务相当艰巨。

3. 经济薄弱村经济发展能力较弱，优势产业不明显

农村如何加快发展，经济薄弱村如何壮大集体经济，这是高水平全面建成小康社会的重点难点之一。经济薄弱村大多是远离城镇的纯农业村，农业经营模式没有发展起来，也无法建厂房，增收渠道狭窄。另外，随着企业向园区集中，有的村也难出租厂房等资源，收益反而在下降，甚至收不抵支，产生了沉重的村级债务，严重制约着经济的发展。一些薄弱村对上级政策性补贴依赖程度高，少数村干部开拓创新精神不够。资源、人才、产业项目等多种致富要素缺失，村级收益渠道窄是现在薄弱村脱贫转化面临的一大难题。

总的来讲，贫困村难转化，根源在于村级收支矛盾加剧。一方面由于城镇规划和建设影响了村级集体经济的发展空间，村级资金增收难度大；另一方面随着城市化向农村推进，农村的基础设施、社会保障等方面需要村级不断增加投入，使经济薄弱村脱贫转化面临诸多困难。

扶贫涉及困难救助的部门较多，条线众多，各自为政，一定程度上存在救助重复与救助缺失并存的现象。比如无锡的江阴市共有 21 个部门。扶贫通过探索联席会议、会商制度、信息共享、一门受理等方式，加强沟通，让救助更加公平公正。

三、"十三五"时期苏南地区农村扶贫帮困措施

2016 年以来，为认真贯彻落实习近平总书记关于扶贫开发的一系列重要指示，根据中央和省、市扶贫工作会议精神，按照"精准扶贫、精准脱贫"要求，苏南地区五市农村在完成上一轮脱贫目标和超过国家、省扶贫标准的基础上，致力于"减少相对贫困、缩小收入差距、促进共同富裕"的目标定位，安排部署了"十三五"扶贫开发工作，确保到 2019 年完成"一个不少、一户不落"的脱贫致富任务，全面建成更高水平的小康社会。实际上，更高水平是指要在质量和水平上提高，要让小康建设成果覆盖包括经济薄弱村在内的集中连片欠发达片区，以及城乡低收入人口在内的全体市民。总得来说，苏南农村精准扶贫实践主要从低收入人口和经济薄弱村两方面深入开展调查摸底，根据自身情况拓展扶贫范围。

（一）苏州市精准扶贫措施

1. 提高思想认识，建强扶贫工作队伍

2016 年以来，苏州通过理顺帮扶体系，不断增强扶贫开发的统筹协调能力，确保在奔小康的路上不让"一村一户"掉队。一是领导高度重视，市委、

市政府主要领导多次深入基层，调研走访全市薄弱村和困难家庭，通过驻村调研、三访三促、亲自挂钩等形式全程督办扶贫开发进展情况。各地、各部门主要领导也积极进村入户，与当地干部共同研究确定帮扶方案。二是健全工作队伍，通过构建扶贫开发帮扶体系，基本建立完善了党委统一领导、党政齐抓共管、农村工作综合部门组织协调、有关部门各负其责的扶贫领导体制和工作机制。2016 年 7 月，苏州成立了市委、市政府领导为组长、副组长，22 家单位共同参与的扶贫工作领导小组，进一步加强了对全市扶贫开发工作的组织领导。12 月，市编委办正式批复在市委农办增设扶贫工作处增加 2 名公务员编制。三是完善扶持政策，围绕全市扶贫开发面临的突出问题，先后出台了《关于对无固定收入和固定收入低于当地城乡低保标准的重残人员给予生活救助的实施办法》《关于印发〈苏州市区残疾人托养服务护理补贴办法〉的通知》《关于帮扶转化集体经济薄弱村的实施意见》《苏州市临时救助实施办法》《关于贯彻实施苏州市社会救助实施办法明确医疗救助对象救助方式和救助标准的通知》等一批政策意见。四是创新帮扶举措，市级层面以送资金、送政策、送人才、送技术、送岗位等形式探索多元化帮扶模式。各地、各部门也围绕扶贫开发的重点、难点问题积极搭建平台，提高帮扶成效。有的市（区）还根据实际需要，自加压力，对辖区内的薄弱村和低收入户构建了市、市（区）、镇、经济先锋村共同结对的四级帮扶机制，通过实施资金补助、项目倾斜、贷款贴息、榜单激励、清单减负、就业创业等优惠政策，引导薄弱村和低收入户找准致贫症结，拓宽脱贫路径。

2. 加大政策扶持，加快薄弱村脱贫转化

一是建立扶贫帮扶机制，"十三五"时期，继续实施"100 个市级机关部门和企事业单位挂钩帮扶 100 个经济薄弱村"，不脱贫不脱钩，为薄弱村脱贫转化提供了强有力的智力支持和人才保障。建立了经济薄弱村党组织领导专题轮训机制，切实增强基层党组织在脱贫攻坚中的战斗堡垒作用。二是加大财政帮扶力度，对经济薄弱村公共服务开支进行补贴，将标准提高到 50 万元/村；对部分薄弱村富民载体建设重点扶持，统筹安排专项帮扶转化资金，扶强薄弱村"造血"功能，支持集体经济富民抱团项目开发，切实增强发展后劲。三是落实多元帮扶政策；充分利用土地增减挂钩、"三优三保"行动、"一村二楼宇"等政策，统筹谋划薄弱村空间布局和要素配置，优先在城镇规划区、各类开发区等优势地段建设富民强村载体。吴江区组织全区 27 个薄弱村共同出资 6 165 万元组建区级惠村公司，区财政配套投入 3 150 万元，约定保底收益率 10%以上，确保辖区内所有薄弱村到年底全面完成脱贫目标；对地处生态保护受限制的薄弱村，支持以镇（街道）为主体组建联合发展载体，引导薄弱村通过抱团、联合、异地发展，实现资源共享、优势互补。

3. 提高帮扶精度，拓展困难群众增收渠道

一是科学确定帮扶对象，把低于上年农民人均纯收入平均水平50％左右的农村家庭列入农村扶贫对象，年收入达不到最低保障标准的，全部纳入城乡低保范围。覆盖全市1.8万户/2.9万名困难群众。建立银行联网比对机制，基本实现"纵横联网、互联共享、比对无盲"的信息核查机制。全市按规定清退超标低收入家庭1 995户、3 789人，节省财政支出2 275余万元。二是积极拓展就业渠道，鼓励困难群众通过就业脱贫，建立援助跟踪制度，实行动态管理，"零就业家庭"持续月内清零。开展就业援助"一对一"、职业指导"一带一"、创业帮扶"一帮一"的"三个一"精细化服务，努力扩大低收入群众的就业面，增加工资性收入。落实各类社保补贴、公益性岗位两项补贴的发放工作。三是逐步提高股份分红水平，积极推行农村权能改革，加强监管平台建设，完善收益分配机制，构筑农民与集体经济更为紧密的利益联结机制。通过对低收入农户集体配股、集体送股、固化收益股份等措施，增加低收入农户财产投资性收入。

4. 完善服务平台，提高社会救助覆盖水平

一是建立健全救急难保障机制。将"早发现、早介入、早救助"机制拓展到持居住证的常住人口，全市2016年共接受临时救助申请3万余次，支出临时救助金达2 500万元，其中有150余户非苏州市户籍家庭得到救助。二是完善社会救助服务平台。继续推进完善"一门受理、协同办理"机制，全市109个镇（街道）全部建立"一门式"救助窗口。其中，进入行政服务大厅或单独设置"一门式"窗口的地区占70％以上；积极完善医疗服务平台，各市区均通过医保平台实现同平台"一站式"即时结算。三是及时启动物价补贴机制。认真落实社会救助和保障标准与物价上涨挂钩的联动机制，努力保障城乡低收入群体基本生活。

5. 创新帮扶举措，构建扶残助残长效机制

一是扩大残疾人补助覆盖面。政府出台了《关于完善困难残疾人生活补贴和重度残疾人护理补贴制度的意见》，将护理补贴对象由"享受居家托养服务的重度残疾人"拓展到需要"长期照护"的重度残疾人，同时提高低保残疾人生活补贴标准。二是加快促进残疾人就业脱贫工程，政府根据低保及边缘家庭残疾人就业条件和就业需求，政府通过开展技能培训、岗位实训、技能比赛等针对性措施帮助就业。积极通过政府主办开展的辅助性就业或政府购买服务的方式鼓励引导社会力量开展辅助性就业，积极做好应届高校残疾人毕业生就业服务工作，采取多种渠道开展残疾人辅助性就业，为部分残疾人就业开辟了一条新路。三是构建残疾群体生活保障网络。对疾病、意外事故等特殊情况致贫的残疾人，由政府搭建平台，通过完善社会保险、加大教育资助、开展托养服

务等举措，持续健全残疾人帮扶长效机制。

6. 重视民生投入，织牢社会保障兜底网络

一是逐步提高社会保障水平。"十三五"时期，全市城镇职工社会保险覆盖率、城乡居民养老保险和医疗保险覆盖率均保持在 99% 以上。城乡低保标准提高到 810 元/月，居民基础养老保险补贴标准提高到 300 元～420 元/月，失业保险金提高到 1 053 元～1 820 元/月。其中，特困供养人员按低保标准 1.4 倍（1 134 元）发放，孤儿集中供养、分散供养标准分别提高到 2 080 元、1 460 元，其他救助（补贴）标准按原政策规定随低保标准同步调整，并继续保持省内领先。二是持续完善医疗保障水平。2016 年 8 月，市政府出台了《苏州市社会基本医疗保险管理办法》，在全国地级市中率先以立法形式健全社会基本医疗保险管理体系。继续推进城乡居民大病保险制度，有效缓解了"因病致贫""因病返贫"的情况发生。同时，逐步提高全市医保报销水平，2016 年企业职工和城乡居民医疗保险政策范围内报销比例提高到 91% 和 78%。三是提高生态补偿补贴标准。2016 年市政府出台《关于调整生态补偿政策的意见的通知》，对因承担生态环境保护和基本农田保护责任而使经济发展受到一定限制的村集体经济组织和农民提高了的经济补偿标准。

（二）无锡市农村精准扶贫措施

1. 重点优化救助体系的顶层设计

针对 70% 以上弱势群体系因病致贫返贫的现实，"十三五"扶贫行动中，无锡市明确了突破方向：不断优化救助体系的顶层设计，进一步建立健全"救急难"工作机制，进一步提升救助水平，打出政策组合拳。聚焦"部分困难群众系因病致贫返贫"这一突出问题，全面实施《无锡市区特定困难对象医疗救助责任保险方案》，攻坚重大病救助、破解支出型贫困、落实深度救助政策、探索推广村级医疗互助制度等，为重大病致贫返贫家庭雪中送炭；2017 年密集出台了 12 项深度救助、精准救助政策，不断强化精准救助制度支撑。积极推进 9＋3"慈福民生系列保险"，全面提升城乡低保、城市"三无"等六类群体保障标准；制定相关惠残政策的实施细则，出台 14～16 周岁残疾儿童康复、托养政策；同时重点关注一户多残、以老养残等特殊群体，为他们解决生活照料和养老等困难。此外，还借助信息化助推残疾人工作精细化，开展摸底调查，进行个案分析，为残疾人提供精准救助。在精准救助上实现了"三个首次"：首次将中等偏下收入家庭纳入保障性住房申请范围、首次构建低保与就业联动机制、首次打通低保信息比对金融瓶颈，努力打造收入型、支出型救助并举的社会救助工作新局面。

同时，无锡低收入群体的"地平线"不断提高：全面落实自然增长机制，低保、临时救助、孤儿养育、残疾人生活补贴、退役士兵安置、纯居民居委干部生活补助及无工作军嫂生活补助费等7类标准全面提升，目前我市临时救助标准位列全省第一。

2. 帮困扶弱从"千人一面"转向"量身定制"

为提高扶贫帮困的针对性，无锡市按照"缺什么、补什么"的原则和"兜底线、织密网、建机制、可持续"要求，精准设计，推动扶贫工作由粗放向精准转变。对98个市级特困村实行建档立卡，每个村的村级财力如何，发展中有何困难，帮扶单位开展了哪些扶贫举措等，都有明确记录；建立社会救助业务系统与"阳光扶贫"监管系统数据对接机制，实现数据实时更新、动态及时掌握、比对线上进行，加大金融资产核对力度，以信息精准、对象精准实现扶贫精准。2017年12月市"阳光扶贫监管系统"的上线及运行，将原本分散的18个部门、48条资金线全部纳入网络监管平台，实现扶贫对象、资金、项目、过程全透明，极大地推动了无锡市的扶贫帮困工作从"粗放型"走向"精细化"；在此基础上出台了一系列对症下药的创新举措，一户一策、一村一策精准扶贫，全力打好精准救助攻坚战。建立健全低保与就业联动机制，减少低保对象必要就业成本，通过扶贫政策脱贫对象再予两年政策扶持，提升造血能力，推进劳动脱贫。落实深度救助政策，进一步健全"救急难"机制，率先在全省研究制定《无锡市低收入家庭救助办法》。推动帮扶责任精准到位和扶贫绩效精准分析，把有限的资金用在刀刃上。

3. 围绕"抬高地平线"愿景持续发力精准帮扶

对无锡的许多困难群众来说，温饱早已不是问题，关键问题是如何奔小康。因此，"十三五"时期，无锡市政府和社会对贫困人口的帮扶，主要围绕"抬高地平线"愿景持续发力，实施精准救助、坚持精准扶贫，认真落实每一个项目、每一项措施，让困难群体赶上发展的脚步。一是强化属地扶贫帮困机制和党员联系困难群众机制，针对不同困难对象情况，"一户一策"制定帮扶措施，帮扶到户、责任到人、工作到位。二是创新社会救助理念和模式，通过结对、购买公益创投项目以及创新构建低保与就业联动机制等方式，为不同需求的人群提供个性化帮扶。低保、临时救助、残疾人补助等"六类标准"全面提升，流浪乞讨救助对象安置点月托养标准由2 300元提升至2 500元，精神特困人员供养标准由人均每年3.3万元提升至5.2万元，惠及两类群体98人，支出财政资金99.5万元。临时救助标准位列全省第一，实现各类困难群体救助"全覆盖"。三是推动帮扶单位深入了解薄弱村实情，精准施策，把培养能力强、有责任的村级班子，作为加快薄弱村脱贫转化的基础工程。薄弱村要转化，仅凭自己的力量是不够的，在扶持中需要将政策、资金和可以"造血"的产业、项目结合。政策的扶持和引导不仅可以加大财政转移支付力度，建立健全一套保障机制为经济薄弱村减负，还可以"筑巢引凤"为薄弱村搭建发展平台，引进合适的项目，推动村级产业发展。深挖并利用好自身生态、文化、技术等方面优势，村村联手抱团，将农业与特色产业、旅游业等相结合，发展新型现代化农业，实现脱贫致富。通过对上争取项目、资金等方式帮助薄弱村壮大村级实力。

（三）常州市农村反贫困措施

1. 加强组织领导，做好总体部署，进行扶贫信息共享

政府出台相应配套措施，做到精准施策。根据中央、省、市扶贫工作会议精神，成立了由市委、市政府分管领导分别担任正、副组长、各部门参与的扶贫工作领导小组，统筹全市扶贫开发工作，并出台了《全市扶贫开发工作实施意见》。根据文件的要求，各地各部门也相应成立了工作班子，进一步推进扶贫开发工作。市民政部门出台了新的低保适用标准，利用信息核对系统和社会救助平台对全市的低保人群进行了全面的梳理和核对，纠正"关系保、人情保、骗保"现象，确保"应保尽保"，并配合扶贫部门对建档立卡低收入农户中的低保户开展比对，同时在全市进一步提高了最低生活保障标准，武进等四城区低保标准为 730 元/月，溧阳市和金坛区的低保标准为 680 元/月。市残联拟定了《"十三五"加快推进残疾人小康进程的实施意见》（征求意见稿），实施残疾人"就业增收、托底保障、服务普及、社会关爱"四大工程，确保残疾人与当地人民同步实现小康社会。市人社部门、市教育部门主动对建档立卡低收入人口，参加城乡居民基本医疗保险和子女就学补助等工作与扶贫部门开展对接。市财政、市纪检等部门也在扶贫资金的保障、使用、监管等方面出台了相应的措施，并多次组织实地勘察；积极会同各辖市（区）和市民政、人社、教育、卫计、残联、发改、国土、农业、旅游、水利、交通、建设等有关部门，加强宣传，强化各级各部门的责任意识，提高帮扶工作能力，把各项政策措施落到实处，并积极创新扶贫机制和手段，加强与经信、工商联、商务、金融、税务、红十字会等部门以及各民间慈善机构的沟通，发动全社会力量参与扶贫开发。同时，会同组织、纪检、机关党工委、财政、审计等部门，加强对各级各部门扶贫责任的考核，加强对扶贫资金的保障和监管，提高资金使用效率。加强与民政、人社、教育、卫计、残联、财政等有关部门的沟通和衔接，健全建档立卡低收入农户数据平台与相关部门的共享机制，便于进行核查、比对和有针对性地开展帮扶工作，实现各级扶贫信息数据的互联互通，真正做到资源共享，各级各部门形成全力，共同推进精准脱贫。

2. 开展建档立卡，实施精准识别、精准管理

2016 年 3 月份起，按照中央、省、市统一安排部署，在全市范围内开展新一轮低收入农户建档立卡工作，先后组织了数轮培训，严格按照村级公告，逐户登记采集信息，村（居）、镇（街道）、辖市（区）三级审（复）核、抽查和公示的流程开展，并主动与民政部门进行资产信息比对，纠正不实信息申报，进行统计入库的建档立卡工作，并且对建档立卡数据根据劳动力状况以及因病、因残、因灾、因学等致贫返贫因素开展全面科学的分析和汇总统计，为精准施策打好基础。在低收入农户建档立卡工作全面完成的基础上，建立完善建档立卡低收入人口管理机制，对建档立卡的低收入农户定期进行全面检查，实行动态调整，做到有进有出，动态管理，并与农村低保人口管理系统相衔接。

3. 实施精准帮扶，加大帮扶力度，加快脱贫步伐

2016 年以来，茅山老区各镇、市"百千万"工程各帮扶单位加强工作联动，创新工作方法，因地制宜实施茅山老区"百千万"帮扶工程。一是督促帮扶资金没有到位的帮扶单位，尽快到位帮扶资金。二是加强资金管理，对帮扶成员单位的资金，老区镇在设立专门账户，实行单独核算、专款专用的基础上，明确每位领导具体负责帮扶资金的分配使用。组长单位和挂职书记要加强对帮扶资金使用的监督和管理。市帮扶办继续不定期地对帮扶资金的到位和使用情况进行检查，着力提高帮扶资金的使用效益。加强扶贫资金监管，建立扶贫资金项目公示公告制度，促进扶贫资金的阳光化管理。三是落实结对帮扶措施，积极推进各个帮扶项目的顺利实施，有效提升村级集体经济发展能力，健全缓解贫困的长效机制，并努力解决贫困学子的日常生活费用，免除后顾之忧。四是加强督查考核，将老区富民强村工作作为一项重要任务，切实加强督查考核，做到有目标、有措施、有检查、有奖惩。市委督查室、市帮扶办将对帮扶工作定期开展督查活动，及时公布领导干部参与、资金筹集到账、"三助"活动开展、帮扶项目建设等工作进展情况，切实完成帮扶任务。溧阳市竹簧镇实施"水西行动"，设立"启航"村级产业发展引导基金、"向日葵"教育扶贫基金和"水西"特困救助基金三支扶贫基金，构建了一个村级产业发展基金引导农村集体经济发展、教育帮困阻断贫困代际传递、特困救助政策兜底的"三位一体"精准扶贫脱困保障体系。金坛区直溪镇帮扶工作组启动"五体联动"帮扶新模式，助推当地名特优农产品的销售，加快脱贫步伐。溧阳市南渡镇通过实施土地整理项目，启动"三园共建"（西圩万亩观光农业示范园、现代制造业产业园、前马荡渔业园）计划，大力推进产业发展。各帮扶单位还通过开展"进镇帮村、进村帮户"的"双帮"活动，加强老区各镇产业发展、基础设施、民生工程等项目建设，发展村级集体经济，促进农民增收，不断增强自身造血功能。

（四）南京市农村扶贫帮困措施

"十三五"时期，南京市重点围绕"一个高水平建成、六个显著"奋斗目标，坚持全面建成高水平小康社会"一条主线"，聚焦低收入人口和经济薄弱村（欠发达村）"两个重点"，强化就业创业带动、产业发展驱动、保障措施兜底"三大措施"，打响了脱贫致富奔小康攻坚战。年度工作进度按"2332"分解，即2016年确保完成20%的脱贫任务，2017年和2018年各完成30%，2019年完成20%，2020年巩固提升、总结完善。

南京的绝对贫困已基本消除，但相对贫困、贫困波动性等问题不容忽视。"十三五"时期，南京市坚持科学扶贫、精准扶贫、内源扶贫，以低收入人口、经济薄弱村、集中连片重点区域为帮扶对象，组织实施低收入农户和经济薄弱村脱贫致富奔小康工程。

1. 构建"三位一体"大扶贫开发格局

为了确保2020年所有扶贫开发对象全面脱贫，南京市将扶贫开发和扶志、扶智相结合，统一谋划，推动社会力量多方参与脱贫攻坚工作。为确保经济薄弱村（欠发达村）和低收入农户"两个全覆盖"结对帮扶活动顺利开展，35位市级领导每人挂钩联系一个经济薄弱村，挂钩帮扶一个低收入家庭；市级115个部门及直属单位、131家企事业单位与"百村"挂钩对接，其余的由各区分级负责、全面覆盖；70个经济薄弱村全面派驻"第一书记"。形成了市领导挂钩"四解四促""万名党员干部帮万户"，派驻"第一书记"和"百企结对帮百村"等政府、市场、社会"三位一体"大扶贫开发格局[3]；通过开发建设南京市"阳光扶贫"系统，建立扶贫开发基础数据库，有效整合扶贫力量，掌握资金使用和项目进展情况，公开扶贫工作信息，为纪委再监督提供有效手段，真正做到"扶贫工作务实，脱贫过程扎实，脱贫结果真实"，实现资金使用、对象识别、责任落实、过程监管、绩效评估"五个精准"。

2. 开发式扶贫和救助式扶贫相结合，救济、保障、项目多策并举

"十三五"时期，南京市对家庭年人均纯收入低于扶贫认定标准、有劳动能力的农户，重点参考全市农民人均收入水平，综合考虑推动扶贫开发和低保两项制度有效衔接，借鉴苏南及东部沿海副省级城市帮扶标准，提出帮扶标准和人口比例。在措施上，更加突出就业、创业和入股等能够长效促进低收入农户增收的帮扶手段，通过扶持购岗、鼓励创业、帮助入股等方式，提升长效增收致富能力。对五保、特残人群，尤其"失劳""失能"低收入农户，突出社保兜底这个支撑，发挥社会保障兜底线、救急帮难的功能。提升救助标准，做到"应保尽保"，不断加强支出型贫困家庭的帮扶力度，以解决因病致贫、因病返贫问题。

3. 突出创业带动产业驱动，加快脱贫致富步伐

支持各类科技人员到经济薄弱村领办创办实业，带动农民就业；引导大学生、返乡农民工、退伍转业军人等回乡创业，带动更多低收入农户参与，实现创业带就业、致富奔小康的扶贫开发初衷；强化经济薄弱村"能人"示范引领作用，扶持"能人"创业可让致富能手做给贫困户看，带着他们干、领着他们赚；坚持市场导向，本着宜农则农、宜工则工、宜商则商、宜游则游的原则，在集中连片的欠发达片区重点谋划实施一批关键工程，扶持发展一批特色产业项目；将产业发展与低收入农户人口的脱贫衔接起来，通过帮助入股、土地托管、订单帮扶等多种形式，建立低收入农户与产业发展主体间的利益联结机制，让其分享产业发展收益，有效加快了低收入农户、经济薄弱村、集中连片欠发达片区的脱贫致富步伐。增收项目实行"镇村自主选题、郊区立项审批、市级备案指导"，对集中实施或投入较大的项目，允许采取一次立项、分年扶持的方式予以补助。组织经济薄弱村返乡创业，年轻农民观摩设施农业，提升现代农业创业水平。市里按照每人 3 000 元标准，测算到人、补助到村，大部分区确定 1∶1 配套，优先安排经济薄弱村（欠发达村）。

4. 强村社，积极探索薄弱村发展新路径

一是综合考虑稳定性收入、人均稳定性收入以及集体对村民分配情况，将全市村级稳定收入和人均村级稳定收入按权重倒排 10%（含涉农社区），确定经济薄弱村（70 个）。将村级稳定收入 100 万元以下、低收入农户相对集中、村级服务能力较弱的村（社区），确定为"欠发达村"（130 个）。江宁、浦口、六合等区在此基础上，新增部分村为区级欠发达村。二是按照分类指导、同步推进的原则，予以帮扶转化：浦口区对 15 个市级经济薄弱村（欠发达村）、7 个区级欠发达村，按照每村 320 万元的标准，由区统一购置康居集团建设的安置小区门面房，产权量化到村，收益归村。从 2016 年起，10 年内按每村每年 20 万元给付收益；江宁区利用市级村级经济发展直补资金，由区街两级再配套同等数额的资金量，整合三级资金投入园区购置优质资产，将资产量化到由 26 个市级经济薄弱村（欠发达村）组建的股份合作联社每个成员，真正实现长期稳定的收益；高淳区统筹在区开发区统一新建村级标准厂房，统一管理，保底分红。扶持北部山区、茅山老区、横山西南边区这 3 个集中连片欠发达地区强化特色产业发展，完善基础设施建设，提升公共服务水平，切实改善生态环境。

5. 扶贫重点、扶贫路径和扶贫机制"三个转变"

扶贫重点，从注重解决"绝对贫困"问题向注重解决"相对贫困"问题转变，扶贫内涵从注重解决低收入问题向注重包括生活质量、公共服务、文明程度、生态环境等各方面的全面改善和提升转变；扶贫路径，从注重用"救助

式"的办法解决贫困问题向注重用"开发式"的办法激发内生动力转变，扶贫方式措施由"大水漫灌"转为"精准滴灌"，根据低收入人口和经济薄弱地区的自身特点和不同需求，因地制宜制定扶贫政策，实行有差异的扶持措施，精准施策，精准扶贫；扶贫机制，从注重行政组织推动向注重政策创新长效化解方式转变，基本建立与低保接轨的缓解相对贫困的长效机制。

（五）镇江市农村反贫困措施

1. 组织开展扶贫开发建档立卡工作

一是确定扶贫开发建档立卡标准，根据省会议和相关指示精神，经市领导确认经济薄弱村和低收入农户建档立卡标准。二是召开工作部署暨培训会议，市和辖市区分别召开工作部署暨培训会议，分层级对建档立卡工作进行部署和相关业务知识培训。三是进行低收入人口识别，根据建档立卡目的和要求、识别标准、工作程序等相关政策的公告进行公示，确保知情权和参与权；并将评议的低收入人口进行三轮公示。四是开展结对帮扶，对公示确认的帮扶对象进行建档立卡，明确结对帮扶责任人，制定结对帮扶工作方案，填写《帮扶手册》。五是数据汇总及上报，完成低收入人口建档立卡录入、审核和上报工作，并将数据报省。

2. 组织开展"百村万户"新达标行动

"新达标"行动是镇江市"十三五"扶贫开发的工作重点，是对"十二五"开展的"百村万户"双达标行动的追溯。一是完善和出台"新达标"行动实施意见，对《关于开展"百村万户"新达标行动的实施意见（征求意见稿）》进行广泛征求意见、修改，并报市委、市政府审议。二是拟定结对帮扶方案，对建档立卡经济薄弱村实行"市领导挂帅、部门（单位）结对、企业挂钩、干部蹲点、财政兜底""五个一"帮扶形式，推动帮扶对象、帮扶责任人、帮扶项目和帮扶措施"四落实"。三是召开"新达标"行动推进会，全面部署"新达标"行动，明确年度目标任务，落实结对帮扶方案。四是组织开展推进，从活动开展、责任落实、项目方案制定等方面开展推进活动。

3. 加大茅山老区帮扶力度

镇江在抓好与"百村万户"新达标行动有机结合的基础上，重点关注被列入省定重点的 55 个薄弱村（其中句容 43 个，丹阳 7 个，丹徒 5 个）。帮扶一是工作指导上进一步细化，加大对茅山革命老区帮扶工作的指导力度，对于经济薄弱村，要因地制宜发展村集体增收项目，增强服务功能，提升发展水平；对于低收入农户，要采取帮助发展产业、入股分红、公益购岗等措施，实行"滴灌"，扶持其致富。二是帮扶力量上进一步增强。要按照"政府推动、企业参与、政策激励、合作共赢"原则，鼓励更多企业与老区经济薄弱村挂钩，开展资金支持、劳动用工、技术扶持、产业带动、兴办实事、合作开发等多种形式的挂钩帮扶，实行优势互补，促进经济薄弱村发展。三是在项目资金上进一步倾斜，对省定重点村在帮扶资金上进行重点倾斜、重点扶持，加大村集体增收项目建设、基础设施建设、发展优势特色产业、低收入户增收项目等方面的投入。四是重点群体帮扶进一步强化，要抓好困难老军烈属和老党员的帮扶工作，解决他们的实际困难。

4. 突出帮扶基金筹集

建立扶贫帮困资金平台，通过多渠道筹集、镇集中管理、村统筹使用的方式，保障建档立卡家庭经济困难户的基本生活。一是以镇为单位设立扶贫帮困资金平台，按照每个镇 100 万元～200 万元的，力争在三年内实现以镇为单位的"全覆盖"要求，通过以镇（街道、园区、开发区）集中建扶贫帮困资金平台，为困难群众生活进行"兜底"。二是以村为单位筹集扶贫帮困资金，采取"几个一点"的办法，通过帮扶部门支持一点、党员干部捐助一点、社会企业募捐一点、当地财政安排一点等措施，以村为单位，帮扶部门积极参与，多元化筹集资金，每个村力争达到 50 万元左右。三是加强扶贫帮困资金平台管理，各地区要进一步探索扶贫帮困资金筹集、管理模式，进一步探索完善由镇（街道、园区、开发区）设立资金平台，以村为单位记账，做到镇设资金平台、分组筹集、逐村记账，规范操作，壮大基数，发挥作用。

5. 深化帮扶体系建设

实行"市领导挂帅、部门（单位）结对、企业挂钩、干部蹲点、财政兜底"帮扶形式，推动帮扶对象、帮扶责任人、帮扶项目和帮扶措施"四落实"。一是领导挂帅，市领导分别挂钩 1～2 个经济薄弱村，统筹指导帮扶工作。二是部门结对，确定 1 个牵头部门、1～2 个参与部门与经济薄弱村结对，帮扶部门的党员干部与结对村的建档立卡低收入户结对。市和辖市区未结对帮扶的村，其建档立卡低收入户由所在镇、村组织党员干部结对帮扶，做到一户不漏、一人不少。三是企业挂钩，每村至少有一个以上的企业与经济薄弱村挂钩帮扶。四是干部蹲点，由市、辖市区组织部门组织选派"第一书记"，实施规范管理。五是财政"兜底"，预期不达标的，由所在辖市区和镇财政兜底解决。

四、发达地区缓解相对贫困的政策启示

如何有效地缓解或减轻相对贫困是一个全新的课题，可资借鉴的实践经验还十分有限。现实中，经济发达地区往往是经济生活的先行者，可以给其他地区提供有效的经验。

对苏南来讲，工业化、城市化和城乡一体化走在全国前列。新中国成立

后，特别是改革开放以来，江苏乡镇工业的异军突起，城镇化、城乡一体化道路的率先迈进，为乡村复兴奠定了坚实的经济基础和必要的历史条件。

（1）农村反贫困不能仅靠农业发展，而是要做到城乡相互协调。由城市拉动农村，由工业带动农业，这一点苏南就做得比较好。我国农业目前仍受自然环境条件影响比较大，农业经营水平偏低，农业生产流通体系不完善，发展后劲不足。与其他产业相比仍是弱质产业，比较效益相对较低。从这个角度上说，农村反贫困不能将眼光只瞄准农业，而应该跳出农业看"三农"，从努力拓宽农民增收致富的渠道减少农民、提高农业经营的规模化程度、提高农业生产的组织化和产业化程度等方面入手。

（2）无论是经济发展，还是农村反贫困不应仅局限于贫困线下的农村居民，也应该考虑收入水平高于贫困线的低收入群体。苏南有实力在农村实行居民最低收入保障制度，实行城乡一体化的保障。开始有意识补贴农民，实现共同富裕。

（3）反贫困需要政府的资金支持，不仅需要中央政府的资金，更需要地方政府的资金。落后地区落后的原因是多方面的，但在所有生产要素中最稀缺的就是资本要素。因而对落后地区给予强大的资金注入是推动这些地区发展的首要条件。

（4）建立健全的制度体系。落后地区的开发不是一朝一夕所能完成的，从长期来看，它需要强有力的制度建设作为保证。

1）"社会保障兜底行动"。因病、因灾、因学、因老致贫返贫等现象在苏南区域是主要致贫因素，苏南依托其经济实力在农村实行居民最低收入保障制度，实行城乡一体化的保障，有意识补贴农民，实现共同富裕。由此凸显了城乡融合发展的必要性。

2）建立社会福利制度，即通过收入保障体系向低收入者或贫困群体提供各种津贴和补助金，以满足其基本的生活需求。

3）区域政策，即针对贫困人口分布的区域性而采取的政策，或根据其经济状况而制定的政策。

参 考 文 献

[1] 虞建平，管驿. 以创新纾解经济薄弱村之困——苏州市集体经济薄弱村调研与思考 [J]. 苏州党校，2015（4）：25-26.

[2] 张瑾花. "四强"助力扶贫开发 [J]. 江苏农村经济，2015（6）：60-61.

[3] 中国共产党南京市委员会. 溧水区：打赢脱贫攻坚战 [EB/OL]. 2016-10-12. http://www.njsw.gov.cn/njswsjb/gqdt/201610/t20161012_4210146.html.

第五章 │ CHAPTER 5
苏中区域农村精准扶贫、脱贫致富实践

　　苏中是江苏省地理中部地区的简称，地处沿海和沿江两大经济带的结合部，位于长江下游北岸、江淮平原南端。东抵黄海，南接长江，与上海、苏南灯火相邀，北与苏北地区（淮安、盐城）接壤，西接安徽省滁州市。苏中包括泰州、扬州、南通长江北岸沿江三地级市（简称苏中三市），高邮、仪征、靖江、兴化、如皋、海门、启东、泰兴8个县级市，海安、如东、宝应3个县，广陵区、邗江区、江都区、海陵区、高港区、姜堰区、港闸区、通州区、崇川区9个市辖区。

　　本章主要对苏中地区农村扶贫开发状况进行了研究分析。主要包括苏中农村经济和农业发展的整体情况简要分析介绍，苏中在"十二五"规划期间农村扶贫实践及成效简要总结，苏中地区"十三五"时期的精准扶贫、持续脱贫实践模式的重点分析，苏中地区精准脱贫策略分析。

　　以苏中地区作为样本研究农村反贫困问题，观照中国精准扶贫、精准脱贫战略在苏中的探求，对新时期乡村振兴战略的实施举足轻重。苏中，不仅是地域概念，也是经济发展区划概念。特殊的地理位置，使其既有沟通南北、承东启西的基础和优势，也有不前不后的尴尬劣势：与经济发达的苏南地区比，经济总量相对偏弱，是次发达地区；与欠发达的苏北比，经济总量相对偏强，因而无法享受到省里对苏北的优惠政策。导致在区域发展中缺少一定的特色。但是，苏中只要抓住机遇、扬长避短，不断强化自身优势，照样会有一番作为，为经济作出一番贡献。

一、苏中地区"十二五"时期农村扶贫概况

　　2016年江苏统计年鉴显示，截至2015年，苏中土地面积2.29万平方千米，年末户籍人口1 735.74万人，面积和人口分别占江苏省的21.4%、22.5%，人口密度为每平方千米716人，比全省低28人。苏北人口密度为每平方千米549人，比全省低195人。苏中水资源丰富，河道众多。

(一) 苏中地区农村经济发展状况

苏中虽然在全国的经济水平处于领先地位,但是相对于苏南及上海等长三角发达地区而言是滞后的。2003 年之前,苏中地区发展缓慢,多项指标落后于省平均水平,甚至落后于苏北地区。2000—2003 年全省 GDP 增长 45.18%,而苏中只有 38.43%,尤其第一产业增长比全省第一产业增长速度少 36.54%,2004—2007 年差距扩大到 44.63%,2003 年之后快速发展,渐成崛起之势。这主要得益于省委省政府 2003 年起提出的沿江、沿海开发战略,以及润扬长江大桥、苏通长江大桥、崇启大桥、宁启铁路等先后建成通车。

苏中是江苏省次发达地区,经济发展水平低于苏南而高于苏北。虽然苏中属于上海都市圈(长江三角洲城市群)的重要组成部分,但相对于苏南及上海等长三角发达地区而言是滞后的。在 2011 年,苏南地区农民人均收入15 213 元,苏中地区农民人均收入 11 396 元,苏南大约是苏中的 1.33 倍。2015 年,江苏省农村常住居民人均可支配收入 16 257 元,其中苏南地区农村常驻居民人均可支配收入 22 760 元,苏中地区农村常住居民人均可支配收入16 862元,稍稍超过平均值 605 元,苏南是苏中的 1.35 倍,差距明显,且与 2011 年相比,差距正在扩大;2015 年,苏南地区农村恩格尔系数 29.0%,苏中地区农村恩格尔系数 30.2%;2015 年,农村常住居民人均生活消费支出方面,苏南15 524 元,苏中 12 062 元,苏南高出苏中 1.29 倍;2015 年,农村人均住房建筑面积方面,苏南 59.9 平方米,苏中 58.8 平方米,苏南是苏中的 1.02 倍;至 2015 年,江苏全省城镇化率 66.5%,其中苏南为 75.2%,苏中地区为62.4%,苏中地区在省平均值之下。

(二) "十二五" 期间苏中地区农村贫困状况概述

"十二五" 时期是江苏省建设更高水平小康社会并向基本现代化迈进的重要阶段,也是全面落实 "六个注重"、又好又快推进 "两个率先"、在新的起点上开创江苏科学发展新局面的发展阶段。为了更好推进新一轮扶贫开发,"十二五" 期间,江苏省以年人均纯收入 4 000 元以下的农村低收入人口为贫困人口(国家农村贫困标准为 2 300 元),村集体经营性年收入低于 15 万元的为经济薄弱村。同时规定高于上述标准的各市、县(市、区)可根据当地实际,按照上年农民人均纯收入 30%~50%,制定地区扶贫标准。

根据省部署要求,结合实际,"十二五" 时期,苏中识别建档立卡对象的标准为纯收入在 5 000 元/年/人以下,经济薄弱村标准为 30 万元/年/村。

据此标准,截至 2011 年年底,泰州市共有低收入农户 8.06 万户、13.53万人。在低收入农户中:扶贫开发户 1.29 万户,2.76 万人;低保户 4.98 万户，8.74万人；五保户1.79万户，1.88万人。在低收入总人口中：文化程度在小学及以下的有9.97万人，占低收入人口的73.7％；年龄在60岁以上的有7.08万人，占52.4％；南通全市年人均纯收入低于5 000元的农村低收入人口有22.5万人，村集体经济收入低于30万元的薄弱村有424个；扬州市年人均纯收入低于5 000元的农村低收入农户有4.24万户、7.57万人，村集体经营性收入低于30万元以下的经济薄弱村有260个。

（三）"十二五"期间苏中地区农村扶贫措施及成效

进入"十二五"后，苏中三市围绕《江苏省农村扶贫开发"十二五"规划纲要》的部署，瞄准农村人均年纯收入低于5 000元以下的贫困群体和30万元以下经济薄弱村两大工作重点，积极组织实施脱贫奔小康工程。

1. 南通市"十二五"扶贫工作情况

"十二五"期间，南通市实施开发式扶贫和救助式扶贫相结合，对有劳动能力的通过开发式扶贫脱贫，没有劳动能力的（包括因病致贫的）由农村低保托底实现脱贫。具体措施有：

一是健全托底保障机制。针对病、残等确实不能通过开发式扶贫实现脱贫目标的困难群体，南通市政府研究制定了《南通市城乡居民最低生活保障办法》，将他们全部纳入财政托底保障体系，确保他们同步实现人均纯收入达到5 000元以上脱贫目标。

二是健全社会救助机制。市政府出台了《关于加强社会救助工作的意见》，构建涵盖基本生活、医疗、住房、教育、灾害、就业等多种类别的综合性社会救助体系，全面惠及城乡低保、城市"三无"、农村五保、特困残疾、因病致贫、受灾、流浪乞讨等遭遇急难的家庭和人员，做到应救尽救。同时，以慈善捐赠、爱心互助为重点的社会帮扶救助机制发挥了作用。2015年，全市用于医疗救助资金为13 855万元，临时救助资金2 792万元。

三是健全结对帮扶机制。从2012年起，启动驻村"第一书记"工程，先后选派370多名党员干部到经济薄弱村任职，帮扶村集体收入年均递增23万元，村民人均纯收入增长1 880元。大力推进"部门单位帮村、党员干部帮户"活动，仅两年时间，市级机关部门单位每年筹措用于"双帮"的资金就近2 000万元。

四是健全经济薄弱村扶持机制。市委市政府专门出台了《关于扶持集体经济薄弱村发展的意见》，对全市村营收入5万元以下的424个经济薄弱村予以扶持，每村筹集资金规模在300万元左右，其中市财政补助80万元，县（市）财政补助100万元，集中财力，用于经济薄弱村建设标准厂房、购买商业用房或发展高效设施农业等，以获得稳定的村级集体经济收入。市级财政共补助

3.45 亿元，市、县（市）区和镇财政共投入资金 12.72 亿元。2015 年，424 个经济薄弱村实现村营总收入 2.8 亿元，村均收入 66 万元，村级集体经济收入超过 50 万元的比例达到 50％以上。截至 2015 年，南通"十二五"扶贫工作达到了预期目标。

2. 泰州市"十二五"扶贫工作情况

"十二五"时期，泰州市和各市（区）明确脱贫攻坚目标任务，出台政策意见，坚持扶镇与扶村、扶户相结合推进帮扶工作，形成了扶贫开发的一大特色：

一是找准扶贫对象。实施精准建档立卡措施，查清贫根、摸清困源、找准靶子。找准经济薄弱村中的产业弱、班子弱、管理弱的后进村，特别是找准低收入农户中受大灾的、生大病的以及特困户、残疾户、低保边缘户，有的放矢，精准帮扶。对低收入农户实行建档立卡，定对象、定项目、定责任人，做到帮扶有记载、责任有人领、脱贫有农户签字确认，并实行定期更新、动态管理，真正把档建好，把卡用活，发挥其在精准扶贫中的作用。

二是定准扶贫政策。市委、市政府先后出台了《关于组织实施农村脱贫奔小康工程的意见》《市区脱贫奔小康工程实施方案》等一系列文件，提出了脱贫奔小康工程的目标任务、工作思路和主要措施，明确了发展村级集体经济、促进农民增收、加快基础设施建设、提升公共服务和社会保障水平等方面的扶持政策。市本级对市区经济薄弱村建设标准厂房或其他物业项目，按每个村 30 万元～50 万元进行奖补，对市区列入开发式扶贫对象的低收入农户，每脱贫 1 人奖补 500 元。各市（区）也结合实际，拿出相应的扶持措施。其中，兴化市投入帮扶资金 1.2 亿元、姜堰区投入帮扶资金 4 900 万元、高港区投入帮扶资金 5 400 万元建设标准厂房，全市累计已投入 2 亿多元帮扶资金，建设标准厂房和仓储、营业用房 30 多万米^2，投资收益全部归薄弱村所有；农村小额扶贫贷款是开发式扶贫主要措施之一。泰兴、姜堰等位于黄桥老区的市（区）和位于里下河经济薄弱地区的兴化市，将低收入农户作为小额扶贫贷款的重点，支持低收入农户调整农业产业结构，发展增收致富项目。2013 年内累计发放扶贫贷款 2 000 多万元，增强了低收入农户发展生产、脱贫致富的能力；政府积极探索，下派机关干部到村任职，培养致富领头人，2011 年来先后下派六百多名机关干部到村任职，2013 年选派了 349 名村"第一书记"，这些同志到村任职后按照扶贫开发的要求，带领村"两委"一班人，致力发展壮大村级集体经济。

三是多措并举落实帮扶措施。其一，上下联动挂钩帮扶。2013 年泰州市委、市政府下发了《关于组织挂钩帮扶高港、姜堰部分经济薄弱镇村和低收入农户的意见》，采取"领导挂镇、部门帮村、干部包户"的方式，组织 14 名市领导及市级机关 80 个部门挂钩帮扶黄桥老区 8 个经济薄弱镇、40 个经济薄弱村、1 000 户左右的低收入农户，共投入帮扶资金 5 000 多万元。兴化市组织 680 名领导干部联系 402 个村（社区）、308 家企业帮扶 3 814 户贫困家庭。泰兴市制定黄桥老区东部乡镇"脱贫攻坚奔小康"挂钩帮扶工作办法，帮扶到村到户。姜堰区建立"三级帮扶"机制，实现了经济薄弱村帮扶全覆盖；其二，因户施策分类帮扶。全市坚持从实际出发，整合社会资源，努力营造"政府主导、民政主管、部门联动、社会参与、分类施救"的长效救助管理运行机制。对具备转移就业条件的，免费提供技能培训，帮助落实就业岗位，寻找致富门路，鼓励自主创业；对不具备转移就业条件的，通过扶持龙头企业、专业合作社、能人大户，完善结对帮扶、利益联结、量化入股等机制，带动低收入农户发展种养项目以增收；对无劳动能力的，按照"应保尽保要求"，纳入低保范畴；对因病致贫、因残致贫、低保边缘户等特殊农户，帮助落实救助措施。不仅提高了救助标准，扩大了救助范围，还使社会救助工作逐步规范化、制度化、常态化；其三，村企共建结对帮扶。泰州市各地一直在有序地推进村企挂钩共建活动，特别是靖江市积极引导工商企业到村里发展现代农业项目、开展加工配套业务、参与公益事业建设，走出了村企合一、以企带村、村企结对等挂钩帮扶路子，共建企业建设现代农业项目 72 个，投资总额 8 400 多万元，安置转移就业人员 2 600 多人；其四，"十二五"期间，全市累计投入近 200 亿元，持续推进以饮水安全工程、教育培训工程、卫生健康工程、交通出行工程、环境整治工程等为主要内容的新一轮农村实事工程建设。农村道路、农桥、供水等基础设施不断完善，村庄环境长效管护力度加大，医疗卫生、文化娱乐等公共服务进一步延伸覆盖，农民生活质量明显提高。

2012 年是泰州市第二轮农村低收入农户脱贫奔小康的第一年。截至年底，全市低收入农户中，人均纯收入超过 5 000 元（脱贫）的脱贫人口达 25 348 人，占低收入总人口的 18.7％。到 2014 年底，泰州市建档立卡的低收入人口累计脱贫 12.13 万人，累计脱贫率达 89.5％，位居苏中第一。全市集体经营性收入 30 万元的村累计 1 150 个，占全市行政村总数的 71.7％。

3. 扬州市"十二五"扶贫工作情况

"十二五"时期，着眼于让发展更有"温度"、百姓幸福更有"质感"，扬州市委、市政府以问题为导向，按照"五可"（可定义、可量化、可操作、可考核、可追究）民生工程目标，实施脱贫致富奔小康工程。主要措施有：

一是锁定"一个目标"，坚持"两个见面"，构建帮扶倒逼责任机制。其一，以目标任务倒逼帮扶责任落实。2012 年年底，根据农村扶贫工作新要求，在调研论证的基础上，市委、市政府决定用三年时间组织实施新一轮低收入农户脱贫奔小康工程，确保 2013 年有 30％、2014 年有 70％、到 2015 年有

100％的低收入农户真正实现脱贫。2013 年初，市委办、市政府办印发了《关于实施新一轮低收入农户脱贫奔小康工程的意见》；4 月中旬，市委、市政府组织召开了全市农村扶贫工作会议，对新一轮帮扶工作进行了全面动员布署，明确各级党委、政府帮扶低收入农户工作要求，并签订责任书，分解落实了各县（市、区）脱贫目标任务；明确乡镇三套班子成员和村"两委会"主要负责人为牵头帮扶责任人，县（市、区）机关部门领导班子成员、镇村党员干部，以及工商企业负责人为具体帮扶责任人。层层落实责任，传递压力，将扶贫目标纳入机关部门目标管理，凡扶贫任务未完成的单位和个人不得参与评先评优；其二，以社会监督倒逼帮扶措施落实。对所有低收入农户，逐户调查、摸清情况、建档立卡，发放了《结对帮扶联系卡》。每张《联系卡》都载明帮扶工作牵头责任人、具体责任人姓名及联系电话，帮扶措施以及脱贫时间，并做到"两个见面"：帮扶责任人与被帮扶对象全部见面，以村为单位汇总后的帮扶联系卡，统一在村务公开栏张榜公示与全体村民见面，接受社会监督，做到每一个低收入农户什么时间脱贫、是否真脱贫，不仅要得到低收入农户户主签字认可，还让左邻右舍的农民群众进行评判；其三，以严格考核倒逼帮扶成效落实。为确保低收入农户帮扶工作取得实实在在的效果，市委、市政府将低收入农户帮扶列入全市农业农村工作综合考核，专门下发了《低收入农户结对帮扶工作考核办法》，明确每年 12 月中下旬，由市扶贫办牵头组织相关部门成立考核小组，在各县（市、区）当年上报的低收入农户脱贫名单中随机抽查 50户，采取"一听二看三访四评"的方法，逐户上门核实，对本年度低收入农户帮扶工作情况进行百分制考核验收，随机抽查的 50 户中如有 5 户以上未脱贫，当年该县（市、区）低收入农户帮扶工作视为不合格，考核结果向社会公示通报。

二是强化组织领导，落实"三级责任"，构建帮扶工作推进机制。市委、市政府将帮扶工作纳入"两报告一文件"（市党代会报告、市政府工作报告、市政府一号文件）及市委常委会重点工作要点，扶贫作为 2013 年度重点关注的民生工程，应强化组织领导，跟踪督查推进。市政府与各县（市、区）政府签订了帮扶工作目标管理责任书，明确县（市、区）、乡镇党委政府为责任主体、问责对象。各县（市、区）党委常委会、政府常务会议以及乡镇三套班子联席会议专题研究农村扶贫工作，成立了帮扶工作领导小组和工作班子，召开动员会议，出台了符合本地实际，有确切实效的帮扶工作实施意见。各县（市、区）与乡镇、乡镇与村层层签订了目标管理责任书，细化落实帮扶任务，全市上下构建了运转顺畅、高效有力、富有成效的组织推进机制。全市各级各部门的持续加大了督促检查力度，市县联动建立了帮扶工作月报制度，定期通报各地各部门帮扶动态。市委农工办（扶贫办）牵头组织扶贫工作领导小组成员单位，成立督查小组，采取随机抽查和定期督查的办法，不和基层打招呼，直接进村入户开展督促检查；各县（市、区）层层建立了督查考核制度，通过媒体曝光、逐镇点评活动，顶真碰硬落实帮扶工作责任。为促进各地务实推进低收入农户帮扶工作，10月份市扶贫工作领导小组下发通知，在全市范围内开展低收入农户帮扶"五个一"活动（全面开展一次进村入户走访、分类开好一次帮扶工作座谈会、统筹组织一次帮扶工作督查、评选表彰一批先进典型、集中开展一次系列宣传报道）。为确保扶贫政策落实到位，高邮市专门印发了1万多份《低收入农户扶持政策告知书》，下发到每个低收入农户手中，并在村务公开栏张榜公示；同时研究制定了落实具体政策的操作流程，保障每项政策落实到户。据统计，"五个一"活动中，全市各级、各部门、各企事业单位党员干部共走访39 120户，投入帮扶资金近3 480万元。

三是区分"四类帮扶"，实施"五大工程"，构建因户施策帮扶机制。其一，对有劳动力的低收入农户，实施"就业援助"工程，帮助就业脱贫。通过政府购岗、企业结对帮扶、安排就业等方式，确保每个有劳动力的家庭至少有1人稳定就业。其二，对有创业意愿的低收入农户，实施"产业扶持"工程，推动创业增收。（1）通过财政奖补、小额贷款、财政贴息等多种形式，帮助有创业愿望和能力的低收入农户发展高效农业、农产品加工及其他服务业项目。（2）由乡镇村投资部门或企业帮扶建设蔬菜大棚、养殖棚舍等基础设施，低租金或零租金优先提供给低收入农户发展高效农业。高邮市财政设立创业专项资金200万元，给予低收入农户创办贷款贴息扶持。邗江区组织党员干部、种养殖大户、农民合作组织发挥自身优势，共同扶持低收入农户创业：公道镇志祥花木合作社、九龙循环经济合作社、方巷镇瑞农农业专业合作社分别向低收入农户免费发放苗木、苗鱼、苗鹅等，并提供技术指导，统一防治，保底价收购。仪征市刘集镇专门出台意见，明确凡是到镇食用菌产业园承租大棚种植食用菌的低收入农户，镇政府补助50%大棚租金，产业园负责提供技术指导和产品回收服务。2013年全市共扶持低收入农户发展高效农业项目295个、农产品加工及其他服务业项目271个，落实扶持创业资金1 177万元。其三，对年老体弱和丧失劳动能力的低收入农户，实施"生活保障"工程，提高生活水平。（1）按照完善制度、提高水平、逐步并轨的要求，及时将符合条件的低收入农户纳入低保、五保范围，做到"应保尽保"。二是积极采取措施，在改善低收入农户住房条件的同时，探索建立基本公共服务收费减免制度。邗江区将低收入农户住房改建列入区政府民生实事工程，同时将463户符合条件的低收入农户全部纳入低保、五保范围，将低保标准提高到485元/月、五保标准提高到5 650元/年。广陵区在开展结对帮扶的同时，将2 449户低收入农户中符合条件的2 309户全部纳入低保、五保，区财政拿出1 300万元进行生活补助。

宝应县计划用三年时间分批帮助低收入农户改建安全适用农房，新建的农房县财政每户给予不少于 1 万元补助，修缮加固的农房每户给予不少于 5 000 元补助。高邮市、江都区明确从 2013 年 6 月起，低收入农户每月免收 5 吨水费、15 度电费，2014 年起减半收取数字电视收视费。（2）免费安装有线电视、自来水等设施 5 066 户，捐赠电视机等家用电器 244 台。其三，对因子女就学及重大疾病导致生活困难的低收入农户，实施"教育资助"和"医疗救助"工程，加大帮扶力度。穷一代不能穷二代。2012 年开始，各地针对因子女就学导致生活困难的低收入农户，研究制定了分段分档教育补助政策，确保低收入农户子女不因经济困难失学，同时采取有效措施，帮助解决完成学业后的就业问题。针对因重大疾病导致生活困难的低收入农户，研究制定了扶持低收入农户参加新农合保险的政策措施，出台了除按正常标准报支医疗费用外的二次补助政策。高邮市明确低收入农户中的就学子女，凡考入大专、本科及以上的学生，市财政一次性分别给予 3 000 元和 4 000 元的助学金。仪征市、邗江区明确低收入农户新农合参保费用由镇村两级和帮扶单位共同承担。2013 年以来，各县（市、区）累计发放贫困学生教育补助资金 262 万元，重大疾病二次补助资金 1 465 万元。

"十二五"时期，扬州市扶贫工作取得显著成效。截至 2015 年年底，全市年人均纯收入低于 5 000 元的 7.57 万低收入人口如期整体脱贫；260 个经济薄弱村集体经营性收入均达 30 万元以上，沿河、沿江地区 80％的村分别达到 40 万元、50 万元以上，6 个县（市、区）全部创成江苏省村级"四有一责"建设先进县（市、区），率先在苏中苏北地区实现全覆盖，圆满完成"十二五"各项扶贫目标任务。

二、"十三五"时期苏中农村反贫困实践的 SWOT 分析

（一）"十三五"时期苏中地区农村贫困概况

1. 贫困标准

为让更多的低收入农户能够从新一轮扶贫开发中受益，苏中地区自加压力进一步提高贫困标准。鉴于苏中的扬州、泰州及南通三市社会经济发展水平基本相当，"十三五"时期三市将低收入人口和经济薄弱村的标准统一提高到人均年收入 7 000 元和集体年收入 35 万元，分别比省定标准 6 000 元和 18 万元高了 1 000 元和 17 万元。三市当中有的市（区）还制定了高于市要求的标准，比如泰州市的靖江市（区）确定低收入人口标准为人均年收入为 7 500 元以下，海陵区确定扶贫标准为人均年收入低于 8 000 元和村集体经济收入低于 40 万元，标准最高的高港区低收入人口年收入和经济薄弱村收入标准分别达到

10 000 元和 50 万元。

2. 建档立卡情况

摸清搞准扶贫对象，把家底盘清，是精准扶贫的前提。建档立卡是为了精确了解贫困状况，分析致贫原因，摸清帮扶需求，明确帮扶主体，落实帮扶措施，并以此为基础开展考核问效，实施动态管理，检查帮扶责任人履职情况和贫困对象脱贫情况，为扶贫开发决策和考核提供依据。2016 年是"十三五"开局之年，对照"十三五"扶贫标准，苏中三市组织开展全面调查，按照"公告宣传、农户申请、村民评议、三轮公示"要求，确保不漏一户、不漏一人、一个不落，锁定扶贫对象，落实建档立卡工作。

扬州市及各县（市、区）党政分管领导亲自动员部署，先后抽调 1 850 多名乡镇农经站长、村主办会计和大学生村官参与扶贫对象建档立卡工作。据统计，全市共在 17 444 个村民小组张贴公告 19 455 份，召开村民代表会议 1 127 次，41 226 名村民代表参加了民主评议。经评议、公示核实，"十三五"全市建档立卡的低收入农户共有 3.51 万户（6.71 万人），市级经济薄弱村 65 个、县级经济薄弱村 303 个。[1]

2016 年初，泰州市年人均收入低于 7 000 元以下的建档立卡低收入农户共 7.09 万户、11.72 万人（其中开发式人口 3.23 万人），分别占全市总数的 41.43％、5.9％和 3.05％。通过建档立卡，查清了"贫"根、摸清了"困"源、找准了"靶"子，特别是找准了低收入农户中受大灾的、生大病的以及特困户、残疾户、低保边缘户，找准了经济薄弱村中产业弱、班子弱、管理弱的后进村，做到了有的放矢，精准帮扶。[2]

南通市经过组织动员、农户申请、入户调查、评议公示、县镇村审核、数据录入等环节，明确了"十三五"农村扶贫建档立卡的识别标准和识别对象。以人均纯收入低于 7 000 元农户、6％左右的经济薄弱村（全市共 92 个，不含 13 个省定经济薄弱村）和如皋、海安黄桥老区为主要帮扶对象，通过组织动员、农户申请、入户调查、评议公示、县镇村审核、数据录入等环节实施建档立卡。据统计，全市 7 000 元以下建档立卡低收入人口为 62 032 户、108 942 人。如皋、如东、海安分别为 33 935 人、17 220 人、16 408 人。启东、海门、通州分别为 14 741 人、13 609 人、12 634 人。通州湾 755 人。其中 6 000 元以下 34 231 户、61 029 人。

3. 目标任务

扬州市：2016 年 5 月，扬州市委、市政府在广泛调查研究的基础上，结合扬州实际研究出台了《关于实施脱贫致富奔小康工程的意见》（扬发［2016］19 号），在文件中明确了全市脱贫计划：以全市建档立卡的 3.51 万户（6.71 万人）低收入农户和沿河、沿江地区村级集体收入分别低于 30 万元、40 万元的经济薄弱村为主要帮扶对象，通过五年扶贫开发，到 2020 年，低收入人口人均年收入达到 7 000 元，其中：2016 年有 25％的农户达标，2017 年有 50％的农户达标，2018 年有 80％的农户达标，2019 年所有低收入农户均达标，2020 年巩固脱贫成果，低收入农户生活水平明显提高，义务教育、基本医疗和公共服务得到有效保障；沿河、沿江地区经济薄弱村集体经济年收入分别达到 45 万元、55 万元，村容村貌显著改善，基本公共服务主要指标接近全市平均水平。全市以县（市、区）为单位基本建立缓解相对贫困的长效机制。[3]

2017 年 4 月，市扶贫工作领导小组出台了《关于加快推进脱贫致富奔小康工程的意见》（扬农扶〔2017〕1 号），在文件中再次明确了全市脱贫计划：全市 2016 年建档立卡数据库中尚未脱贫及动态管理新增的低收入农户共21 816 户、45 393 人（其中：宝应县 9 102 户、18 534 人，高邮市 5 551 户、11 335 人，仪征市 4 454 户、9 776 人，江都区 2 236 户、4 420 人，邗江区298 户、815 人，广陵区 175 户、513 人），今年年底全面达到人均年收入7 000 元的脱贫标准；沿江、沿河 65 个市级经济薄弱村集体收入分别全部达到50 万元、40 万元以上。

泰州市：根据市确定的新一轮扶贫标准，以农村人均年收入 7 000 元以下的低收入人口、集体年收入 35 万元以下的经济薄弱村、黄桥老区和里下河经济薄弱地区为主要帮扶对象。有条件的市（区）可以结合实际适当提高扶贫标准。具体目标有：目标一，自 2016 年起，按每年不低于 30％的序时进度实行"累加式"精准脱贫。绘制印发经济薄弱村脱贫进度图找出"硬骨头"，挂图作战，接图销号；目标二，基本消除人均年收入 7 000 元以下的农村低收入人口。纳入开发式扶贫对象的农户，全面实现 1 户至少有 1 项增收渠道或 1 户至少有 1 人实现非农产业稳定就业。纳入救助式扶贫对象的农户，按应保尽保的原则全部纳入低保，并按照序时进度逐年提高低保标准；目标三，基本消除集体年收入 35 万元以下的经济薄弱村。经济薄弱村全面实现有群众拥护的"双强"班子、有科学合理的发展规划、有高产高效的农业设施、有特色鲜明的主导产业、有持续稳定的集体收入、有先进适用的信息网络、有健康向上的文明村风、有村容整洁的居住环境的新"八有"目标，经济社会发展水平基本达到社会主义新农村建设要求；目标四，黄桥老区和里下河经济薄弱地区的面貌显著改善，社会事业发展步伐明显加快，生产生活条件得到较高提升，基本公共服务主要指标接近全市平均水平。[4]

南通市：以全市农村人均纯收入低于 7 000 元农户、6％左右的经济薄弱村（全市共 92 个，不含 13 个省定经济薄弱村）和如皋、海安黄桥老区为主要帮扶对象。通过努力，到 2020 年使低收入人口人均年收入达到 7000 元以上，生活水平明显提高，义务教育、基本医疗和公共服务得到有效保障；市政府以增强村级发展能力为目标，创新扶持方式，92 个市级经济薄弱村集体经营性年收入达到 50 万元以上，村容村貌显著改善，基本公共服务主要指标接近全市平均水平；如皋、海安黄桥老区富民强村三年行动计划实施完毕。全市以县（市）区为单位基本建立缓解相对贫困的长效机制，力争提前 1～2 年完成脱贫致富奔小康工程任务。[5]

（二）"十三五"时期苏中地区农村贫困的一般特征

苏中地区和贫困原因较为单一的苏南地区农村相比，苏中地区农村贫困人口、经济薄弱村数量较多，贫困程度相对较深，致贫原因相对复杂。

1. 贫困原因较为复杂

和发达的苏南地区相比，次发达的苏中地区农村贫困程度相对较深，人数稍多，致贫原因稍复杂。其中因病致贫、因残致贫是主要致贫因素。据苏中三市的农工办调查统计数据，"十三五"时期，泰州市建档立卡的低收入农户共 7.09 万户、11.72 万人，贫困发生率为 3.05%。按健康状况分，健康人群 4.52 万人，占比 38.6%；长期慢性病人群 4.77 万人，占比 40.7%；大病人群 1.14 万人，占比 9.7%；残疾人群 1.29 万人，占比 11%。按致贫原因分，因病致贫 3.79 万户，占比 53%；因残致贫 1.02 户，占比 14.3%；两者共 4.81 万户，占比 67.3%；扬州市建档立卡的低收入农户共 3.15 万户、6.71 万人，贫困发生率：市级 65 个，比例约为 6.4%；县级 303 个，比例约为 30%（1 011 个行政村）。其中，因病致贫 13 904 户，比例约为 44.1%。因学致贫 476 户，比例约为 1.5%。因危房致贫 1 128 户，比例约为 3.5%。其他原因，比例约为 50.9%；南通因病致贫人数 51 362 人，占 47.15%，因残致贫人数 25 974 人，占 23.84%，两者合计 77 336 人，占 70.99%。

2. 存在明显的地缘性贫困

相对于社会经济条件及其他贫困因素，地缘性贫困是指贫困的发生、发展与地理区位、自然环境状况有着比较强的相关性，地理环境条件对贫困的影响更为深刻。从现实来看，苏中地区经济薄弱村和低收入人群主要集中在黄桥革命老区，农村贫困存在明显的地缘性特征。贫困人口主要集中在黄桥革命老区。"十三五"时期，江苏省扶贫开发重点片区为"6+2"格局，即在苏北确定 6 个重点区域，苏中苏南以黄桥、茅山革命老区为主。苏中的黄桥革命老区涉及泰州和南通两个省辖市。其中泰兴市有 12 个乡镇 232 个行政村，共 174 个经济薄弱村；姜堰区 8 个乡镇 155 个行政村，包括 117 个经济薄弱村；海陵区 1 个乡镇、16 个行政村；高港区 4 个乡镇、48 个行政村；高新区 1 个乡镇、8 个行政村。南通市有如皋市的 11 个乡镇、273 个行政村，共 121 个老区薄弱村；海安县 3 个乡镇、81 个行政村。黄桥是陈毅、粟裕等老一辈无产阶级革命家指挥著名的黄桥战役时创建的根据地,战争使黄桥地区付出了巨大的代价,做出了巨大的牺牲。南通也是一个革命老区,还是江苏最早的革命老区,老区占全市面积95％以上。1930年春,红十四军就在南通农村建军,其开辟的如泰革命根据地是土地革命时期全国十五块红军游击区之一;抗日战争时期,南通农村是苏中抗日根据地的重要部分,新四军在这里取得了反扫荡、反清乡斗争的重大胜利;解放战争时期,名垂青史的苏中"七战七捷"也发生在这里。再加上自然因素的影响,使得上述革命老区经济社会建设发展总体上还处于发展滞后、甚至贫困状态,与发达地区相比,差距越拉越大,与全面建成小康社会目标还有较大距离,苏中地区存在地缘性贫困。

3. 就业机会较少,收入稳定性得不到应有的保障

就总体区域特征而言,经济发展水平高的地区,对农村剩余劳动力就地消化的能力就越强,农村劳动力就业机会就越多,工资性收入就相对有保障。反之,就弱。这种规律在苏南和苏中有较明显的体现,根据2017年江苏省统计年鉴数据,经济比较发达的苏南地区,2016年主营业务收入2 000万元规模以上的工业企业达23 939个,工业总产值78 831.63亿元。同期,次发达的苏中地区,规模以上工业企业有10 775个,总产值为36 740.87亿元,分别相当于苏南的45.01％、46.6％。经济水平的差异,就业机会上的差距,导致了两地非农收入的差异。而非农产业收入是目前农民增收的主要渠道,尤其是工资性收入是农民增收的最主要来源。由此,相比发达的苏南地区,苏中农村低收入户的收入结构中,来自非农产业的工资性比重低,数量少,且绝对额少。这可以从统计数据上明显反映出来。2016年,苏南地区农民来自务工的工资性收入是15 455元,占人均可支配收入比重62.7％,并且主要是本地务工收入。苏中农民人均工资性收入是10 757元,占可支配收入的58.7％,其中外出劳务收入表现较为突出,留守在村的都是就业能力差、劳动力素质低、自我发展能力弱的空巢老人及留守儿童。

4. 村级集体经济发展基础薄弱、发展不平衡、发展渠道不宽

开发集体资源,盘活集体资产,物业服务创收,既可以为村集体增加收入,也为发展农村经济奠定了基础。近几年来,在苏南农村大力发展新集体经济的同时,苏中地区认真贯彻落实省《关于发展村级集体经济的意见》,以村级"四有一责"建设行动计划为抓手,不断加大扶持力度,拓宽发展思路,创新发展模式,多数地区村级集体经营性收入绝对量大幅度增加,发展速度持续加快,全省比重有所上升。

与苏南不同,苏中地区发展一方面依靠挖掘自身资源潜力,另一方面需要外部的大力支持,呈现出与苏南发展集体经济不同的特点。大体形成了"两主三辅"集体经济发展模式,即以资源利用型和资产租赁型为主,以资金运营

型、合作发展型和服务创收型为辅。[6]

与苏南地区集体经济经过辉煌之后东山再起、村级集体经济发展基础雄厚、农村二三产业发达等情况有所不同，苏中地区只是近几年才出现了大的发展，再加上资源、资产、资金、区位的不同，以及部分村干部的能力大小不同，致使苏中地区大多数村集体经济基础薄弱、村级运转经费不足、基本公共服务比较滞后；发展不平衡问题突出，呈现出"两头小中间大"的格局，少数村集体经营性收入高达上千万，而一些少数村刚刚实现零的突破，导致强村更强，弱村更弱，两极分化严重。一些经济薄弱村由于区位优势差、待遇偏低、出路不多，工资收入不如外出打工，干好被提拔或享受事业单位待遇的人凤毛麟角，致使能人、强人难留。长此以往，恶性循环，苏中地区落后的经济状况无法扭转。

（三）苏中地区全面实现脱贫奔小康的机遇与挑战

"十三五"时期，是全面建成小康社会、实现第一个百年奋斗目标的决胜阶段，也是打赢脱贫攻坚战的决定阶段。打赢脱贫攻坚战，确保到 2020 年现行标准下农村贫困人口实现脱贫，是促进全体人民共享改革发展成果、实现共同富裕的重大举措，是促进区域协调发展、跨越"中等收入陷阱"的重要途径，是全面建成小康社会的重要内容，是积极响应联合国 2030 年可持续发展议程的重要行动，事关人民福祉，使命光荣，责任重大。苏中地区全面实现脱贫致富既有许多优势，又面临许多挑战，机遇和挑战并存。

1. 有利条件

区位优势——苏中地区，在经济发展方面与苏南等发达区域还有一段差距，但苏中的地理位置特殊，兼顾了沿海、沿江两大经济带，在上海、苏州、无锡等发达城市的经济辐射范围内，作为连接江苏苏南、苏北的桥梁纽带，自身拥有良好的区位优势，发展潜力巨大，对实现江苏经济区域协调发展有着不可替代的重要作用。

国家"一带一路"和长江经济带发展战略的实施，为苏中发展创造了千载难逢的新契机。苏中滨江临海，处于"一带一路"和长江经济带的交汇点，具有深化国际国内合作、聚焦生产要素、吸引各方投资和带动区域发展的良好区位条件。

《长三角规划》的实施，为苏中发展营造了史无前例的新环境。《长三角城市群规划》以"培育更高水平的经济增长极"为导向，政府确定了"到 2030 年，全面建成具有全球影响力的世界级城市群"的战略目标和总体战略定位，提出在加快实现 6 个发展定位上突破。在城市群发展空间布局上，提出构建"一核五圈四带"，惠及苏中："一核"强调推进上海与南通协同发展；"五圈"

中的"南京圈"包括扬州；"四带"中的"沿江发展带"建设，苏中三市均受益，而"沿海发展带"的"陆海统筹""加快建设通州湾江海联动开发示范区"等，将为南通发展开辟更为宽阔的空间。

区位新、旧优势为苏中地区经济发展以及全面脱贫奔小康提供了良好环境和重大机遇。

政策体系进一步健全——苏中崛起一直是江苏区域协调发展的一个大问题，江苏省委、省政府一直关注苏中地区的发展。2013 年 6 月初，江苏省委、省政府召开全省苏中发展工作会议，首次对苏中发展提出了"釜底加薪"的支持政策。同年，省委、省政府陆续下发《省政府关于印发关于促进苏中与苏北结合部经济薄弱地区加快发展的政策意见的通知》（苏政发［2013］30 号）、《中共江苏省委江苏省人民政府关于推进苏中融合发展特色发展提高整体发展水平的意见》（苏发［2013］8 号）、《省委办公厅省政府办公厅关于印发〈沿江地区转型发展五年推进计划（2013—2017）〉的通知》（苏办发［2013］16 号）、《省政府办公厅印发关于推进苏中融合发展特色发展提高整体发展水平分解方案的通知》（苏政办发［2013］144 号），并印发省委省政府《关于印发〈南通陆海统筹发展综合配套改革试验区总体方案〉的通知》（苏发［2013］23 号）和《关于推进扬州跨江融合发展综合改革试点的意见》（苏发［2013］24 号），江苏省第十二届人民代表大会常务委员会第十四次会议于 2015 年 1 月 16 日通过了《江苏省农村扶贫开发条例》，立足全省视角设计精准扶贫、精准脱贫。经国务院批准，2016 年 6 月国家发改委发布了《长江三角洲城市群发展规划》。《长三角洲城市群发展规划》将长三角城市群重新明确界定为沪、苏、浙、皖四省市的 26 个城市，苏中的南通、扬州和泰州均列其中。2016 年 11 月召开的江苏省第十三次党代会报告提出："苏中地区要重融合、创特色，深入推进陆海统筹、跨江融合、江海联动发展，加快融入苏南、融入长三角核心区"。种种政策措施及顶层设计，为苏中地区打赢脱贫攻坚战提供了坚强的制度保障。

历史文化资源优势——苏中地区南滨长江北接淮水，东临黄海西傍运河，是江淮平原东端的一片沃土，境内高邮湖、宝应湖、邵伯湖、大运河、通扬河、通榆河、引江河，湖河密布，宁通高速、京沪高速、新长铁路、通启高速以及在建的盐通高速通道纵横。这块土地，曾是商贾云集、人文荟萃之地。扬州泰州有记载的文明史可追溯到 2 200 多年前，素有"汉唐古郡、淮海名区"之称。

淮左名都扬州，古代曾是南北漕运咽喉，因得水运之利而数度兴盛。是隋、唐、明、清时期全国最大的城市之一，数度进入世界十大城市行列，"左右了全国的经济文化形势"[7]，其繁华和风采被历代文人骚客传颂。新中国成立后，扬州的经济和文化在全省都占有重要位置。改革开放后直到 90 年代前半期，扬泰（尚未分设）的规模经济、"七龙齐舞"闻名遐迩，经济总量稳居全省三强；江海名城南通是我国近代民族工业的发祥地之一，是全国科教先行区之一，也是中国沿海 14 个开放城市之一。南通港在国家 10 大港口之列，南通开发区为国家级开发区。90 年代前半期，南通在沿海 14 个开放城市中经济总量高居第 6 位；历史文化名城泰州，拥有 2 100 多年的建城史，在我国文化艺术发展史上占有重要地位。泰州是苏中门户，承南启北，自古有"水路要津，咽喉据郡"之称。作为水运中心，泰州是里下河腹部大部分地区通向长江的门户，曾是物资集散中心之一，且拥有春兰、扬子江等一批著名企业。

"空谈误国，实干兴邦"，历史上苏中地区就不乏有"踏石有印、抓铁留痕"的魄力和实干精神。以张謇为代表的杰出仁人志士，铸就了南通"中国近代第一城"的辉煌业绩。张謇"独立开辟了无数新路，做了三十年的开路先锋……造福于一方，而影响及于全国"[8]。新时期面对扶贫攻坚情况，苏中各地区、各部门及社会各界发展求强意识觉醒，贫困地区广大干部群众盼脱贫、谋发展的意愿强烈，内生动力和活力不断激发，脱贫攻坚已成为统一意志和共同行动。深厚的历史文化底蕴，为苏中地区脱贫奔小康提供了扎实的文化基础。

2. 不利条件

中心城市首位度低，经济腹地较小。苏中三市户籍人口城镇化率、常住人口城镇化率均低于全省平均水平。2015 年数据显示，苏中三市的城镇化率平均值为 62.4%，比苏南五市低了 11 个百分点，低于全省平均值 4 个百分点。人口规模数量为 1 735.74 万人（2015 年末户籍人口），比苏南五市低出718.09 万人，比苏北五市低出一倍有余。城市化水平的高低、人口规模的大小，决定了拉动经济增长的内需力度。苏中地区在推动农民市民化、提升城市品质、促进城乡融合、提高城镇化质量等方面仍有较大的可为空间。从经济总量来看，2015 年苏中地区生产总值是 13 853.14 亿元，相当于苏南地区的33.4%，相当于苏北地区的 83.6%。2015 年苏中人均地区生产总值为 84 368元，相当于苏南地区的 67.5%。2015 年苏中第二产业总值为 6 800.67 亿元，是苏南地区的 35.1%。第三产业总值为 6 236.78 亿元，是苏南地区的32.1%。种种数据显示，苏中地区是江苏区域协调发展中的"夹心层"。与苏南相比，苏中地区城市首位度、人口聚集度偏低，吸纳劳动力容量小，中心城市大多经济技术不强，经济总量占全省份额相对低，辐射、带动能力有限[9]。

人才数量和人口素质的影响。人口与劳动力是最基本的生产要素之一，人力资本是一个地区形成竞争力和发展动力的重要因素之一。随着社会的进步，劳动力绝对成本优势大幅降低主要表现为相对成本优势，劳动力文化素质、劳动技能、知识结构等已成为重要因素。苏南经济相对较发达，很多高素质人才涌向该地区，苏中地区人力资源虽丰富，但长期以来人口的净流失，致使苏中地区在人口素质与人才拥有量上有很大差距。比如，作为全国著名教育之乡的南通市，人口流出大于流进状态已持续 25 年，流出谋生发展的人口大多为年轻型经济活力人口。"五普"以来，南通累积高考录取人数达五十余万人，但其中每年返通就业率只有 40% 左右，其中，985、211 院校返通就业率不足 1%，大量年轻型、高素质人才外流严重，"倒挂"现象不利于经济社会发展。[9]扬州市统计局资料显示，近十年来，扬州市流出人口和流入人口同步增长，但流出人口的总数大于流入人口，扬州市流动人口同样呈现输出型特点。2015 年全市常住人口为 448.36 万人，户籍人口 461.12 万人，净流出 12.76 万人。2017 年年末全市人口净流出 9.16 万人。[10]从人口年龄结构看，苏中地区"超少子化"与"深度老龄化"现象并存。2015 年，南通市常住人口中，少年儿童（0~14）78.03 万人，处于"超少子化"阶段。全市 65 岁以上人口 136.88 万人，占总人口的 18.75%，处于"深度老龄化"水平，并快步向超老龄化迈进。这种并存现象已存在 12 年之久，人口结构失衡。[9]2016 年年末，泰州市常住人口中，60 岁及以上老年人口 114.11 万人，占全部常住人口的 24.56%，比 2012 年提高 2.33 个百分点；65 岁及以上老年人口 77.36 万人，占全部常住人口的 16.65%，比 2012 年提高了 1.68 个百分点，比全省平均水平高 3.88 个百分点，居全省第二，仅次于南通（19.20%），高于扬州 1.37 个百分点。[11]扬州市"四普"常住人口中 65 岁及以上人口比重为 6.97%，接近国际老龄化社会的水平，"五普"65 岁及以上人口比重为 9.07%，超过国际老龄化社会标准 2.07 个百分点，"六普"65 岁及以上人口比重达到 12.45%，超过国际标准值 5.45 个百分点，2015 年 65 岁以上人口比重达到了 15.18%，这充分说明扬州市人口老龄化程度加剧。[12]苏中三市人口老龄化程度在迅速提高。老龄人口增加、人口老龄化程度步伐加快对政府财政负担、劳动力资源供给以及医疗卫生和养老服务需求等产业有着较大影响。

苏中内部区域经济发展不平衡性问题突出。苏中内部区域发展的不平衡性十分突出，有北片、南片之说。北片是苏中脱贫奔小康的凸出"短板"，存在省定低收入人口和经济薄弱村，主要集中在苏中与苏北的交界的县域（包括兴化、高邮、宝应）和黄桥老区等地区。按照《江苏省农村扶贫开发条例》规定程序，以农户人均收入为基本依据，综合考虑农户家庭住房、教育、健康等情况，实行整户识别，逐级审核制度。截至 2016 年 4 月 10 日，苏中农村有省定标准（6 000 元以下）低收入人口 16.41 万人。按照 2015 年 12 月 23 日，省扶贫办、省统计局、国家统计局江苏调查总队联合下发的《关于下达"十三五"扶贫开发建档立卡对象规模控制参考指标的通知》（苏扶办［2015］23 号）确认的省定经济薄弱村（村集体收入 18 万元以下）标准，苏中黄桥老区 3 县（市、区）有 50 个省定经济薄弱村，其中南通的如皋市有 13 个，涉及 8 个乡镇，泰州的泰兴市有 21 个，涉及 12 个乡镇，姜堰区 16 个，涉及 6 个乡镇。这些地区既是粮食主产区，历史上又是革命老区，经济发展比较薄弱，村级集体收入不足，人均财力和城乡居民收入仅相当于苏北地区的中等水平。有人称这些地方为"苏中的苏北""苏中的短板"。这些地区交通基础设施相对落后，经济基础比较薄弱。再加上要素的逐利性，加剧了资源的不均衡集聚，拉大了与南片的发展差距，南北两片贫富两极分化现象明显。从可持续性发展的角度看，苏中相对贫困人口脱贫任务较为繁重。

三、"十三五"实施脱贫致富奔小康工程的主要举措

"十三五"时期，苏中地区的扶贫开发，紧紧围绕"聚力创新、聚焦富民、高水平建成全面小康社会"目标要求，在找准贫困户致贫原因后，重点聚焦，精准施策，不断创新思维，深入推进脱贫攻坚工作。

（一）扬州市主要举措

1. 精准识别，完善扶贫对象"数据库"

全市及各县（市、区）党政分管领导亲自动员部署，共抽调 1 850 多名乡镇农经站长、村主办会计和大学生村官参与扶贫对象建档立卡工作。按照"公告宣传、农户申请、村民评议、三轮公示"要求，严把建档立卡程序关、质量关，做到规定动作一个不少、规定程序一项不漏。全市共在 17 444 个村民小组张贴公告 19 455 份，召开村民代表会议 1 127 次，41 226 名村民代表参加了民主评议。经评议、公示核实，全市建档立卡的低收入农户共有 3.51 万户、6.71 万人，市级经济薄弱村 65 个。为确保建档立卡信息准确，按照横向到边、纵向到底的要求，针对每一个扶贫对象开展了地毯式、拉网式遍访核查，把扶贫对象基本情况、致贫原因和扶贫措施搞准搞实、完善，确保基础台账、印证资料、系统数据与低收入农户、经济薄弱村的实际情况相符，做到户有卡、村有册、乡有薄、县有录入平台。

2. 精准落实，分类帮扶低收入农户

市政府充分利用建档立卡"数据库"，建立分类管理台账，落实针对性措施。一是针对有劳动能力的低收入人口，实施"创业扶持和就业援助"工程。2016 年市财政安排 100 万元创业扶持资金，用于低收入农户创业项目小额贷款贴息，引导低收入农户创业脱贫。安排 100 万元技能培训资金，用于低收入农户劳动力的职业技能和实用技术培训，提高低收入农户劳动力的就业能力。

安排 640 万元就业引导资金，支持鼓励镇村公益岗位、各类经济主体吸纳低收入农户家庭成员就业。二是针对因病、因学致贫的低收入农户，实施"生活救助"工程。卫计部门积极向上对接政策，超前作好谋划，探索建立低收入人口大病先诊疗后付费的结算机制。同时，着力构建更加完善的医疗保险和医疗救助体系，提高大病保险、大病救助水平，加大医疗救助和慈善救助帮扶力度，努力破解支出性贫困难题。研究制定分类分级补助的措施，逐一分解帮扶责任，全面落实教育资助政策，确保低收入农户子女顺利完成学业。明确责任，限期分批完成 1 128 个危房户危房改造任务。为保障低收入农户基本生活需要，减轻低收入农户生活负担，三是针对完全或部分丧失劳动能力的低收入农户，实施"政策保障"工程。逐户调查核实、逐一精准分析，将符合低保、五保条件的，全部纳入低保、五保，做到应保尽保，通过社会保障兜底解决脱贫问题。2016 年，全市各地扶持低收入农户创业项目 160 个，开展低收入农户职业技能和实用技术培训 4 202 人次，安排低收入农户家庭成员就业岗位 3 650 个；减免低收入农户水、电、有线电视等公共服务费用 1 413.6 万元，低收入农户重大疾病医疗费用二次报销 6 729 人次、报销费用 1 238.8 万元；各级各部门共资助低收入农户子女就学 3 213 人次、资助金额达 551.6 万元。

综合施策，扶持经济薄弱村发展集体经济。一是加大财政投入。"十三五"期间，市财政继续加大对经济薄弱村的扶持力度，2016 年安排了 2 100 万元专项资金，用于经济薄弱村发展村级集体经济的项目扶持，65 个村按照每个村 30 万元标准进行奖补，年底在考核验收的基础上再遴选 15 个当年投入较大、措施扎实、成效显著的行政村给予奖励。二是开展"1＋1"结对帮扶。市委、市政府组织 65 个国有重点企业、市级机关部门结对帮扶市级经济薄弱村，先后三次召开专题会议，进行动员部署，统一思想认识。市"两办"专门下发通知，明确结对帮扶部门（企业）结对帮扶工作任务。市扶贫办研究制定了专项考核办法，多次组织专题督查，下发了四期督查通报，推动部门（企业）帮扶工作计划落实到位。三是整合资源优势，挖掘发展潜力。加大旧校舍、旧村部、旧厂房等集体资产改造提升力度，加大水面、滩涂荒地、林地等生态资源开发利用力度，多渠道发展村级集体经济。2016 年 65 个市级经济薄弱村共实施村级集体经济增收项目 73 个，项目投资总额 9 787 万元。

3. 精准管理，建立监管问责机制和动态管理机制

各级各部门盯紧扶贫资金的分配、使用、监管等各个环节，强化扶贫资金财政监督检查和审计、稽查等工作。市扶贫办联合财政局研究制定了扶贫专项资金系列管理办法，从源头上强化扶贫资金的使用与监管，确保专款专用，确保一分一厘都用于扶贫开发。各地按照权责一致原则，围绕扶贫开发突出问

题，以扶贫规划为引领，将专项扶贫资金、相关涉农资金和社会帮扶资金捆绑集中使用，充分发挥扶贫资源和力量的最大效益。同时，建立扶贫资金违规使用责任追究制度，从严惩处虚报冒领、截留私分、贪污挪用、挥霍浪费扶贫资金等违法违规行为。

加强扶贫开发项目建设管理。建立健全经济薄弱村"物业产业"扶贫增收项目招投标、工程监理、质量监管、合同管理和档案管理等相关制度，严格按照规范程序办事，坚持公开招投标，公开、公正、公平选择确定扶贫项目施工主体，严防滋生腐败现象，严防出现豆腐渣工程，确保扶贫项目工程质量。[13]

建立扶贫开发工作动态管理机制。在《关于加快推进脱贫致富奔小康工程的意见》（扬农扶〔2017〕1 号）中，市政府明确要求建立健全扶贫对象动态管理机制，各地要建立健全扶贫开发动态管理台账，明确职能部门及有关责任人跟踪观察建档立卡帮扶对象的脱贫情况，对已经脱贫的农户允许其在"十三五"期间继续享受相关扶贫政策，做到"扶上马、送一程"，防止返贫。对原来不在建档立卡范围内、当年因突发重大疾病或其他天灾人祸导致生活极端贫困、家庭收入低于扶贫标准的农户要认真做好排查工作，及时纳入帮扶范围，享受同等帮扶政策，并明确具体责任人，落实帮扶措施和脱贫时间。稳定脱贫的人口要逐户销号，返贫的重新录入，做到有进有出、脱贫到人。

4. 强化监督检查

2016 年以来，市委农工办根据《市委市政府关于实施脱贫致富奔小康工程的意见》（扬发〔2016〕19 号）精神，建立健全了脱贫成效社会监督机制，按照"扶真贫、真扶贫、真脱贫"的工作要求，完善脱贫对象签字认可、社会公示制度，坚持脱贫结果在村务公开栏张榜公示，接受农民群众的评判。指导各地将扶贫相关政策印制到《帮扶手册》，并逐户发放，确保扶贫对象看得到、看得懂、可享受、能监督。以村为单位根据每一户的《帮扶手册》内容将结对帮扶责任人公示表汇总后，统一用铜版纸放大张贴在村务公开栏的醒目位置，长期公示，接受社会监督。

市委督查室、市政府督查室、市扶贫办要成立联合督查组，定期开展"三保五助"措施落实情况专题督查，及时通报督查中发现的问题，跟踪落实限期整改措施。市纪委、市扶贫办要进一步建立健全扶贫开发责任追究机制，对扶贫开发责任落实不到位、推进措施不力以及日常监管中发现的其他问题，严肃追究责任。各县（市、区）要成立"阳光扶贫"工作领导小组办公室，进一步做好"阳光扶贫"监管系统建设运行工作，真正做到扶贫政策公开透明、落实过程公开公正、落实成效群众满意。[14]

（二）泰州市主要举措

1. 认真摸底排查，确保扶持对象精准

2016年初，泰州市将低收入人口和经济薄弱村的标准分别提高到人均年收入7 000元和集体年收入35万元，分别比省定标准6 000元和18万元高了1 000元和17万元。有的市（区）还制定了高于市要求的标准，靖江市确定低收入人口标准为人均年收入为7 500元以下，海陵区确定扶贫标准为人均年收入低于8 000元和村集体经济收入低于40万元，标准最高的高港区低收入人口年收入和经济薄弱村收入标准分别达到10 000元和50万元。在确定标准的基础上，各地组织开展全面调查，精准建档立卡。2016年全市建档立卡的经济薄弱村（居）665个，低收入农户7.09万户、低收入人口11.71万人（其中开发式人口3.23万人），分别占全市总数的41.43%、5.9%和3.05%。

2. 层层落实责任，确保措施到位精准

为抓好扶贫工作，泰州市委市政府出台了《关于组织实施脱贫致富奔小康工程的意见》，提出了脱贫致富奔小康工程的指导思想、目标任务、基本原则，明确了增强经济薄弱地区发展能力、扶持低收入农户增收致富等方面的扶持政策。各市（区）党委政府成立领导小组，专题召开会议，建立了一级抓一级、层层抓落实的帮扶工作机制。泰兴市委、兴化市委主要负责人亲自担任扶贫开发领导小组组长。靖江市委、市政府将脱贫致富奔小康工作作为"十三五"时期第一民生工程来抓。高港区率先在全市开展"机关干部百村行"挂钩帮扶活动。

各地根据经济薄弱村的实际情况找准切入点，选准突破点，按照宜农则农、宜工则工、宜商则商的原则，坚持一村一策，优先帮助经济薄弱地区培育和发展增收致富产业，科学制定发展规划。兴化市出台了《扶持经济薄弱村集体经济发展考核奖励办法》，整合资金3 000万元设立经济薄弱村发展引导资金，从内部挖潜扶持、项目建设补助、基础设施倾斜、目标完成奖励四个方面，将资金用于扶持和鼓励经济薄弱村发展。靖江市财政每年拿出不少于1 300万元的专项资金，按照"一村一品、因镇施策"的原则，扶持经济薄弱村发展，同时对全市低收入农户开展种植业保险、人生意外再保险、重大疾病保险的试点。高港区按照"统一规划、联合兴建、整体经营、集中管理"的要求，鼓励经济薄弱村集中在园区兴建标准厂房，区按照不少于50%的建设资金进行奖补。泰兴市黄桥镇为建档立卡的低收入农户通过村镇各筹50%的办法设立扶贫基金，对全镇3 603户低收入农户发展养殖项目、设施农业等进行奖补，解决了低收入农户发展的资金问题。各地在对有劳动能力、有脱贫意愿

的贫困人口实现产业帮扶的基础上，对完全或部分丧失劳动能力的低收入人口，普遍实行社保政策兜底扶贫。

3. 组织结对帮扶，确保挂钩帮扶精准

为强化帮扶责任，市委办、市政府办下发了《关于组织挂钩帮扶经济薄弱镇村和低收入农户的意见》，市扶贫工作领导小组出台了《考核办法》，组织开展市、市（区）、乡镇三级联动的挂钩帮扶经济薄弱镇村和低收入农户活动，确保帮扶工作全方位、全覆盖。通过"市和市（区）领导挂薄弱乡镇，机关部门（单位）、企业和乡镇帮薄弱村，党员干部扶低收入农户"的形式开展新一轮为期五年的挂钩帮扶活动。其中，市级共组织 15 位市领导挂钩黄桥老区和里下河经济薄弱地区 15 个重点薄弱乡镇，129 个市级机关部门（单位）、学校和企业帮扶 90 个薄弱村和每村 20 户左右的低收入农户。姜堰区委、区政府与挂钩帮扶的部门（单位）签订目标责任状，将挂钩帮扶工作完成情况列为评选"十佳人民满意机关"的重要依据，实行一票否决制度。泰兴市出台了《扶贫开发工作问责办法（试行）》，明确了帮扶单位和被帮扶镇村工作责任，对其不履行或不认真履行扶贫开发工作职责的予以追责，确定了需要问责的 25 种情形。靖江市、兴化市等也将挂钩帮扶考核列入机关部门绩效考核。参与帮扶的市领导和市级机关部门已先后到帮扶镇、村开展调研，帮助落实帮扶方案，推动帮扶工作深入开展。

4. 发挥地方优势，确保项目安排精准

通过对低收入农户和经济薄弱村建档立卡，各帮扶单位定对象、定项目、定责任人，一户一户地帮，一村一村地扶，做到帮扶有记载、责任有人领、脱贫有签字确认，并实行定期更新、动态管理，真正把档建好，把卡用活，发挥其在精准扶贫中的作用。泰兴市黄桥镇对有养殖意愿的低收入农户逐户进行调查统计，鼓励农户养猪、养鸡、养羊等养殖活动。姚王镇与远大家俬集团合作成立了编藤公司，建立"龙头企业＋公司＋基地＋农户"的模式，在全镇 18 个村建立村级创业富民基地，整镇推进户外家俬编藤加工项目，吸收低收入农户就业致富，促进村集体增收。中海油公司、中国银行泰州分行为挂钩帮扶的姜堰区白米镇昌桥村招引企业，成立豆芽生产基地，并为其提供销路，让有劳动能力的低收入农户在家门口实现就业[15]。

5. 整合多方资源，确保资金使用精准

为促进薄弱地区经济的可持续发展和低收入人群增收致富，泰州市扶贫办会同人民银行、财政局、金融办出台了《泰州市金融扶贫开发工作实施方案》，以金融支持薄弱地区发展和低收入人群增收为核心。为防范扶贫领域资金风险，会同市检察院出台《全市检察机关、扶贫部门集中整治和加强预防扶贫领域犯罪专项工作实施方案》。为加强帮扶资金管理，调研制定帮扶资金使用管

理办法，积极引导各级财政和各挂钩帮扶部门规范合理使用帮扶资金。兴化市充分发挥小额扶贫贷款的作用，明确每个企业或新型经营主体每带动 1 人就业，可享受 5 万元～10 万元的扶贫贷款贴息，泰兴市出台了《全市扶贫开发专项扶持资金项目使用管理办法》，明确扶贫资金用于村集体经济发展项目和低收入农户增收项目。

6. 做细做好工作，确保脱贫成效精准

紧紧围绕"每年脱贫建档立卡低收入人口不低于总数的 25%，到 2019 年，薄弱村集体年收入达到 35 万元以上，低收入农户年收入达到 7 000 元以上"的目标，泰州市及各县（市、区）制定了逐年脱贫计划，泰兴市制作了帮扶地图，将经济薄弱村根据上年度的收入采用不同颜色进行标注。采用挂图作战的方法，分解细化每年的脱贫任务，明确每个经济薄弱村和低收入户脱贫的时间表。黄桥镇站东村为每个低收入农户制定了家庭增收方案表，全村低收入农户家庭收入情况一目了然。全市各地充分发挥《帮扶手册》的作用，细化每一个帮扶困难人员年度收入目标和帮扶措施和方案，努力实现帮扶工作"精准滴灌"[16]。

（三）南通市主要举措

南通市是一个革命老区，还是江苏最早的革命老区，老区占全市面积的95%以上，脱贫致富任务艰巨。2016 年以来，南通市各地认真贯彻落实中央、省委省政府和市委市政府关于农村扶贫开发的各项决策部署，脱贫致富奔小康工程有序推进。

1. 加强组织领导，推进力度不断加大

2016 年 3 月 3 日，南通召开全市农村工作会议暨扶贫开发工作会议，对"十三五"农村扶贫开发工作进行全面动员部署。市委书记、市长分别到会讲话，对全市"十三五"农村扶贫开发工作提出明确要求。8 月 31 日，市委、市政府又在如皋召开了全市扶贫开发工作现场推进会，各县（市）区党委或政府分管领导、市级机关部门负责人参加会议。同年 10 月 17 日"扶贫日"前后，市委书记、市长又赴海门、如皋走访调研农村扶贫开发工作。

2. 开展建档立卡，盘清精准扶贫底数

2016 年第一季度，根据省统一部署，南通市组织对人均收入低于 7 000 元的低收入户开展建档立卡工作，明确了新一轮建档立卡的识别标准和识别对象，进一步细化了建档立卡工作的组织动员、农户申请、入户调查、评议公示、县镇村审核、数据录入等环节的程序、目标任务和时间节点，并组织开展建档立卡工作督查，进一步把好建档立卡质量关。市一级由 7 个市级组织部门组建 7 个指导组，赴各县（市）区对加强工作进行指导。

3. 出台指导文件，政策支持不断强化

根据建档立卡情况，南通市委、市政府在 2016 年印发了《关于实施脱贫致富奔小康工程的意见》，有针对性地明确"十三五"实施脱贫致富奔小康工程的目标任务及政策举措。尤其把为全市农村低收入农户建档立卡并缴纳居民基本医疗保险和大病保险个人筹资部分列入 2016 年市政府为民办实事项目。全市各地认真做好建档立卡人口与医保系统、农村低保人口比对工作，2016 年共为农村低收入人员 43 208 人缴纳了 7 817 210 元。2016 年中共南通市委办、市政府还印发了《关于在市级机关开展"机关部门帮村、党员干部帮户"活动的通知》，明确机关部门帮村、党员干部帮户的工作任务和工作要求。2016 年南通市政府办公室又转发了南通市农办、市财政局《关于扶持薄弱村发展集体经济的实施办法通知》，明确了扶持经济薄弱村项目实施的具体要求。南通市认真贯彻落实省农委《关于减免建档立卡低收入人口一事一议筹资筹劳的通知》要求，在 2016 年共减免建档立卡低收入人口一事一议筹资筹劳 2 151 432元。

4. 加大对如皋、海安黄桥老区的支持力度

加快如皋、海安黄桥老区富民强村三年行动计划的实施步伐，提升如皋、海安黄桥老区发展水平。兴建农村基础设施和发展公共事业，重点向如皋、海安老区倾斜。各级每年安排的农村交通、水利、通信等基础设施建设项目，农村教育、文体、卫生等社会发展项目，农村实事工程和民生工程等项目，优先安排落实在如皋、海安黄桥老区经济薄弱村，并不得要求村一级配套。

参 考 文 献

[1] 苏扶 . 扬州着力"四个精准"推进"十三五"扶贫开发 [N]. 扬州日报，2016 - 10 - 17（B4）.

[2] 中国江苏网 . 泰州市启动新一轮扶贫开发建档立卡（2016 - 02 - 23）http：//http：// jsnews2. jschina. com. cn/system/2016/02/23/027915708. shtml.

[3] 苏扶 . 扬州着力"四个精准"推进"十三五"扶贫开发 [N]. 扬州日报，2016 - 10 - 17（B4）.

[4] 中共泰州市委 . 泰州市人民政府关于组织实施脱贫致富奔小康工程的意见 [EB/OL]. （2016 - 2 - 23）http：//www. taizhou. gov. cn/vc/manager1/countreport/articlereportpage _ show. do? webid＝82&reporttype＝1.

[5] 南通市委、市政府 . 关于实施脱贫致富奔小康工程的意见 [EB/OL]（2016 - 11 - 01） http：//www. nantong. gov. cn/ntsrmzf/jzqk/content/f14b0e15 - 2cf8 - 4a35 - 8554 - d1fd001c9183. html.

[6] 王巨祥，付九海，季仲新，苏中苏北村级集体经济发展新观察 [J]. 江苏农村经济，

2015（3）：17-20.

［7］杨家栋. 苏中区位优势新论［J］. 扬州大学学报（人文社会科学版），2001，（1）.

［8］胡适. 南通张季直先生传记·序［M］. 上海书局，1930：1-4.

［9］南通市人民政府办公室. 南通市"十三五"人口发展规划［EB/OL］（2016-12-20）http：//www. nantong. gov. cn/ntsrmzf/szfbwj/content/5eeeca3f-cb2 2-4 35f-8ad9-2b7ddd4981b4. html.

［10］扬州市人民政府. 扬州市人口基本情况分析［EB/OL］（2018-12-11）http：//www. yangzhou. gov. cn/xxgk_info/yz_xxgk/xxgk_desc_bm. jsp? manuscriptid＝7d7c49451ea048b4afb97e09741560f9.

［11］泰州市统计局. 泰州市近年人口发展状况分析［EB/OL］（2017-07-12）http：//tjj. taizhou. gov. cn/art/2017/7/12/art_2444_1161677. html.

［12］扬州市人民政府. 扬州市人口基本情况分析［EB/OL］.（2018-12-11）http：//www. yangzhou. gov. cn/xxgk_info/yz_xxgk/xxgk_desc_bm. jsp? manuscriptid＝7d7c49451ea048b4afb97e09741560f9.

［13］李春国，陈晓明，张长山. 把扶贫措施精准落实到村到户到人［J］. 群众（上半月版），2017（3）：63-64.

［14］中共扬州市委 扬州市人民政府. 关于进一步加强农村扶贫开发工作的实施意见［EB/OL］（2018-02-14）http：//www. yangzhou. gov. cn/zfgb/18diyi/201802/378e9606b31d442ea53f4f2f65795bc1. shtml.

［15］泰兴市政府. 泰兴市金融助推扶贫开发工作实施方案［EB/OL］（2016-09-06）http：//http：//xxgk. taixing. gov. cn/xxgk/jcms_files/jcms1/web1/site/art/2016/9/6/art_158_103501. html.

［16］周守东，高新华，顾继红. 泰州市财政四举措助力打赢精准脱贫攻坚战［EB/OL］（2018-5-16）新华网 http：//www. js. xinhuanet. com/2018-05/16/c_1122842673.

第六章｜CHAPTER 6
苏北区域农村精准扶贫、脱贫致富实践

江苏按地理和文化传统划分为苏北、苏中和苏南。苏北地区位于江苏北部，包括徐州、连云港、淮安、盐城和宿迁（宿迁是 20 世纪 90 年代新成立的城市，淮阴改名淮安，扬州划归苏中）5 个省辖市，辖 17 个市辖区、3 个县级市、17 个县，共 37 个县（市、区）。苏北地区腹地空间广阔，占江苏总面积的一半以上，是江苏面积最大的区域板块。

全国有个东西问题，江苏有个南北问题。由于自然、历史和经济等多种原因，江苏省内区域经济梯度发展特征比较明显，苏南 5 市发展较快，是发达地区；苏中 3 市基本代表全省平均水平，是次发达地区；苏北 5 市发展相对较慢，是欠发达地区。尤其苏北在黄河故道沿线生成了一个相对的贫困带，成为江苏经济发展最薄弱的"洼地"。苏南与苏北经济发展差距过大，成为江苏经济社会不和谐的一个突出表现。

中共十八大以来，扶贫开发工作得到党中央的进一步重视，以习近平为总书记的新一届党中央关于扶贫开发战略中最突出的思想就是精准扶贫、精准脱贫。"精准扶贫"战略思想是对我国粗放式扶贫方式的改革和提升。对于江苏省农村的反贫困事业而言，精准扶贫是极为有利的历史机遇。它契合了江苏省内区域差异性显著、苏南苏北农村发展差距较大等客观实际情况，有利于集中力量实施扶贫开发，将有限的资源准确地投放到最需要的地方，从而提高脱贫效率。

一、实践基础：苏北地区农村扶贫开发的历程、措施与成效

（一）苏北地区农村扶贫开发历史回溯

依据扶贫开发的政策特征，精准扶贫战略提出之前，苏北的扶贫攻坚历程大致经历了以下 5 个阶段：

改革试点阶段（1986—1994 年）。1978 年年底中央政府在部分沿海地区实施农村经济体制率先改革试点工作。此后，20 世纪 80 年代中期，各级政府在全国范围内推行家庭联产承包责任制。国务院在 1986 年 5 月 16 日成立国务院

贫困地区经济开发领导小组（1993 年 12 月 28 日改用国务院扶贫开发领导小组），负责全国的扶贫开发工作。中国的扶贫开发实行分级负责、以省为主的行政领导扶贫工作责任制。

江苏省从 1985 年开始改革试点工作，于 1991 年 2 月，省委、省政府批转《关于加强"八五"期间扶贫工作的请示》，提出了扶贫工作的基本思路、目标和任务，1992 年成立了省扶贫开发领导小组，结合江苏实际，以江苏省最大的贫困县——苏北的沭阳县为重点，对苏北 10 县人均纯收入低于 400 元的 58 个贫困乡派驻工作队，按照"稳定提高农业，突破多种经营，放手搞活流通，积极发展乡镇企业，大搞劳务输出，强化基础设施建设"的思路，改救济式扶贫为开发式扶贫，进行大规模扶贫工作。[1]

经过 3 年的艰苦努力，省里重点扶持的 58 个贫困乡镇多数人均收入超过 600 元。其中，沭阳县变化特别显著。1994 年，全县国内生产总值由 1991 年的 12.09 亿元上升到 22.8 亿元，增长 88.6%；财政收入由 1991 年的 3 845 万元上升到 7 351 万元，增长 91.2%；农民人均纯收入由 1991 年的 404 元上升到 1 070 元，增长 164.5%；各项基础设施和公益事业也有了相应发展。

扶贫攻坚阶段（1995—1997 年）。1994 年"国家八七扶贫攻坚计划"实施，这是我国政府制定的第一个有明确目标、明确对象、明确任务、明确措施和明确时限的扶贫行动纲领。其目的就是尽快缓解集中了绝大多数贫困人口的中西部地区的贫困状况。同年 12 月，中共江苏省第九次代表大会明确规定将"区域共同发展"作为未来江苏现代化建设的五大发展战略之一。为实施国家发展计划和江苏省发展战略，1995 年 1 月，省委、省政府下发了《江苏省扶贫攻坚计划》，确定扶贫开发分两步走，第一步：从 1995 年到 1997 年，全省 208 万贫困人口脱贫。第二步：从 1998 年到 2000 年，以县为单位基本达小康。

为确保扶贫攻坚计划的落实，江苏省委、省政府采取了四条有力政策措施：一是由省委向经济薄弱的丰县、睢宁、泗洪、淮阴、涟水、盱眙、滨海、响水、灌云 9 县（1997 年又增加灌南）派驻扶贫工作队，并向 68 个重点贫困乡镇派遣工作组，帮助县、乡制定和实施扶贫攻坚计划。二是组织苏南市县、省直部门、省属企业、高等院校和科研院所与苏北经济薄弱县实行"五方挂钩"、对口扶贫。三是扶贫工作重点坚持到村到户，以农民增收为中心，组织省、市、县、乡四级干部到村到户结对帮扶。四是加大扶贫资金投入，支持县属骨干企业扩大生产能力；帮助苏北利用本地资源，因地制宜发展乡镇企业；积极扶持种植、养殖和农副产品加工业发展。

同时，江苏省委、省政府对改水、通电、中低产田改造等基础设施建设加大专项投入。经过努力，到 1997 年年底，10 个重点扶贫县的国内生产总值达到 292 亿元，比 1994 年增长 54％，年均递增 15.5％，重点帮扶的 68 个贫困乡（镇）农民人均纯收入达到 2 030 元，全部达到或超过当时省定的脱贫指标，《江苏省扶贫攻坚计划》第一步目标基本实现。

总体小康阶段（1998—2000 年）。1998 年，江苏省委、省政府在宣布苏北告别贫困县的同时，做出了巩固脱贫成果，促进小康建设，实施第二步目标的决定，强调必须坚持以小康建设总揽苏北农村工作全局，明确提出对苏北经济薄弱地区的帮扶保持"四个不变"，即扶持政策不变，扶持力度不变，帮扶形式不变，派驻扶贫工作队方式不变。江苏省委、省政府排出苏北达小康难度最大的 510 个村，1999 年又增加到 1 030 个村，由省、市、县、乡定点包干帮扶，并配套扶贫小额贷款 4 300 万元。在此基础上，省委，省政府安排各项扶贫资金 13 亿元，重点实施农村改水、通电、通达（乡村道路建设）、安居（草危房改造）以及中低产农田改造五大扶贫工程，大力改善贫困地区基础设施。

2000 年年底，苏北五市实现国内生产总值 1 992 亿元，比 1994 年增长 107.6％，年递增 12.9％，高于全省同期增长水平一个百分点；实现财政收入增长 130.36％，比 1994 年翻了一番多。农民人均纯收入达到 2 871 元，比 1994 年增长了 150％。

根据国家统计局 1995 年公布的 16 项小康指标和省小康县建设 12 项指标综合考核，苏北地区以县为单位基本达到了小康的目标，人民生活总体上实现了由温饱向基本小康的历史性跨越，扶贫攻坚计划确定的两个目标圆满实现。

全面推进阶段（2001—2007 年）。2001 年年初，江苏省委、省政府制定下发《江苏省扶贫开发"十五"规划纲要》，确定"十五"期间全省扶贫开发继续实施区域共同发展战略，对少数尚未解决温饱的贫困村、贫困户继续组织实施扶贫攻坚工作；对已经解决温饱的着力巩固扶贫成果，加快实现小康的步伐；对基本实现小康的进一步提高标准，努力建设富裕小康。实行"五方挂钩"和"南北合作"，从产业培育、农村劳务输出、基础设施建设、社会事业发展、人口素质提高等方面实施扶贫攻坚。2005 年年底，苏北 5 市国内生产总值达到 3 617.1 亿元，"十五"期间年均递增 12.5％，实现财政总收入 389.8 亿元，年均增长 24.5％，农民人均纯收入达到 4 297 元，年均增长 6.5％，基础设施条件进一步改善，各项社会事业得到较快发展。省委、省政府集中实施农村草危房改造工程，共投入 5.6 亿元，基本完成了 33 万多户草危房改造。

2006 年 4 月，江苏省委、省政府制定下发《江苏省扶贫开发"十一五"规划纲要》，提出扶贫开发要重心下移，扶贫到村，落实到户，组织实施"千村万户帮扶"工程，对 19 个经济薄弱县的 1 011 个经济薄弱村实施重点帮扶。并由此提出了"八有"建设目标，使扶贫开发工作重点更加突出，目标更加明确。到 2007 年年底，全省农村年纯收入在 1 500 元以下的低收入人口，由 2005 年年底的 310 万人减少到 2007 年年底的 201 万人，1 011 个经济薄弱村农民人均纯收入达到 2 984 元，增长 14.2％，有 48.2％的贫困农户收入超过省原定的贫困标准。

脱贫攻坚阶段（2008—2011 年）。2008 年，省委、省政府决定在全省组织实施脱贫攻坚工程，下发了《关于组织实施脱贫攻坚工程的意见》，明确提出，经过 3 至 5 年的努力，力争基本消除绝对贫困现象。把苏北地区丰县、睢宁、泗洪、泗阳、沭阳、淮阴、涟水、滨海、响水、灌云、灌南 11 个县（区）作为省脱贫攻坚重点县，省派驻扶贫工作队实施脱贫攻坚。省委，省政府对全省农村人均纯收入低于 2 500 元的贫困人口，积极采取扶持生产、扩大就业、完善社保、政府和社会帮扶救助等综合措施，确保 2012 年年底前基本消除绝对贫困现象。

"十一五"期间，省以上财政安排扶贫资金 34.7 亿元，以开发式扶贫为重点，通过整村推进、项目带动、培训转移、小额贷款等多种手段，加快低收入农户脱贫增收步伐。一是对全省 1 011 个经济薄弱村，实行整村推进"菜单式"扶贫。省级财政安排资金 4.3 亿元，新修村组道路 190 千米、新建电灌站 406 座，防渗渠 27.5 千米、村级桥梁 950 座、农村沼气 955 座、产业项目带动农户近 10 万户；二是从 2008 年开始，建立奖补机制，安排奖补资金 27.6 亿元，对苏北 25 个经济薄弱县，人均年收入 2 500 元以下的 260.68 万贫困户进行定点帮扶；三是进一步完善省级财政扶贫小额贷款政策，逐步放开省级财政扶贫小额贷款规模，逐步提高单户贷款额度，五年累计发放贷款 37 亿元，财政兑现奖励和贴息资金累计 2.8 亿元；四是开展非农职业技术培训，鼓励农村贫困劳动力转移到非农岗位就业。累计培训劳动力 39.1 万人，转移就业 37.2 万人，平均就业率达到 95.2％。

到 2011 年年底，2008 年确定的全省农村 468.2 万贫困人口全部实现脱贫，达到或超过年收入 2 500 元的扶贫标准，省定 1 011 个经济薄弱村全面达到"八有"和村集体收入 5 万元以上目标，脱贫率达 95.8％，脱贫攻坚五年任务四年完成。

（二）苏北农村扶贫开发的主要措施及成效

苏北地区扶贫模式可以概括为"政府主导，社会参与"式的扶贫模式，它采取的措施包含产业化扶贫、文化扶贫，科技扶贫、整村推进扶贫、劳动力培训、村集体经济培育、金融服务、社会帮扶等多种方式。政府的主导地位在这一扶贫模式中主要体现在政策的制定与执行，资金、项目等扶贫资源的决策权、使用权以及控制权上。正是江苏省委、省政府的正确决策以及锲而不舍地帮扶，再加上苏北各级党委、政府和广大干部群众的艰苦奋斗，苏北地区农村面貌才发生了巨大变化。对苏北地区农村采取的扶贫措施主要有：

加强组织领导，落实帮扶责任。 江苏省委、省政府从全省大局高度谋划苏北的扶贫开发工作。1992 年 3 月，为加强对扶贫工作的领导，江苏省委成立了省扶贫与减轻农民负担工作领导小组，同时成立人员精干办公室。苏北市、县也相应成立了扶贫领导小组及工作机构，同时实行分级负责制。苏南、苏中尚有的贫困乡村者，其帮扶工作主要由所在市县负责，省里主要负责苏北地区的帮扶工作，尤其苏北 15 个省定贫困县按照不同情况实施分类帮扶，还为其中 4 个重点贫困县专门下发了文件，明确所在市及帮扶单位的责任和省里采取的重点帮扶措施。按照帮扶重点到村入户的要求，1997 年起，每年都排出一批最困难的村，组织省、市、县、乡四级机关和企事业单位包干帮扶。每个挂钩包干单位都要派人到村，对贫困农户建档立卡，逐户落实增收项目。自 1994 年起，江苏省委、省政府主要负责同志每年都要亲临苏北各地搞调研、开座谈会，并多次召开现场办公会，解决有关县的重点、难点问题。苏北各市、县也始终以脱贫小康建设为中心，结合本地实际，制定和实施了一系列与省里相衔接的扶贫措施，千方百计筹措资金，努力增加收入。

调整行政区划。 为改变淮阴"小马拉大车"的现象，经国务院批准，1996 年江苏省委、省政府对省辖市行政区划进行了较大规模调整，分设泰州、宿迁两个地级市，培育苏中、苏北两个新增长极，以推动苏北地区经济社会的发展。

投入扶贫开发资金。 扶贫资金的投入对解决制约贫困地区农村发展瓶颈的作用最为直接、最有效。江苏省没有国家标准贫困县，因此扶贫资金都是省里自己筹集。在省政府投入的资金中，一般省政府的专项资金占主体，此外，地方政府配套资金、信贷资金、社会帮扶资金也是重要的资金来源。实施扶贫攻坚计划以来，江苏省自 1994 年至 2000 年，共统筹安排各类扶贫资金 50 亿元。2011 年，省财政安排 27.6 亿元专项资金，实行以结果为导向的奖补政策。"五方挂钩"帮扶单位加大资金筹措力度，四年累计投入 50 多亿元。放开扶贫小额贷款发放，四年累计发放 70 多亿元。巩固和扩大村级互助资金试点成果，试点村由 2006 年的 70 个增加到 135 个，资金规模达到 3 778.95 万元，贫困户借款笔数占比 50％以上。[2]

对于扶贫资金的具体使用，江苏省有着一套规范管理程序，确定了资金跟着项目走的原则，对关系到县域经济社会发展全局的重要项目，省里多次组织现场办公，对项目逐个审查，对资金到位进度和还贷情况定期督查，确保项目落实到位，产生效益。

选派扶贫队员，强化工作落实。 自 1992 年起，江苏省坚持每年从省直单位抽掉 300 余名干部，组成省委扶贫工作队，先后在苏北的沭阳、丰县、睢宁、泗洪、淮阴、涟水、盱眙、滨海、阜宁、响水、灌南、灌云等 12 个县建立队部，所属的 123 个贫困乡镇派遣工作组协助扶贫工作。19 年来，累计派遣省委扶贫工作队员 4 600 多人次。扶贫工作队在当地党委、政府统一领导下，深入进行调查研究，帮助确定发展思路，加强基础设施建设，兴办经济社会事业；在安排扶贫项目时，强调要以直接帮助贫困户增加收入的农业、多种经营和农副产品加工业为重点，尽量扩大扶贫项目的收益面。坚持把帮扶工作的重点放在经济基础特别薄弱的村和生活条件特别困难的、生产条件特别差的农户身上。

创新帮扶机制，形成社会帮扶合力。社会帮扶主要是指结对帮扶，包括"南北挂钩""五方挂钩"和"五个一"帮扶措施、"五位一体"帮扶工程、社团组织的帮扶等。

从 1992 年开始，江苏省委、省政府通过制定有关政策，实施了苏南 13 个县（市、区）与苏北 13 个县（如张家港与丰县、江阴市与滨海县、常熟市与响水县等）的南北挂钩、对口协作活动；在此基础上，1995 年，在实施省级机关、高等院校（科研院所）、大型国有企业、苏南县（市、区）与苏北经济薄弱县（区）的"五方挂钩"帮扶模式。"五方挂钩"组织形式中，"南北挂钩"是轴心。经过几年的努力，挂钩协作面不断扩大，由县与县之间的挂钩协作，发展到乡镇与乡镇、村与村、企业与企业、部门与部门之间的结对挂钩。南北挂钩以效益为原则，以项目为纽带，以企业为载体，推进苏南产业向苏北转移，优势互补、互惠互利。在江苏省委、省政府的调控和指导下，从 20 世纪 90 年代开始，苏南地区将一些劳动密集型产业和资源加工型产业向苏北扩散转移。在产业转移过程中，双方按照比较利益和互利互惠的原则，一是把转移项目、设备及扩散产品和转移技术、人才结合起来，运用市场机制引导生产要素的合理流动，使产业转移得到了人才和技术多方面的支撑。二是把转移传统产业与发展新兴产业结合起来，使苏南腾"笼"换"鸟"，推进产业升级、产品换代，集中力量向高新技术产业进军，苏北在积极吸纳苏南转移产业的同时，有重点、有步骤地发展新兴产业，增强了经济发展后劲。三是把一、二、三产业转移结合起来。苏南在第二产业向苏北转移的同时，也加快了农业和农副产品加工业的转移，促进了苏北一些粮棉生产基地实现农业产业化。

从挂钩帮扶单位抽调干部组成 12 支省委扶贫工作队，赴重点县驻县到村帮扶，队长由副厅职领导担任，任期两年。2011 年共有 88 个省级机关、56 个高等院校和科研院所、72 个大型企业、苏南 28 个县（市、区）与苏北 19 个县结对帮扶。

"十一五"期间，江苏省还建立了"五个一"帮扶措施，这是江苏省实施脱贫攻坚工程时探索创新出的帮扶工作机制，即：一个扶贫指导员驻村、一个科技特派员挂钩、一个工商企业帮扶、一个富村（镇）结对、一个主导产业带动。

同时，江苏省委、省政府还实行了苏南一个发达县（市）、省级机关一个厅（局、委办）、中央在苏或省属一个大中型国有企业、中央在苏或省属一个大学、中央在苏或省属一个科研院（所）对口支援苏北一个贫困县的"五位一体"挂钩帮扶政策，并规定若干年内该项政策组织形式不变，牵头和挂钩单位原则上不变，不脱贫不脱钩的原则不变。

此外，开展了机关、企事业单位干部职工与贫困户结对帮扶，妇联、残联等群众团体开展专项帮扶等项目。

兴办扶贫实事，加强苏北基础设施建设。主要从苏北高速公路网建设以及扶贫通电、卫生改水、中低产田改造、通达、安居等几方面展开。

扶贫通电工程，从 1994 年 7 月起到 1997 年 6 月完成，共投入资金 11 亿元，其中省投资 8 亿元，使苏北 339 个无电村 99.5 万农户实现通电；农村卫生改水工程，从 1996 年起到 2000 年年底，累计投入 6 亿元（其中省财政 1.12 亿元，苏南挂钩县支持 4 000 万元），解决了高氟和严重污染地区 7 000 万人畜饮水污染问题；中低产田改造工程，从 1996 年到 2000 年年底，共投入资金 5.1 亿元，重点帮助苏北地区改造 535 万亩中低产田，为稳产高产、增加农民收入打下基础；农村通达工程，从 1998 年到 2000 年年底，实现了县乡道路灰黑化和乡村道路砂石化。仅乡村道路一项，省里就补助 1.2 亿元，帮助苏北经济薄弱村建成砂石路 6 440 千米①，基本上实现了村村通路的目标；农民安居工程，从 1999 年开始实施，到 2000 年年底，省投入补助 9 000 万元，市县配套 4 000 万元，加上"五方挂钩"单位支持，基本完成 1998 年尚存的 14.83 万户草危房改造任务。安居工程实施过程中，在自力更生基础上，采取"免、包、补、包"的政策扶持措施。"免"是指减免城建、土管、财税等部门应收取的费用；"包"是指省、市、县、乡有包干帮扶任务的单位，投入一定资金帮扶；"补"是指省、市、县按照一定比例配套，两年内增加 1.3 亿元安居工程专项扶持资金；"帮"是指以村为单位组织帮工队，为特困户建房提供劳动力支持。

兴修水利、根治水害。苏北地处淮河、沂沭泗两大流域下游，过去是洪水泛滥区域。新中国成立以后，苏北的水利建设取得了巨大成就，尤其淮河治理成效显著。但要彻底根治水害，适应苏北经济社会发展需要，水利建设的任务仍然十分艰巨。1997 年，为抢抓机遇，确保苏北地区免遭淮河洪灾之苦，在

---

① 1 公里＝1 千米。

国家尚未批准之前，江苏省主动于 1998 年春先行启动了治淮的关键工程——开凿淮河入海水道。后来，工程在国务院支持下，被国家发展计划委员会正式定为国家计划项目。该工程从洪泽湖二河闸到滨海县扁担港入黄海，河道长163.5 千米，总投资 40 多亿元，是确保淮河下游地区 2 000 万人口、3 000 万亩耕地防洪安全的战略性骨干工程。期间还实施了整治通榆河工程。通榆河南起南通长江北岸，北至连云港市赣榆县，全长 415 千米。开挖通榆河是 1958年 8 月全省水利会议制定的江苏省水利综合治理规划的一部分，1959 年 2 月初开始施工。1991 年 10 月经国家有关部门批准，按三级航道标准，进行整治，2001 年全线建成通航。

同时为加大基础建设力度，优先建设一批对苏北地区经济发展具有明显带动作用的重大基础设施项目。1996 年年底，宁连、宁通一级公路全线贯通，宁盐、宁徐一级公路开工建设。规划兴建江阴长江大桥、南京长江二桥、润扬长江大桥等，打通联结苏北与苏南的交通瓶颈。利用沪宁高速公路在香港上市筹集的 40 亿元资金，于 1997 年起营建苏北地区的高速公路网。同时，着手建设苏北地方铁路；在沪宁高速公路建成通车后，江苏省委、省政府及时部署一场新的"淮海战役"，即苏北高速公路网，重点是宁连一级公路，徐连、沂淮及汾水至灌云的高速公路，204 国道改造等工程。

其他的扶贫措施还有，推动贫困劳动力培训就业。从"十一五"开始，江苏省把贫困劳动力培训作为扶贫开发的一项重要工作。三年来，共培训 27.9万人，转移就业 26.4 万人。2008—2009 年，省财政各安排专项资金 5 000 万元，每年培训苏北贫困劳动力 10 万人。补助资金均以"培训券"方式落实到人。

水库区移民搬迁。苏北地区移民主要产生于 20 世纪六七十年代，涉及连云港石梁河库区、淮盐灌溉总渠北侧以及徐宿黄墩河泄洪区等几个片区，人口数量规模大，其中一半以上库区移民集中在连云港市的东海和赣榆两地，连云港市拥有大中型水库 11 座（大型 3 座、中型 8 座），石梁河水库又以"江苏省最大的人工水库"著称，移民数最多。苏北地区对于移民的安置，最初实行村内安置、村外乡内安置及乡外安置等形式，除少数库区移民存在整村异地集中安置外，大多数为后靠插花安置，与原住村民共享生产生活资料。[3]移民之初，一些市临时成立了移民办，负责移民事务性工作。2007 年 6 月，江苏省按照国家关于"实施大中型水库移民后期扶持政策"的要求，结合省情实际，采取了"原迁移民资金直补与后代实行项目扶持相结合"的扶持方式，效果良好。连云港市在落实后期扶持政策时主要做法是：组织工作组，多次深入基层，核查移民数量等情况；开座谈会、发放大量问卷，全面征求移民意见，充分调查移民诉求；移民村的后期扶持项目由村民决定，采用"自选""自管"模式，政府负责服务、指导和监管。这种监管方式杜绝了"空壳工程""多报工程"等现象。[4]

扶贫小额贷款。江苏从 1998 年开始实施扶贫小额贷款政策，由扶贫、财政、农信社共同组织。具体发放工作由县级扶贫小额贷款协调小组牵头，县扶贫办负责建立《贷款备选农户名册》，乡镇信用社在备选农户中自主调查、自主发放和回收贷款，2011 年发放扶贫小额贷款 28.67 亿元，较上年增长 32.3%，惠及 23.9 万贫困农户，扩大了资金规模和贫困农户的受益面。2008—2011 年共发放扶贫小额贷款 700.83 亿元。

（三）扶贫开发取得的成效

经过 30 多年的扶贫开发，苏北地区经济社会发展已经站在了一个新的起点上，呈现出蓬勃发展的良好势头。农村贫困人口数量大幅减少、农民收入水平和生活质量明显提高、基础设施建设全面加强、贫困地区经济社会面貌显著改善。

贫困程度显著减轻。"八五"之前，苏南（苏州、无锡、常州）人口占全省的 44%，国内生产总值占全省的 40%；而苏北（徐州、连云港、盐城、淮阴、宿迁）人口占全省的 44%，国内生产总值仅占全省的 20% 左右，人均国内生产总值只及苏南的 1/4，其中人均收入在 500 元（1990 年价格）以下的农村贫困人口有 207 万。

1997 年实现国内生产总值达到 1 516.3 亿元，比 1994 年增长了 60.7%，高于江苏全省同期平均水平。人均国内生产总值多数县（市）已超过 5 000 元，高的则超过了 1 万元。人民的收入和生活水平也有大幅度增加和提高。到 1997 年底，苏北 90 年代初被列为重点扶贫的 15 个贫困县已经全部脱贫，其中 10 个县农民的人均年收入已达 2 516 元，其他 5 个县农民的人均年纯收入也都超过了 2 000 元。与此同时，农民的居住条件也明显改善，住草房户比重降到了 8.9%；适龄儿童入学率基本达标，基本实现了村村通电话。从总体上看，苏北地区已经告别了贫困，且大部分经济社会发展指标接近和达到了小康标准。

截至 1997 年 8 月，已发展各种类型的产业化经营组织 720 个，其中大部分为龙头带动型产业，并形成了一大批具有一定规模优势的一村一品、一乡一品甚至一县一品的专业化生产基地，如铜山的食品加工、新沂的特种养殖、邳州的银杏、赣榆的紫菜、射阳的中药材、淮阴的鸽子、泗洪的螃蟹、宿豫的花木等农副产品种养加工，生产基地正在向规模化、专业化、特色化方向发展，在促进农业增效和农民增收的同时，还为工业发展积累了资金，培育了支柱产生，拓展了空间，大大提高了这个地区的工业化水平。[5]

2011 年，江苏革命老区社会经济发展发生深刻变化。革命老区贫困人口比重 83%、经济发展长期滞后的苏北，经济总量大幅度增加，经济增幅连续多年高于全省平均增幅，成为全省经济发展新的增长点。苏北老区刘老庄乡 2011 年乡财政收入由 2005 年的 47 万元增长到 5 525 万元，10 个村集体经济收入由零增长到 620 万元，农民人均纯收入由 1 900 元增长到 9 845 元，1 193 户低收入户全部脱贫。全乡村民储蓄达 9 845 万元，集镇面积由 1.5 平方千米规划扩大到 4 平方千米，集镇居民由 420 人增至 6 232 人，在淮阴区 20 个农村乡镇综合评比中，刘老庄由 2005 年排名倒数第三位跃居 2011 年全区第一名。茅山老区的金坛朱林黄金村，通过发展各种合作经济，取得良好的社会经济效益，2011 年全村产值达 2.2 亿元，农民人均收入 1.4 万元，集体经济积累 600 万元。句容天王戴庄村开发有机农业，组建江苏首家村建制的有机农业合作社，全村 866 个农户，已有 800 户加入合作社。村民人均收入由 2003 年的不足 3 000 元增长到 2011 年的 1.25 万元。全村 50 多户贫困户，人均纯收入达 5 000 元以上，村集体固定资产达 500 万元以上。[2]

农业产业化经营渐成规模。按照省委、省政府部署，抓住国内外产业转移机遇，苏北产业转移持续呈现良好的发展态势。2001—2008 年，苏北五市累计吸纳国内外产业转移 500 万元以上项目 12 925 个，总投资 5 029 亿元，实际到账资金 2 324.3 亿元。2009 年第一季度，国内外向苏北转移 500 万元以上产业转移项目 519 个，项目总投资 482.7 亿元，增长 11.1%，实际引资额 158.2 亿元，增长 13%。产业转移项目正逐步由初加工向精加工、由分散式向集群化发展，越来越多的资本向有着较好产业基础的机电、纺织和化工等领域聚集。徐州市卡特彼勒、中能硅业，淮安市富士康科技城、韩泰轮胎，盐城市东风悦达起亚、上海纺织工业园，连云港市罗盖特精细化工、益海粮油，宿迁市台湾可成科技、恒力工业园等一批重大产业转移项目相继实施。省级以上开发区和南北共建园区成为产业转移的重要载体和当地经济发展主要增长点。省级以上开发区达到 42 个，其中国家级经济技术开发区 1 个，出口加工区 2 个，每个县市都有省级开发区，省级以上开发区工业产值已占该地区工业总量的 50%。省委，省政府积极推进南北挂钩共建苏北开发区，截至 2009 年，经省政府同意，已审核批复南北共建园区 20 家。在利用省外资金方面，浙江、上海等发达地区投资占苏北利用省外投资总额的 61%；在利用外资方面，该地区实际外商直接投资累计达 100 多亿美元，到苏北地区投资的国家和地区已达 40 多个。

地方基础设施特别是交通设施得到很大改善。"十五""十一五"期间，相继建成连徐、汾灌、宁靖盐、宁宿徐、宿淮盐、连盐通、宁淮高速、京福高速徐州绕城西段、宁宿徐高速盱眙南段、宁靖盐高速盐城北段等高速公路。开工建设了徐州至济宁高速公路江苏段、连云港至临沂高速公路江苏段，苏北地区高速公路骨架网已经形成。到 2008 年年底，高速公路通车总里程达到 1 539千米，占全省总长度的 41.4％。新长铁路全线建成通车，实施了东陇海铁路复线电气化改造，开工建设京沪高速铁路徐州段。连云港 15 万吨级航道基本建成，25 万吨级矿石泊位等一批专业化深水泊位开工建设。连云港港口成功迈进亿吨大港行列，成为江苏省继南京港、苏州港、南通港之后的第 4 个亿吨大港，其中集装箱吞吐量由 10 万标箱增加到 300 万标箱，跃居全国沿海十大集装箱港口和全球百强集装箱港口行列（位列全球 84 位）。连云港港口、大丰港列入首批海峡两岸直航港口。京杭运河苏北段整治扩容工程全面推进，连云港港口疏港航道工程和盐灌船闸工程顺利开工。淮安机场开工建设，成为苏北继徐州观音机场、连云港机场、盐城南洋机场之后的第 4 个民航机场。电力方面，2008 年年底，该地区电力装机容量达到 1 400 万千瓦，田湾核电站一期工程正式投入商业运行，徐塘、淮阴等一批大容量、高参数、环保型机组相继建成投产。风电、秸秆发电等新能源起步好、发展快。电网按照适度超前发展的要求，加快推进各电压等级电网的协调发展。水利方面，沂沭泗河洪水东调南下一期工程和淮河灾后重建工程全面完成，淮河入海水道全线贯通，南水北调东线一期工程、海堤达标工程加快推进，重点水利工程和城市防洪工程进展顺利。[6]

二、现实分析之一：苏北地区精准扶贫现状

（一）苏北地区精准识别情况

1. 苏北农村低收入人口情况

"十二五"时期，江苏省以农民人均年纯收入 4 000 元作为省定贫困标准，经过筛选，全省有 400 万左右的相对贫困人口，占全省农村人口的 8.1％左右。其中 85％集中在苏北地区 22 个县（市、区），苏南仅占 2％左右，苏中占10％左右。筛选汇总苏北五市最需要帮扶的共有 1 533 个经济薄弱村、12 个重点帮扶县和 6 个扶贫开发集中连片地区。

"十三五"期间，以农民人均可支配收入 6 000 元作为新的扶贫标准，省委，省政府将全省农村人口 6％左右的低收入人口作为相对贫困对象，继续实施重点帮扶。从 2016 年 1 月开始，启动新一轮扶贫对象精准识别、建档立卡工作。截至 2016 年 4 月 10 日，全省农村 6 000 元以下低收入人口总量为276.78 万人（1 032 916 户），其中，苏北地区有 260.36 万人，占总数的94.1％，苏北地区低收入人口占了苏北地区乡村总人口的 10.6％。各相关市、县（市、区）低收入人口数量现予以公布。（见附件一）

2. 省定经济薄弱村情况

"十二五"时期，苏南、苏中、苏北经济薄弱村标准分别是年集体经营性收入低于 70 万元、30 万元、15 万元，其中苏北五市有 1 533 个经济薄弱村。"十三五"期间，省委，省政府将全省发展能力相对较弱的 6% 左右的行政村作为经济薄弱村，省定标准为年集体经营性收入低于 18 万元。苏北执行的是省定标准。截至 2016 年 2 月月底，苏北地区 35 县（市、区）有 771 个经济薄弱村。其中徐州市 219 个村，淮安 110 个村，盐城 105 个村，连云港市 149 个村，宿迁市 188 个村。苏北地区 771 个省定经济薄弱村分布情况如表 6-1 所示。

表 6-1　苏北地区 771 个省定经济薄弱村分布情况

省、市	县（市、区）	经济薄弱村数	涉及乡镇数
苏北地区	35	771	324
徐州市（219 个村）	丰县	41	13
	沛县	37	11
	睢宁县	53	16
	新沂市	26	10
	邳州市	31	16
	铜山区	17	9
	贾汪区	14	6
淮安市（110 个村）	涟水县	38	20
	盱眙县	10	4
	金湖县	2	2
	洪泽县	2	2
	淮阴区	28	16
	淮安区	27	10
	清浦区	3	2
盐城市（105 个村）	响水县	22	9
	滨海县	20	11
	阜宁县	35	14
	射阳县	10	6
	建湖县	3	3
	东台市	6	4
	大丰市	3	3
	盐都区	4	4
	亭湖区	2	2

（续）

省、市	县（市、区）	经济薄弱村数	涉及乡镇数
连云港市（149 个村）	东海县	36	17
	灌云县	50	12
	灌南县	28	11
	赣榆区	30	7
	海州区	5	2
宿迁市（188 个村）	沭阳县	59	29
	泗阳县	58	18
	泗洪县	35	16
	宿城区	22	9
	宿豫区	9	7
	湖滨新区	2	1
	洋河新区	3	2

3. 苏北地区扶贫开发重点片区情况

"十三五"时期，全省扶贫开发重点片区为"6＋2"格局，其中苏北地区确定 6 个重点区域，共涉及 5 个省辖市的 13 个县（区）的 49 个乡镇，总面积约 4 038 平方千米，总人口约 240 万人，行政村 834 个，其中省定经济薄弱村 176 个。六个重点片区分别是宿迁西南岗地区，成子湖地区，徐州黄墩湖滞洪区，连云港石梁河库区，淮安刘老庄地区，淮盐的灌溉总渠以北等地区。

成子湖片区。包括泗阳县卢集镇、高渡镇、裴圩镇，泗洪县曹庙乡、太平镇、界集镇，宿城区中扬镇、屠园乡，共 8 个乡镇。总面积约 626.1 平方千米，总人口约 35.64 万人，行政村 99 个，其中省定经济薄弱村 28 个。

西南岗片区。包括泗洪县魏营镇、双沟镇、峰山乡、天岗湖乡；盱眙县鲍集镇、管镇镇，共 6 个乡镇。总面积约 526 平方千米，总人口约 23.42 万人，行政村 83 个，其中省定经济薄弱村 13 个。

涟沭结合部片区。包括涟水县梁岔镇、前进镇、成集镇，沭阳县张圩乡、周集乡、钱集镇，泗阳县里仁乡、庄圩乡，共 8 个乡镇。总面积约 423.7 平方千米，总人口约 30.38 万人，行政村 96 个，其中省定经济薄弱村 38 个。

石梁河水库片区。包括东海县李埝乡、山左口乡、石梁河镇，赣榆区黑林镇、班庄镇、城头镇，共 6 个乡镇。总面积约 637.5 平方千米，总人口约 38.52 万人，行政村 158 个，其中省定经济薄弱村 28 个。

灌溉总渠以北片区。包括淮安区苏嘴镇、茭陵乡、顺河镇，涟水县徐集乡、黄营乡、南集镇、唐集镇，阜宁县羊寨镇、芦蒲镇，滨海县大套镇、天场镇、东坎镇，响水县张集社区、运河镇、黄圩镇，共 15 个乡镇。总面积约为 1 242.2 平方千米，总人口约 70.95 万人，行政村 239 个，其中省定经济薄弱村 45 个。

丰县湖西片区。包括丰县首羡镇、顺河镇、赵庄镇、常店镇、师寨镇、王沟镇，共 6 个乡镇。总面积约 582.8 平方千米，总人口约 41.42 万人，行政村 159 个，其中省定经济薄弱村 24 个。

（二）苏北地区农村阶段性贫困特征

苏北虽然是江苏省欠发达地区，但由于地处东部沿海地区，是中国沿海经济带重要组成部分，地势以平原为主，拥有广袤的苏北平原，辖江临海，扼淮控湖，经济繁荣，交通发达，气候宜人，物产丰富，从全国范围来看，与广大中西部地区相比，受长江三角洲经济发达地区的辐射，整个苏北五市的经济发展速度比中西部绝大部分地区都要快得多，农民收入呈现大幅度增长。所以参照国家标准和国际标准，苏北地区农村属于相对贫困，是相对于江苏省经济发达的苏南地区和富裕的苏中地区而言的贫困，这与绝对贫困占主导地位的那些贫穷落后地区的贫困问题有着很大的差异。

1. 贫困人口数量多、程度深、返贫现象明显

从贫困人口看。江苏省"十二五"时期充分调研论证并综合各类因素，将 4 000 元、5 000 元、6 000 元分别作为苏北、苏中、苏南地区的扶贫标准。以此为基础，全省共建档贫困人口 147 万户、411 万人，占全省乡村人数的 8.1%。其中苏南仅占 2%左右，苏中占 10%，85%以上的低收入人口集中在苏北，尤其近 3/4 的低收入人口集中分布在苏北 25 个经济薄弱县（市、区）。

"十三五"时期，确定全省农村人均收入 6 000 元以下贫困人口建档立卡，低收入人口总量为 2 767 764 人（1 032 916 户），其中，苏北地区就有 260.36 万人，占了总数的 94.1%；苏中地区有 16.41 万人，占总数的 5.9%；苏南地区没有。苏北、苏中地区低收入人口分别占对应地区乡村总人口的 10.6% 和 2.6%，约占全省乡村总人口的 5.8%。

从经济贫困程度看，农民人均纯收入是衡量贫困深度的重要指标。以人均收入为例，根据江苏省统计局数据，2012 年苏北地区农民人均纯收入是 10 502 元，与苏南、苏中农民人均纯收入分别相差 6 658 元、2 375 元，低于

全省平均水平 3 011 元；2015 年苏北地区农民人均可支配收入是 13 841 元，与苏南、苏中农民人均可支配收入分别相差 8 919 元、3 021 元，低于全省平均水平 3 980 元；2016 年苏北地区农民人均可支配收入是 15 102 元，与苏南、苏中农民人均可支配收入分别相差 9 536 元、3 218 元，低于全省平均水平 4 251元。从中可以看出，苏北地区农村相对贫困程度深，而且与苏南、苏中的差距在逐步拉大。

　　从返贫现象看，苏北地区农村返贫者主要来自两个群体：一是刚刚脱贫的群体，二是虽在贫困线以上，但与贫困线较为接近的群体，他们脆弱性较强，抵御风险的能力很弱。现实中，苏北地区返贫人口首先是主要源于因患病、因意外伤残等诱发的次生性"支出型"贫困。调查显示，"十三五"时期，苏北地区农村贫困人口因病、因残致贫返贫率高达 50% 以上。贫困不贫困，就差一场病。由于遗传、知识水平、生活方式等多种因素影响，贫困人口一般是罹患疾病较多、较重的群体，常常因病致贫、返贫。而且，贫困人口健康医疗知识相对匮乏，健康卫生习惯相对不足。由于知识、经济能力等方面的原因，家庭贫困的患者往往不愿主动就医，小病往往由于延误治疗而恶化成为重病、大病，甚至丧失劳动能力。其次，因超生、因学以及因老致贫返贫在苏北地区占比也较高。再者，苏北地区农村返贫人口中还有少部分因灾、因建房等致贫、返贫。

2. 贫困空间分布呈现"大分散、小集中"特点

　　贫困的空间视角属于贫困研究的宏观层面。20 世纪 90 年代以来，部分学者将"空间"概念引入到贫困研究中，提出了"空间贫困理论""贫困地理学"，主要目标是研究贫困的空间分布以及贫困与地理环境之间的关系。20 世纪 90 年代，世界银行专家雅兰和瑞福林通过对中国广西、贵州等四省区 1985—1990 年的统计数据进行分析，发现由一系列指标合成的"地理资本"（Geographic Capital）显著影响了农村家庭消费的增长，并提出地理因素导致了"空间贫困陷阱"（Spatial Poverty Traps，SPT）[7]。世界银行还在此理论基础上绘制了贫困地图。

　　从"空间贫困"的视角来看，苏北地区农村贫困分布呈现为"大分散、小集中"的格局，贫困主要分布在自然条件相对恶劣的六大片区，区域性特征显著。"十三五"时期，江苏全省扶贫开发重点片区为"6＋2"格局，其中苏北确定 6 个重点区域，苏中苏南以黄桥、茅山革命老区为主。苏北 6 个重点片区共涉及 5 个省辖市的 13 个县（区）的 49 个乡镇，总面积约 4 038 平方千米，总人口约 240 万人，行政村 834 个，其中省定经济薄弱村 176 个。其贫困情况如表 6-2 所示。

表 6-2 江苏省 6 个扶贫开发重点片区贫困状况

农村贫困 连片地区	贫困人口 （万人）	总人口 （万人）	涉及地市、县（区）	区域要素特征
成子湖片区	5.19	28.9	宿迁市（泗阳县、泗洪县、宿城区、洋河新区）	地势高低起伏、地力差、基础设施落后、区级财政负担重
西南岗片区	3.55	19.4	宿迁市（泗洪县）、淮安市（盱眙县）	自然基础薄弱、地形复杂、岗丘地
涟沭结合部片区	3.94	26.3	宿迁市（沭阳县、泗阳县）、淮安市（涟水县）	革命老区、地理位置偏僻、基础设施落后
石梁河水库片区	1.93	37.6	连云港市（东海县、赣榆区）	库区移民易地搬迁、人多地少
灌溉总渠以北片区	9.77	85.6	盐城市（响水、滨海、阜宁）、淮安市（淮安区、涟水县）	旱地为主、耕地地力低下、土壤为黄泛母质、沙性大、地势高低不平
丰县湖西片区	6.23	46.2	徐州市（丰县）	革命老区、水资源匮乏、基础设施落后

表中数据可以看出，苏北地区农村贫困集中发生的地区区域性特征显著，区域片带内贫困的外在表现和致贫因素具有相近性。

3. 集体经济相对薄弱，带动农民增收乏力

"十二五"时期，江苏全省以集体经营性收入低于 15 万元、30 万元、70 万元分别作为苏北、苏中、苏南经济薄弱村的标准。尽管经过了长期的扶贫开发，苏北各地村级集体经济有了新的发展，但"十二五"时期苏北地区依然存在一些空壳村，面临严重的负债压力。"十三五"时期，全省以集体经营性收入低于 18 万作为省定经济薄弱村标准，截至 2016 年 2 月月底，全省共有 821 个省定经济薄弱村，全部分布在苏北、苏中地区 38 个县（市、区）。其中，苏北部分县的村级集体收入尚有 30% 左右没有达到 18 万元的标准，不得不依赖转移支付，明显缺乏对农民特别是低收入农户增收脱贫的带动能力。

4. 经济发展水平低，区域性特征明显

苏北地区农村贫困呈现出明显的区域性特征。主要表现在相比于苏南地区农村，苏北地区农村经济发展的整体现代化水平低、基础设施薄弱、公共服务不足等方面。

从现代化水平看，工业化和城镇化是现代化的两个驱动轮，其发展水平直接决定了经济发展的水平和质量。相比苏南、苏中农村，苏北地区农村工业化和城镇化发展滞后。

首先，由于种种原因，苏北地区产业结构明显不合理、低端化，第一产业比重偏大，水平低，第二产业质量不高，经济效益和吸纳就业能力不足，第三产业比例偏小。2012 年，苏北地区一、二、三产业结构比例为 12.7：47.5：39.8，苏南地区为 2.3：51.5：46.2，与苏南相比苏北地区第一产业比例明显偏高，第三产业偏低，第二产业所占比重也低，且质量也明显低于苏南地区。按照 2013 年江苏统计年鉴数据，以年主营业务收入 2 000 万元以上为规模企业标准，截至 2012 年，苏北地区规模以上工业企业 11 240 个，从业人员 218.51 万人，资产总额 24 050.90 亿元，利税总额 3 159.68 亿元，分别是苏南地区的 45.7％、31.8％、34.5％、55％。由此可见，苏北地区工业资源型特征显著，不仅工业企业数量少，而且现代化水平较低，缺乏有带动力的现代化企业和企业集群。而工业规模小，科技水平低，所生产产品的附加值就小，创造的国民生产总值数额相应也小。因而，苏北地区经济发展水平是江苏省的短板地区。

其次，城镇化水平低。由于苏北地区第二、三产业发展滞后，对人口的吸引作用弱小，苏北地区城镇化也明显滞后。从江苏全省来看，截至 2015 年，全省年末户籍人口 7 717.59 万人，平均城镇化率 66.5％，苏南地区户籍人口 2 443.83 万人，平均城镇化率为 73.92％。苏北地区户籍人口 3 538.02 万人，比苏南多出 1 094.19 万人，平均城镇化率为 58.72％，显著低于苏南地区的城镇化水平。

江苏省及省辖市城镇化情况如表 6-3 所示。

表 6-3　江苏省及省辖市城镇化情况（2015 年）

地区	年末户籍人口（万人）	年末常住人口（万人）	城镇化率（％）	市区面积（平方千米）
全省	7 717.59	7 976.30	66.5	—
南京市	653.40	823.59	81.4	6 587
无锡市	480.90	651.10	75.4	1 424
徐州市	1 028.70	866.90	61.1	3 063
常州市	370.85	470.14	70.0	2 838
苏州市	667.01	1 061.60	74.9	4 375
南通市	766.77	730.00	62.8	1 874
连云港市	530.56	447.37	58.7	3 012
淮安市	564.45	487.20	58.2	3 069
盐城市	828.03	722.85	60.1	4 913
扬州市	461.12	448.36	62.8	2 217

（续）

地区	年末户籍人口 （万人）	年末常住人口 （万人）	城镇化率 （%）	市区面积 （平方千米）
镇江市	271.67	317.65	67.9	866
泰州市	507.85	464.16	61.6	1 452
宿迁市	586.28	485.38	55.5	2 153

数据来源于江苏省统计局。

再者，财政收入少。财政收入少、自给率低，个体贫困与区域贫困并存，自我发展能力不足，是苏北地区农村贫困的又一显著特征。2012年，苏南地区财政总收入（新口径）5 742.19亿元，公共财政预算支出3 158.20亿元，支出占收入的55%。苏北地区财政总收入（新口径）1 960.71亿元，是苏南地区的34.15%，公共财政预算支出1 928.33亿元，是苏南地区的61.1%，支出占收入的98.35%。2016年，苏南地区财政总收入（新口径）7 968.57亿元，公共财政预算支出4 529.36亿元，支出占收入的56.8%。苏北地区财政总收入（新口径）2 641.48亿元，是苏南地区的33.15%，公共预算支出2 809.48亿元，是苏南地区的62%，支出比收入高出168亿元。可见，苏北地区财政收入中用来本地区经济社会发展的占比比较少，有的年份甚至是"吃饭财政"。一般情况下，省财政转移支付可以成为贫困地区政府运转和发展的主要资金来源，而且贫困地区的财政贫困并未被纳入扶贫开发的范畴。但是，省级的财政转移支付一般具有专项性和政策性，需要一定地方财政的配套措施，因此，地方政府很难根据实际需要灵活使用。

（三）苏北地区农村贫困根源

贫困是多种因素共同作用的结果，可从个体内部因素和个体所处外部环境两个方面加以考虑。内部因素指由于个体年龄、人力资本储备、疾病和残疾等原因而丧失了劳动能力，从而导致贫困；外部环境指由于生存环境或者制度变迁而导致的贫困。苏北地区农村贫困也是多种因素导致，下面分别从宏观视角和微观视角加以分析。

1. 从宏观视角分析，苏北地区农村贫困受经济体制、环境、历史等多方面的因素影响比较明显

历史和自然环境等因素，造成苏北地区先天不足。苏北近千年来贫困落后的历史根源有二。一是黄河夺淮。历史上苏北曾是我国经济富庶的地区，也是古代两汉文化的发祥地。公元1194年黄河夺淮，淤高了淮河入海水道，从此苏北地区成为"洪水走廊"，持续了近900年。当时整个淮河流域生态环境严重恶化，旱涝灾害连年不断，苏北人民长期生活在水深火热之中。第二个原因就是淮海大地长期以来一直是兵家必争之地，战乱不断，人民生活苦不堪言。所以，苏北在黄河故道沿线生成了一个相对贫困带，成为江苏经济发展最薄弱的"洼地"。

体制制度因素：国家非均衡发展政策的影响。 改革开放以后，国家宏观经济政策明显向东部地区倾斜。一方面，国家大量的资金投入这一地区，进行固定资产投资、基础设施建设以及技术改造，促进了这一地区的快速发展。另一方面，20世纪80年代初，国家作出了一系列重大的区域经济决策，如沿海优先开放政策、浦东开发开放政策等，使苏南地区大受其益。苏南地区经济很快受到上海、浙江等沿海发达地区经济的辐射，以乡镇企业发展为起点，经济蓬勃发展。而苏北地区属于上海经济区和环渤海经济区这两个全国经济发展"隆脊"之间的"凹陷区"，很少能受到上述两个最高梯度经济区的辐射，加上交通运输和通讯条件的严重滞后，且长期以盐业和小农经济为主，使得苏北成为沿海经济带的"断层"和"软腹部"。

区位的差异，导致苏北地区与苏南农村发展差距扩大。 苏南位于长江三角洲下游，地处我国沿江和沿海的交汇处，毗邻我国经济最发达的城市上海，是我国实施沿海和沿江发展战略的重要地区。相比较之下苏北地区处于内陆封闭或半封闭地带，苏南地区的上述优势在苏北地区不具备；再加上苏北地区基础设施发展滞后，交通十分不便，科学技术得不到推广应用，市场经济意识极其淡薄。这导致苏南、苏北地区发展差距不断扩大。

2. **从微观视角分析，苏北地区农村贫困主要是源于个体原因、内部原因**

从低收入农户来看，农村致贫原因的分析从现象特征转向深层原因，还应关注社会排斥问题。贫困是贫困者社会权利的缺失，他们"无法享受社会和法律公认的足够数量和质量的工作、住房、教育、分配、医疗、财产、晋升、迁徙、名誉、娱乐、被赡养及平等的性别权利，而且由于他们应该享有的社会权利被削弱和侵犯而导致相对或绝对的经济贫困"[8]。农村穷人往往在经济上、政治上和社会上被边缘化，他们不受尊重，在资源分配上少有发言权，难以获取新的经济机会。他们因资源匮乏和机会缺乏难以融入经济社会发展的潮流，分享发展成果。

贫困是外生与内生因素共同作用的结果。从微观视角分析，农村低收入户的贫困原因一般可分为缺资金、缺技术、因学、因病、因残和缺劳力和其他原因等几方面，对于苏北地区农村贫困来说，上述原因只是贫困的表征现象，相对贫困原因的深层次原因在于：

家庭负担重，劳动力相对不足。 相比于苏南、苏中地区，苏北农村家庭负担较重，主要表现在家庭人口总量偏多、需供养人口偏多、从业人口少等方

面。江苏省统计局资料显示，2012 年，苏北地区农村平均每户常住人口为 3.7
人，比苏南、苏中农村分别多出 0.4 人、0.3 人。苏北农村平均每个劳动力负
担人口（包括劳动力本人）1.4 人，比苏南、苏中各多出 0.1 人；2015 年，苏
北地区农村平均每户就业人口为 2.03 人，比苏南、苏中农村分别少了 0.34
人、0.13 人。苏北地区农村平均每一就业人口负担 1.53 人，比苏南、苏中农
村负担分别多出 0.13 人、0.1 人；2016 年，苏北地区农村每户就业人口 1.94
人，比苏南、苏中农村分别少了 0.37 人、0.15 人。苏北农村平均每一就业人
口负担 1.66 人，比苏南、苏中负担分别多出 0.22 人、0.21 人。

收入来源单一且不稳定，劳动能力相对不足。相比于富裕的苏南、苏中地
区，苏北地区农村劳动能力相对不足，主要表现在就业面较窄，从事第一产业
的人数较多，致富门路少，工资性收入占比较低等方面。贫困与家庭经营的主
业类型存在一定关系，家庭经营主业的不同在很大程度上决定了家庭贫困状况
的差异。大农业（第一产业）为主的家庭贫困状况较为严重，不仅贫困发生率
高，覆盖面较广，而且其平均贫困深度和强度也较高。［Huppi 和 RavaIjlon
（1991）依据就业部门对印度尼西亚 1987 年的贫困状况进行剖析，结果显示，
同其他就业部门的人员相比，就业于农业部门的两个农民子群（自耕农和雇
农）都是最贫困的。梁鸿（2000）对苏南富裕农村的研究发现，家庭就业类型
趋于农业化，容易陷入贫困状况。魏众、古斯塔夫森（2000）研究发现，户主
仅从事农业活动的家庭贫困发生率比较高］。

一般而言，农业是弱势产业，产出效益低，贫困地区市场化程度低，农产
品的商品化程度低，在一定程度上又弱化了农户的积累能力以及投资能力，所
以，以务农为主要经济来源的农户贫困发生率高，而有务工、经商、工资等收
入来源的农村居民家庭贫困程度较轻，甚至相对富裕。2012 年，苏北地区农
村家庭收入结构中，工资性收入为 5 219 元，分别比苏南、苏中低出 6 102 元、
2 285 元。苏北地区农村人口从事第一产业的有 601.4 万人，占从业人数的
34.7%，苏南、苏中农村从业人口从事第一产业人口分别占从业人数的
7.4%、23.5%；2015 年，苏北地区农村家庭收入结构中，工资性收入为
6 662元，分别比苏南、苏中低出 7 669 元、3 253 元。苏北地区农村人口从事
第一产业的有 525.2 万人，占从业人数的 30.1%，苏南、苏中地区农村从业
人口从事第一产业人口分别占从业人数的 7.05%、20.7%。苏北地区农村平
均每户就业面为 65.3%，比苏南、苏中分别少了 5.9%、4.6%，比省平均值
少了 3.5%；2016 年，苏北地区农村居民工资性收入为 7 285 元，分别比苏
南、苏中低出 8 170 元、3 472 元。苏北地区农村人口从事第一产业的有 500.7
万人，占从业人数的 28.7%，苏南、苏中地区农村从业人口从事第一产业人
口分别占从业人数的 6.9%、20.2%。苏北地区农村平均每户就业面为

60.2％，比苏南、苏中分别少了 9.2％、8.6％，比全省平均值少了 5.9％。

社会现代转型滞后，社会心理意识比较落后。社会现代转型滞后主要表现为社会心理的现代化滞后，群众观念相对落后。一方面体现为"多子多福"等封建迷信盛行，宗教意识浓厚，民主、法治、科技、市场、竞争等现代意识不足；另一方面，长久的贫困使贫困地区发展的先天基础薄弱，同时也容易沉淀顽固的贫困文化，即"等靠要"价值取向和行为方式。造成贫困的原因是复杂的，不仅是经济性的、物质性的，也有社会的、文化的或心理的因素起作用。沃尔曼（S.Wallman）指出"甘于贫困的人，对于任何促使他们发展（比如教育）和增加财富的事物都不感兴趣，以至在许多贫困者从贫困泥淖中爬起，旋即又陷入贫困的沼泽""以至在外人看来，他们安贫乐贫、自甘堕落、没有进取精神而不可救药。"当以政府为主导的扶贫开发缺乏一定的惩戒机制，而扶贫对象本身又不具备脱贫致富的强烈愿望时，即使将扶贫资源投放到贫困农户身上，扶贫对象也宁愿保持贫困状态，或者选择消极脱贫的策略，此时扶贫资源的投放不能产生实际的效果。

从"六大片区"的贫困来看，"六大片区"致贫原因有其特殊性。是江苏省的集中连片贫困区域。这些贫困地区都有其相同的特征，主要表现在以下几个方面：

自然条件差。自然条件包括贫困地区所处的地理位置、地形和地貌、气候、土壤、植被等农业资源和可利用的矿藏等资源。"六大片区"自然条件较差，可耕用土地少，土壤贫瘠，极大地限制了土地产出水平，降低了农业生产效率，不利于农业生产的发展。

泗洪的西南岗地区，高程 20 米以上地区缺水达 3 269 万米³，14 万亩*农田旱涝无法排灌，"靠天收"现象并未得到根本改变，因农业生产条件和水平较差，抗灾能力低下，每亩土地年纯收入比其他乡镇要低 200 元左右，经济发展滞后。同时由于自然条件很差，该地区还有农户尚未通上自来水，农民生活困难，该地区是全省贫困面广、贫困人口集中、脱贫难度大的地区。[9]

黄墩湖滞洪区地势低洼，一般都属于沙盐土质，土壤贫瘠，产出效益低下，种植粮食作物产量较低，又难以发展高效设施农业。4 个镇 2011 年年末耕地有效灌溉率 74.8％，比全市平均水平低 2.9 个百分点。当地居民很难依靠土地稳定解决温饱问题，更谈不上发家致富。

石梁河水库是江苏省最大的人工水库，位于苏鲁两省的临沭、东海、赣榆三县交界处。1960 年水库建成以后，由于水淹及移民影响，造成库区周边农民人均可耕地大幅减少、移民安置负担重、陆路交通受到阻碍，周边乡镇经济

---

* 亩为非法定计量单位，1 亩≈666.67 平方米。

社会发展相对缓慢。

基础设施落后。这些贫困地区地处偏远，远离社会经济活动中心，其交通、水利、教育、医疗等基础设施的建设和公共服务的供给远落后于其他地区。

黄墩湖滞洪区基础设施建设明显落后。截至 2011 年，滞洪区 4 个镇均未建成集中式污水处理设施和管网配套设施。当年城镇基础设施中公益类非经营性项目投资额共计为 3 588.7 万元，平均每镇 897.2 万元，仅为徐州市平均水平的 22.8%（全市 116 个镇平均数为 3 940 万元）。滞洪区 4 个镇公路里程数共计 446 千米，各类市场 7 个，分别比全市平均水平少 57.4 千米、少 2.3 个。2011 年滞洪区新增填补省级新农村示范村建设标准并通过验收的个数空白；2011 年全市 110 个镇新建符合规划的建筑规模达 2 万米^2 的居民集中区面积达到 1 223.37 万米^2，平均每镇 11.12 万米^2；滞洪区建成面积 30.1 万米^2，镇平均面积 7.53 万米^2，较全市平均水平低 32.3%。滞洪区内防洪保安设施不完善，加之地势较低，排水不畅，工程不配套，无法实现就地拦蓄；大部分水闸建设年代较早，设计标准偏低，且管理机制落后，年久失修，有的已经无法发挥作用；局部地区缺乏有效的灌溉水源，干旱缺水成为农业发展的关键制约因素，中低产田比重过高。2011 年全市农民人均纯收入 9 490 元，比 2010 年增加 1 535 元。滞洪区 4 个镇农民人均纯收入 8 359 元，同比增加 1 350 元，不仅人均纯收入绝对数低于全市平均水平，且差距继续拉大。2011 年全市乡镇居民储蓄存款余额 482.5 亿元，人均收入 5 946 元。滞洪区人均居民储蓄存款余额为 3 630 元，从中可见该地区的居民富裕程度明显低于全市平均水平。[9]

生态破坏加大了经济发展的难度。贫困人口收入渠道狭窄，过度依赖当地资源，由于经济技术基础落后，无法对自然进行深度地综合利用，为追求短期经济效益，往往进行掠夺式的农业开发；由于经济技术落后，生产布局缺乏统筹规划，生产工艺落后，污染物超标排放，加之所处沿湖、沿河等特殊位置，上游污染物影响较大；为了加快发展、招商引资，从而"饥不择食"，致使一些有污染、影响环境的产业进入了苏北，影响了生态环境。

成子湖湖区违法围占、不合理开发、突发水污染问题非常严峻。湖泊渔业资源的无序、过度开发，使得湿地面积持续萎缩，湖泊面积缩减，破坏了湖泊的生态环境，目前成子湖湖区养殖面积占蓄水面积的 30% 以上，远远超过湖区适宜养殖容量。同时，大量的工业、生活及农业污水不断排入，上游突发污染成为成子湖的污染隐患。

石梁河库区，从 20 世纪 80 年代中期开始，由于毗邻的山东鲁南地区工业迅猛发展，工业污水源源不断经沂沭河水下泄，导致石梁河水库屡屡发生污染事故，库区养殖户损失惨重，致使库区以养鱼捕鱼为生的农民难以为继。

综上所述，这些集中连片特殊困难地区区域边缘性特征明显，生态环境脆弱、社会形态特殊、公共服务欠缺、贫困人口比重高，扶贫工作的难度大、成本高。需要在外部力量支持下，充分利用区域自然、社会经济资源，合理开发，积极治理，有效保护区域资源与环境，逐步建立生产发展、生活适宜、经济效益、生态效益都较为合理的自下而上的生存、发展环境，尽快解决区域贫困问题。

三、现实分析之二：苏北地区精准扶贫面临的挑战与机遇

（一）面临的挑战

扶贫投入主体单一，社会力量参与不够。长期以来，苏北地区农村的扶贫开发主要推动力来自政府，各级政府都将扶贫开发作为头等重大的任务来贯彻落实。不仅投入扶贫开发的财政资金快速增长，而且大批干部与贫困户结对帮扶，政府机关、事业单位、国有企业与贫困村挂钩帮扶，将政府的扶贫潜力尽可能地挖掘出来。由此带来的弊端：一是政府的资金供给能力有限，难以满足社会对扶贫资金的需求。各机关、事业单位的帮扶投入往往取决于其自身的"实力"、考核的要求等因素，如果帮扶单位实力较强或可支配资源较多，支持力度会大些，反之则小些。从实际看，部分单位投入比较少，且总体属于完成任务性质；二是多部门参与和部门利益的存在使政府反贫困易出现难以协调的矛盾，甚至出现因行动不一致导致相互削弱和抵消的情况；三是对扶贫资金的分配、使用、监督等多个环节管理的脱节，难以形成有效的监督体系，影响了扶贫资金尤其是有偿资金效益的发挥[10]；四是政府帮扶能力有限。苏北地区各级政府机关、事业单位自身经费紧张，所拥有的人力物力并不充裕而且不均衡，国有企业数量较少且经济效益普遍不高。大部分的机关、事业单位、国有企业的业务与农村扶贫开发并不直接相关，参与农村经济社会建设并非各级干部所擅长。因而政府真正的帮扶能力有限，直接参与微观经济活动与政府职能不相符，与"有限政府"的目标相悖离。在考核压力的催促下，帮扶单位和干部为了完成任务，可能追求短期效应，牺牲社会公平公正；五是社会组织团体参与程度低。调查发现，苏北地区直接参与扶贫工作的社会团体组织比较少，能够获得的支持也不是很多，开展的项目比较有限。

扶贫项目短期化。扶贫资源的配送和发放多以扶贫开发项目为载体，但存在重数量不重质量，重当前不重长远等问题，促进持续增收的作用有限：部分地区项目遴选机制不健全，一些项目调研论证不够，过于关注短期效应，而对项目发展的前景、能否持续增收等重视不够；一些项目安排缺乏综合考虑和长远规划，存在部分贫困户不具备技术和能力去经营投建的产业项目，甚至发生

实施过程中项目单位变更的情况；部分项目因过度扩张致使难以为继。

帮扶措施比较单一，侧重经济单向度指标。目前，苏北地区贫困农户参与的主要是资产收益类项目、慰问金项目和资金支持类项目，这些项目的共同特点都是以给钱为主，而针对能帮助贫困户未来收入持续增加的农业创业和非农就业项目所占比例都很低，也就是说，针对提高贫困户能力方面的措施还比较缺乏。贫困本质上是一个多维度概念，包括社会、生理、自然等多个维度。以往的扶贫开发重点关注贫困的经济维度，而对影响贫困人口收入增加、发展状况改善的相关因素关注不够。反贫困战略仅仅关注绝对物质贫困是远远不够的，贫困还应该包括文化、卫生、健康等方面。贫困内涵的多维性必然要求贫困治理的综合性。

农村公共服务滞后，农民脱贫动力不足。在苏北贫困地区凡是低收入人口集中的地方，一般都存在环境脏、村庄乱、设施差的问题，道路交通、农田水利、农民住房等条件落后，多数片区和贫困村镇公共基础设施十分薄弱，这直接影响了减贫脱贫工作。从公共服务体系看，许多镇村仍存在着教育资源短缺、医疗资源不足、社会保障滞后、养老水平较低等一系列农村公共服务短板问题，客观上加大了政府兜底脱贫的难度。有的小学一个教师要承担语文、数学、美术等六门课程，教学质量难以提高。大量的村卫生室条件简陋，医务人员老化稀缺，防病治病功能薄弱，农民反应是忍小病成大病、有了大病不要命。社会保障和养老水平在城乡差距上远远大于苏中、苏南，农村居民支出性贫困（含礼节性贫困）、突发性贫困和老年性贫困的减贫难度大、返贫风险高。据调查，苏北地区因病残致贫、返贫率已分别达 43.3％和 15.9％，两项合计占贫困人口近六成，这已成为苏北地区打赢减贫脱贫攻坚战面临的深层矛盾。从苏北地区扶贫脱贫内外部动力机制看，存在路径依赖现象，主要表现为对帮扶资金投入和外部推动帮扶模式的习惯性依赖，对非农方面的职业培训参与度较低。一般而言，在政府和贫困户的互动中，贫困户可选择的策略为"积极脱贫"或"消极脱贫"，贫困户更为关注帮扶所带来的直接经济利益，对帮扶资金的持续获得有较高的期望。只有在预期能获取稳定且明显高于帮扶资金的收益时才会积极脱贫。由于选择消极脱贫的风险和成本小于积极脱贫后，加之一旦脱贫，政府的扶贫资源投入就会取消，作为风险规避者的贫困户就会选择保持贫困状态，以期得到政府和社会更多的扶贫投入[11]。

利益多元，协调整合扶贫不够。贫困地区农村扶贫开发与"三农"问题、社会分配、民生保障等紧密相关，涉及多个政府部门。在农村社会建设中，扶贫、农牧、水利、交通、林业、妇联、民族等相关部门都从本部门的价值追求出发制定政策和规划，投入部门资金。不可避免出现政出多门，相互掣肘，重复建设，互相推诿等现象。

经济结构性矛盾仍然显著。在产业结构方面，苏北表现为一产比重相对较高，二产优势不明显，三产发展总量偏小；2011 年苏北一、二、三产业产值比例为 12.9：47.9：39.2，与全省平均水平的 7.4：51.7：40.9 相差较大，与苏南更是相差悬殊，特别是第一产业的比重过大（12.9%），远高于苏南（2.3%）、苏中（7.1%）与省的平均水平（7.4%），也远高于全国平均水平（9.4%）；而第二产业远低于苏南（52.9%）、苏中（54.3%）和全省的平均水平（51.7%），与全国平均水平（46.4%）相当；第二、三产业不仅比重低，发展层次同样较低，仍是以资源加工产业为主，工业产品的附加值较低，"名特优新"产品比重小，拥有自主知识产权的核心技术更少。

苏北二、三产业比重占比比较低，这说明了苏北的工业化、城镇化水平，特别是工业化水平低。而且根据 2012 年的统计数据，苏北土地占了全省的 53%，人口占 37.6%，而地区生产总值占 22.5%，规模以上工业增加值只占全省的 21.2%，工业用电更低，占 18.6%。

从就业结构来看，2011 年苏北三大产业从业人员结构为 28.26：36.39：35.36，农业人员比重较大，远高于苏南（7.17%）、苏中（16.73%）；第二产业从业人员比重，低于苏南（50.33%）、苏中（46.52%）；第三产业从业人员比重，低于苏南（42.50%），和苏中（36.75%）相近。

"粗放型"经济增长仍占较大比重，经济效益较为低下。苏北地区农村拥有全省一半以上的耕地面积，是江苏重要的农副产品生产基地，种植业在苏北乃至江苏省农业中都占有重要地位。但是受历史条件和发展基础的限制，苏北地区种植业总体上还是属于"高投入、高消耗、低效率"的粗放型传统增长方式，总体生产效率不高，效益较低，与其主产区地位不相适应。根据江苏统计年鉴数据计算分析得出 2012 年苏北地区农村：每千公顷*耕地面积产出粮食 0.70 万吨，比相邻的苏中地区少 0.01 万吨，比不是粮食主产区的苏南少 0.03 万吨；每万千瓦农业机械动力粮食产出 0.91 万吨，比苏中少 0.25 万吨；每吨化肥产出粮食 10 吨，比苏中少 5.8 吨，比苏南少 6 吨；单位劳动力实现种植业产值是 5.63 亿元/万人，比苏中少 2.46 亿元/万人，比苏南少 4.85 亿元/万人。由此可见，苏北农村经济发展仅靠耕地是远远不够的，还必须发展高效农业，要富裕农民还必须减少农民，提高农民的知识文化水平。

思想观念落后。从扶贫实践来看，苏北地区扶贫开发也存在诸多思想观念方面的薄弱环节。一是部分贫困户思想仍然很落后，自主创业意识缺失，有些贫困户甚至把扶贫工作当做政府和社会单方面的事情，好逸恶劳，坐等政府的扶贫补贴和社会救助。此外，部分政府官员扶贫观念的落后，也是当前苏北工作中存在的严重问题之一，表现为扶贫工作中存在盲目建设，短期投资行为和资金浪费等现象。此外，由于部分官员急功近利，好大喜功，甚至导致当地的扶贫工作一味追求脱贫的数量，不注重巩固扶贫成果，致使大量脱贫人口返贫。

瞄准精度不高。扶贫瞄准指农村扶贫工作中选择扶贫对象和因扶贫对象的确定而实施的资金和资源投放过程。专项扶贫政策针对专门的帮扶对象，必然有瞄准机制［扶贫专项资金与其他"三农"资金不同。一般的"三农"资金只要求落实到农业和农村项目，是普惠制，而扶贫专项资金则要求落实到贫困农户，是特惠制］。衡量扶贫瞄准的指标有两类：精度指标和时序指标。漏出指的是精度指标，即扶贫资金有没有针对或到达真正的瞄准对象。时序指标是指扶贫资金和资源到位率，主要表现在数量和时间两个方面。

2012年江苏省提出帮扶对象、责任人和项目"三落实"的要求，对扶贫瞄准精度的要求明显提高。但在具体实践中依然存在着农村低收入人口的漏出，瞄准精度不够高现象，影响了扶贫资源作用的有效发挥：第一，基于地方政府偏好和瞄准成本等多方考量，多数地区区域瞄准和个体瞄准并存，且区域瞄准相对准确，而个体瞄准较为模糊。第二，一些地方根据抽样调查数据，采取自上而下的名额配给办法，从上到下指标分解，基层据此遴选并逐级上报。这种做法有一定的合理之处，更适合于层级较高的政府，在县以下采取这种做法，会降低瞄准精度，使得在县域范围内的帮扶对象确定标准可能会存在差异，发生一些高于扶贫标准的农户获得扶贫资源，而一些低于扶贫标准的农户不能入围的情况。第三，有的地方未严格按照规定要求开展建档立卡工作。工作不够规范，不大扎实，政策透明度不高，农户参与程度有限。同时扶贫项目带动力不强。几乎每个经济薄弱县（市、区）的扶贫政策中都强调扶贫资金重点投向龙头企业、产业大户、合作社组织等，采取项目方式带动贫困户脱贫。但是在调研中发现，大多数产业化项目虽然投入的奖补资金数额较大，但是带动贫困户数量却较少，存在"穷人戴帽子，富人得实惠"的情况。还有，近阶段在苏北地区存在着一种比较普遍的标准厂房建设，租金收益很难流向贫困户的脱贫，对贫困户的吸纳也有限。

（二）有利条件、历史机遇

苏北地区"精准扶贫、精准脱贫"事业既面临严峻挑战，也拥有自身特殊的有利条件，并面临前所未有的历史机遇。近代以来，不少相对落后国家和地区通过引进和创新科技，开发自身资源，超越了先发国家，有力地说明了后发国家或地区有可能将先天劣势转化为后发优势。20世纪下半叶以来，理论界对"后发优势"的理论研究也结出丰硕成果。美国著名经济史学家亚历山大·格申克龙1962年发表了《经济落后的历史回顾》论文，首次使用了"后发优势"概念，并提出了后发优势的假设。美国社会学家列维于1966年出版的《现代化与社会结构》论述了后发优势和后发劣势。阿伯拉莫维茨（1989）的追赶理论，伯利兹（Brezis）、克鲁格曼（Paul Krugman）等（1993）技术"蛙跳"模型，范艾肯（1996）技术转移、模仿和创新的一般均衡模型等进一步丰富和发展了"后发优势"理论。我国学者罗荣渠（1993）论证了后发优势和后发劣势的不同表现形式的重要作用和影响。陆德明教授（1999）初步提出了基于后发优势的"发展动力理论"框架。林毅夫、张鹏飞（2005）提出了一个关于落后国家可以通过发挥后发优势来实现技术追赶的内生增长模型，认为落后国家通过从发达国家引进技术可以获得比发达国家更快的经济增长，并使得落后经济最终发展为发达经济。[12]"后发优势"的实践和理论研究表明：欠发达地区可以通过引进、采用、创新先进技术和管理经验，获得发展优势，实现跨越式发展。

苏北农村贫困地区虽然发展相对滞后，但自身具有的发展潜力，并赶上了前所未有的大好机遇，步入了快速发展的轨道。苏北如果抓住战略机遇，顺势而为，就能够实现跨越式发展。

区位优势。苏北腹地辽阔，地处黄海之滨，海岸线长 744 千米，与日本、韩国隔海相望，紧靠以上海为龙头的长江三角洲地区，处在南下北上、东出西进重要位置，是全国沿海经济带重要组成部分，区域优势十分明显。拥有新亚欧大陆桥即陇海铁路、京沪铁路、京杭大运河、数条高速公路和国道、徐州观音机场、连云港机场、盐城机场等骨干通道和基础设施，交通十分便利。连云港是江苏省唯一大型海港，也是国家主枢纽港之一和欧亚水陆联运重要结合点，随着"一带一路"建设、长江经济带、长三角区域发展一体化等国家战略的实施，苏北区位优势将进一步凸显。

资源优势。苏北地区拥有矿产、海洋、土地等较为丰富的自然资源，在资源短缺的江苏以及华东地区具有重要地位。在矿产资源方面，徐州的煤炭、石膏和石灰石，淮安的岩盐、芒硝和凹凸棒土，以及连云港的水晶、金红石和蛇纹石等都具有良好的开发条件与利用价值。丰富的矿产资源为苏北大力发展重化工业提供了重要条件；苏北丰富的海洋资源和土地资源为苏北发展海洋产业及现代农业提供了基本保证。

土地空间，从整个江苏的开发强度来讲，苏南过了 25%，无锡过了 30%，昆山和江阴过了 40%，开发强度很大了，土地开发空间相对较少。其次，江苏主要富余劳动力在苏北，过去苏北人到苏南打工，现在开始慢慢回流，劳动力的空间在苏北。

按照国际惯例，一个地区国土开发强度的警戒线是 30%，宜居标准是20%。目前，苏北五市土地开发强度分别为：连云港 23%，徐州 20%，淮安、宿迁均为 16%，盐城 12.8%。

另外，苏北地区河流纵横，湖泊相连，海岸相伴。京杭运河、通榆河、泰东河、淮河入海水道、黄河故道、新沂河纵横其间，有洪泽湖、骆马湖、高邮湖三大湖泊湿地体系，这些自然生态资源为江苏全省推进区域协调可持续发展提供了必要条件。

政策叠加机遇。 随着江苏沿海开发的深入发展和工业反哺农业、城市带动农村发展、区域共同发展战略的落实，苏北地区迎来了前所未有的政策机遇。

一是中央对"三农"问题的高度重视。党的十八大以来，以习近平为总书记的党中央高度重视农业的基础地位、社会主义新农村建设和农民的切身利益，坚持把解决好农业、农村、农民问题作为全党工作的重中之重，以全面建成小康社会为主要目标，提出了一系列新理念、新论断、新战略，为推动农业农村持续健康发展提供了强大的思想武器和重要指引。在习近平总书记"三农"工作重要论述中，"三个必须"（中国要强，农业必须强；中国要美，农村必须美；中国要富，农民必须富）、"三个不能"（不能忽视农业、不能忘记农民、不能淡漠农村）、"三个坚定不移"（坚定不移深化农村改革，坚定不移加快农村发展，坚定不移维护农村和谐稳定）最为鲜明，为苏北地区农村经济社会发展创造了极为有利的历史机遇。

二是全面建成小康社会和精准扶贫的政策机遇。2012年中共十八大明确提出了2020年全面建成小康社会的历史任务，接着以习近平为总书记的党中央又提出了"精准扶贫、精准脱贫"的政策措施，契合了当前苏北地区农村反贫困事业的现实需要，为新时期苏北地区农村实现脱贫致富提供了价值指导。

三是江苏省内对苏北地区发展的倾斜性支持。苏北地区的发展事关江苏"两个率先"的大局，江苏省委、省政府一直高度重视苏北地区的发展，陆续出台了一系列加快苏北发展的政策措施。从1984年"积极提高苏南、加快发展苏北"的区域共同发展，到2012年的苏北振兴。从"四项转移"，加大产业、财政、科技、人才对苏北的投入力度，到"南北共建"，苏南的一个市挂钩苏北的一个市，再到"一市一策"等。这些政策措施在增加苏北基础设施建设投入、扶持苏北产业发展、促进对内对外开放、加快科技教育事业发展、推动苏南苏北合作等方面发挥了重要作用。

四是国家大区域发展的政策机遇。我国幅员辽阔，地区条件差异显著，区域发展不平衡一直是我国面临的重大问题。国家始终把促进区域协调发展、实现共同富裕放在重要位置。从"九五"开始，缩小地区差距就被提到中央重要议事日程。党的十八大以来，国家区域发展战略和政策更是有了重大突破和发展，其中长三角区域发展一体化、"丝绸之路经济带"（大陆桥）、国家设立上海自贸区、江苏沿海开发等政策和战略与苏北地区经济社会发展有着密切的相关性：苏北地区位于长江三角洲北翼，是"长三角"北上、西进的"通道"，是"长三角"向外辐射的纽带；丝绸之路经济带的东端在苏北，东陇海产业带是丝绸之路经济带的东端"桥头堡"，苏北是江苏融入"丝绸之路经济带"（大陆桥）的桥梁；为了促使省域内经济协调发展，20世纪90年代中期，江苏就提出"海上苏东"和发展海洋经济的战略构想，2009年6月以《江苏沿海地区发展规划》通过国务院审议为标志，江苏沿海省域发展规划跃升为国家发展战略。而苏北地区正好处于江苏沿海和丝绸之路经济带结合点。苏北的连云港市、盐城市位于江苏沿海经济带，2017年7月苏北的淮安、泰州、宿迁三市也被纳入到江苏沿海地区开发整体布局。苏北地区整体融入长三角地区发展总体布局，江苏沿海开发已经上升为国家战略，国家东中西合作示范区建设在连云港的推进为苏北地区全面小康提供了新的动力和活力。

四、研究整合：苏北地区精准扶贫、脱贫致富对策思考

相对贫困只能缓解不能消除。面对挑战和机遇，苏北地区农村反贫困需要从多维度视角分析贫困发展需要，根据需要采取多方面举措，多管齐下，协调发展，全面促进本地区精准扶贫、脱贫致富工作的可持续发展。

（一）瞄准"两个率先"阶段性目标任务，找准脱贫关键点

党的"十八大"以来，围绕着到2020年全面建成小康社会和实现"两个百年"奋斗目标的国家层面的新标准和新任务，江苏省在2013年修订试行"两个率先"的新指标体系［见附件二］，从核心要求看，江苏全省要实现的"两个率先"，不仅仅是时间概念上的提前，更主要是质量和水平提升的率先。按照江苏省委在2016年11月18日上午召开的第十三次党代会上的报告精神，"率先全面建成"是发展水平更高，群众获得感更强的高水平"全面建成"。同时，"率先实现现代化"不仅要求量的提高，更要求结构的优化、质的提升。对照江苏省"全面建成"和"基本现代化"各项涉农指标，尤其是权重比较高的"人均GDP""农村居民人均可支配收入""城镇化率"三项指标，苏南、苏中都已达标，而苏北地区基本上实现程度最低，而且距离目标值都有很大差距。

没有苏北的小康，就没有江苏的小康。要确保苏北地区农村到2020年即"十三五"末达标全面小康的省定目标要求，时间紧、任务重，政府必须抓关键、抓难点，定向"滴灌"。苏北地区扶贫开发的重点主要有四类对象：人均可支配收入6 000元以下260.36万的农村低收入人口、771个省定经济薄弱

村、6 个重点片区和 12 个省定重点扶贫县（区）（包括丰县、睢宁县、灌云县、灌南县、淮安区、淮阴区、涟水县、响水县、滨海县、沭阳县、泗阳县、泗洪县等）。目前，苏北地区的扶贫关键点和难点应是 12 个省定重点扶贫县（区），特别是全面小康综合评分排在末位的 5 县——泗洪、泗阳、灌南、灌云、睢宁。因为，苏北省重点帮扶的 12 个县（区）共有 6 000 元以下农村低收入人口 1 439 895 人，占全省人口总数的 52.0%，占了苏北地区人口总数的55.3%。因此，建议从加快县域经济发展与精准扶贫两个方面着手，定向扶持，精准施策，重点"滴灌"，尽快拉长最弱短板。

（二）调动各方积极因素，增强扶贫开发合力

一要加强宣传和引导，动员各方力量投入扶贫开发。扶贫开发中政府的投入虽然发挥着主要作用，但由于贫困地区地方财力十分有限，目前的投入力度远远满足不了扶贫开发的实际需要。因此，扶贫开发中政府要加强宣传和正确引导，动员各种非政府组织、非营利性组织和其他社会组织力量投入其中。在这过程中，政府既需要动员、引导和整合社会各界力量，在全社会树立脱贫致富光荣、扶贫济困光荣的鲜明导向和价值追求，大力宣传表彰扶贫脱贫的先进典型和先进事迹，凝聚起全社会开展反贫困斗争的强大正能量，也要进一步整合政府主体与不同政府机构各部门的力量，使不同部门之间在减贫、救助、医疗和教育等方面能够实现一定的衔接和互补，尽量避免不同部门之间的相互掣肘。重点是站在全省的视角统筹协调各项扶贫资源、合理规划好政府对贫困地区投入的专项资金和各部门投入的资金。大范围内的协调一致有助于提高资源效益，发挥集中力量办大事的优势，也有助于发展立体的社会保障体系和监测网络体系。

二要完善参与机制，激发各方力量投入扶贫。现在社会上有能力、有意愿参与扶贫的企业、组织、个人越来越多，社会扶贫也隐藏着巨大潜力。对此，政府首先要加强平台机制建设，畅通扶贫渠道，吸纳社会力量奔赴扶贫事业，其次是创新合作机制。目前，无论是"五方挂钩"的帮扶机制还是南北挂钩合作机制，都只是县（区）层面，建议进一步强化挂钩协作，下一步能推进到镇村层面的结对合作，使苏南的优质资源和生产要素向苏北贫困地区的镇村层面流动。再者要完善社会扶贫捐赠体系，加快创新慈善事业制度，实现慈善事业与社会保障救助制度互补衔接。

三要加强思想教育，强化脱贫致富内生动力。好逸恶劳、甘愿贫困甚至以贫为荣是扶贫开发的最大的障碍。而不愿脱贫或者不愿通过勤劳脱贫的落后观念根源于贫困人口自身不正确的世界观、价值观、人生观。破解之道在于加强思想教育工作，正面灌输。正如列宁曾指出的，"工人本来也不可能有社会民

主主义的意识。这种意识只能从外面灌输进去。"[13] 加强农村思想教育工作，需要各级党政机构投入大量人力、物力、财力，动员大批党员干部，特别是要依靠基层农村党员、干部和有影响力的进步人士具体实施。以农民喜闻乐见的形式和内容。具体实施农村、农户思想教育工作，了解当地情况和农民的思想状况，可以利用电视、电影、短信、微信、QQ群、广告等平台，抓住赶集、庙会、村民会议、红白喜事等机会，利用当地人们身边的典型案例，对村民进行思想教育。还可以通过开展必要的精神文明创建活动，如评选好媳妇、好公婆、五好家庭、十星文明户、先进个人等活动，表彰先进，鞭策后进，通过对典型问题的处理遏制奢靡浪费、相互攀比等不正之风，扭转农村社会风气。对极少数思想落后的村民应直接进行批评教育，帮助其改正错误思想观念。落后思想不是一天形成的，农村思想教育工作也需要长期坚持才能有效。习近平曾指出：我们必须在建设好贫困地区精神文明建设这个问题上，肯花大力气，能够打持久战。[14] 因此，要逐步引导和帮助贫困群众解放思想，转变各种落后、陈旧观念。

总之，扶贫开发的深入发展需要进一步动员社会力量。社会各界所联系的范围广，自身具有的多样特点和优势，特别是民营企业、个体户等组织可以在扶贫开发中实现扶贫与自身利益的双赢。

（三）促进农村经济增长，提高农民收入水平

对相对贫困来说经济增长并非是减少贫困的充分必要条件，但是没有增长也就不会有社会的发展和进步。对于苏北地区相对贫困而言，促进经济增长，关键在于培育和发展经济增长点。一要培育和发展特色产业。产业项目的选择要统筹规划，要根据各镇村资源禀赋和人才劳动力情况，合理定位，实行"一村一品"，防止各自为战、无序发展；二要壮大村级集体经济。集体经济薄弱既是贫困地区农村的共同特征，也是重要的致贫因素。在贫困地区大力发展集体经济，壮大集体经济实力，对于贫困农村长远发展具有重大意义。当前发展集体经济可以采取资源开发型、资产经营型、产业发展型、服务创收型、股份合作型、联合发展型等多种发展模式。壮大集体经济要依靠基层政府和村"两委"的正确领导，依靠村民的力量，开发当地特色资源。鼓励村集体经济组织利用未承包到户的集体"四荒"地、果园、养殖水面等资源，集中开发或者通过公开招投标入股等方式发展现代农业及相关产业；三要加快建设现代农业，实现农业生产的规模化、专业化、产业化和机械化，达到农业生产的高效率和高效益的有机结合；四要加大对农业，特别是种植业的支持力度。充分开发和利用苏北农村地区自身资源优势，通过经济、科技等手段引导高效农业的发展，切实提高农业经营家庭的收入水平[15]。

（四）改善发展环境，夯实脱贫基础

一要完善基础设施建设，提升扶贫硬环境。基础设施建设具有较高的益贫效率。世界银行专家 G·英格拉姆研究表明：基础设施能力与经济产出是同步增长的，基础设施存量每增长 1%，国内生产总值就增长 1%。基础设施薄弱一直是制约苏北贫困地区农村脱贫致富的主要障碍之一，加强基础设施建设是扶贫开发中应有之义。苏北地区扶贫开发应集中力量配套完善交通、电力、水利、通讯、住房、学校、卫生室、村办公场所等相关基础设施，加快改水改厕和农民住房建设改造步伐，以改善本地区农村脱贫的生产生活条件。鉴于丘陵地区、革命老区等较为严重的贫困状况和较高的贫困风险、应对其加大财政支持力度，改善基础设施和环境。

二要加强民主法治建设，改善农村治理软环境。市场经济是法治经济，健康有效的市场经济离不开法治的保障，而法治与民主是相辅相成的。中共十八届三中全会提出了国家治理体系和治理能力现代化的全面深化改革的总目标。国家治理体系和治理能力现代化，要求治理要更加科学、更加民主，同时也更加制度化、规范化、程序化。贫困地区农村经济社会发展滞后，与其民主法治建设滞后密切相关。贫困地区农村民主法治薄弱不仅表现在农村社会治理的制度供给不足，制度体系不健全不完善，政府管理薄弱，而且体现在民主法治观念淡薄，权利义务观念失衡，封建迷信盛行，不按程序表达利益诉求等方面。加强民主法治建设应该从加强宣传和实施相关教育两方面着手。

三要加强生态建设，改善发展环境。苏北地区全面建成小康，生态是不可或缺的考量。从目前看，苏北的自然生态保护得还比较好，拥有 3 个国家级自然保护区，有河流纵横，湖泊相连，海岸相伴。京杭运河、通榆河、泰东河、淮河入海水道、黄河故道、新沂河纵横其间，有洪泽湖、骆马湖、高邮湖三大湖泊湿地体系，这些自然生态资源为江苏全省推进区域协调可持续发展提供了必要条件。不过，苏北的生态环境也非常脆弱：一来地处淮海流域下游，又承担着南水北调的通道任务，二来苏北正处在工业化、城镇化的高速发展期，对环境保护提出了更高要求。而要在推进贫困地区经济建设的同时改善生态环境，有些措施是必不可少的，比如要提高扶贫开发的科技水平，降低生态脆弱地区尤其扶贫开发重点六大片区自然资源开发的强度，减少对土地、地下水、植被、矿产等资源的破坏，提高资源利用效率，推广节地、节水、节能等资源节约技术，进一步开发利用风能、太阳能等可再生资源；要减低农业污染强度，进一步创新和推广有机肥、有机农药、地膜回收、免耕等绿色环保农业科技；要完善相关环保制度体系，加强宣传教育，提高农民的环保意识和践行环保的自觉性；要根据当地生态承载能力培育富民产业；对于生态极端恶劣、自然灾害隐患重大或生态价值重要的地区的农村居民实施易地搬迁，根本改善其生产生活环境。只有在扶贫开发中加强生态文明建设，人与自然的和谐关系，实现可持续发展，才能巩固扶贫开发的效果，实现可持久的脱贫。

（五）完善帮扶机制，促进持续发展

一要提高苏北地区人力资本存量，增强发展能力。人力资本是指体现在人身体上的知识、能力和健康的总和[16]，是通过人力投资形成的资本。这种投资主要包括正规学校教育、在职培训、医疗保健、迁移以及收集价格和收入的信息等多种形式（贝克尔，1987）。这些人力资本投资形式构成提高人力资本存量的主要途径。樊根胜、张林秀等（2002）对于中国农村公共投资的研究表明，教育投资对农村经济增长和扶贫作用最为显著，认为每增加1万元的教育投资，就可使9个人脱贫，尤其是基础教育对促进当地经济发展、减少贫困人口发生率的影响最为显著。[17]现阶段，推动苏北扶贫由"输血"向"造血"转变，关键在于改善教育结构，提高人力资本存量。美国经济学家舒尔茨的反贫困理论集中体现在他的《教育经济价值》和《改造传统农业》两本著作中。舒尔茨认为，经济增长必须依赖于物质资本和劳动力的增加的这一传统经济理论已无法解释今天的事实，对于现代经济来说，人的知识、能力、健康等人力资本的提高，对于经济增长的贡献远比物质资本、劳动力数量的增加更为重要。在经济发展过程中，资本积累的重点应该从物质资本转移到人力资本。对苏北农村贫困地区来说，千方百计提升基础教育质量，在提高未来劳动力素质的同时，建议把职业教育和职业培训作为办学的重点方向，培训内容可以是具体的职业技能，也可以是经营管理等基本知识，甚至可以是现代观念、态度和思维方式等。同时，职业教育培训应该定期化和制度化，使其能够真正与农村劳动力的需求相结合，不断增强农村劳动者的就业能力和收入能力。此外，还应该通过教育，提高农村贫困人口的保健意识，改变其对待健康的传统态度和行为，使其由被动医治逐步转为主动预防，在有条件的情况下投资健康，加强自身保健。

二要完善民生保障，兜底特困群体。农村社会保障是国民收入的再分配，为农村社会成员的基本生产和生活提供了物质保障，同时也为农村社会成员转移和规避风险提供了有效帮助。农村贫困群体一般是社会特殊困难群体，需要通过提高社会保障水平来兜底生活水平。当前，苏北地区农村的教育、医疗、低保、养老、救济救助等社会保障体系虽然已经建立，但相比苏南、苏中地区，苏北地区农村各方面保障的水平还是偏低，措施有限，尤其是政策性养老保险和医疗保险两项。对此，建议从以下几方面着手：首先，提高救助标准，增加救助项目，扩大救助范围。建议增设苏北地区农村低保边缘救助项目，将低保边缘重病困难对象、低保以外的无业重度残疾人、"一户多残以老养残"的残疾人等纳入救助范围，并逐步提高基础养老金标准，引导农村低收入人口积极参保续保，逐步提高保障水平，有效减少因老致贫返贫状况；其次，分类帮扶救助，精准把关。苏北农村相对贫困人员一般分为低收入人口、老弱病残的低保户、突发困难的临时救助对象、五保户等，不同的贫困人员实施不同的帮扶项目和救助比例。对帮扶人口，可以就其自身的劳动付出，通过收入初次分配以实现农户的增收，而对于救济的农户，则应通过强化再分配制度的力度，包括各阶层之间的转移支付。加大临时救助、慈善救助实施力度；再者，健全完善城乡居民基本养老保险制度，帮助低收入农户解决特殊困难。在无偿救助农村无生活来源和无劳动能力者，在保障其维持基本生活的基础上，适当提高农村全体居民的社会福利水平和生活质量，使所有的人都能分享社会经济发展的成果；最后，进一步深化"低保"管理制度改革，使农村的"低保"评议建立在客观基础之上。逐步建立科学的农村家庭财产收入统计体系，实行严格的申报、评议、核查、监督，并且强化动态管理和责任追究机制。对有一定劳动能力的家庭享受"低保"进行相应条件的限制，如劳动状况、享受期限等条件，对家庭生活困难、靠家庭供养且无法单独立户的成年无业重度残疾人，经个人申请，可按照单人户纳入最低生活保障范围。

三要完善后续保障，促进持续发展。随着精准扶贫的推进，贫困村和贫困户必将分批次逐步脱贫。按照江苏省政府的要求和规划，2020 年苏北地区农村全面小康达标。然而，即便顺利按期实现目标，这些贫困县、乡、村的经济社会建设水平也是比较低的，脱贫是不稳固的，其内生性发展能力依然不足，与发达的苏南地区差距依然较大，率先现代化依然任重道远。再加上相对贫困只能缓解，不能被消灭。因而，构建脱贫摘帽之后的后续长期投入机制，保障在较长的时期内上级政府的帮扶投入力度不减弱，倾斜性优惠政策不缩水，对于增强贫困地区的自我发展能力、逐步缩小发展差距，具有直接的现实意义。这就需要江苏省政府加强顶层设计，制定长效财政转移投入机制，推动苏北贫困地区可持续发展。

<h2>参 考 文 献</h2>

[1] 陈焕友．发展是永恒的主题 江苏现代化若干决策与实践（上册）［M］．江苏人民出版社，2011（02）：122．

[2] 江苏省人民政府办公厅，江苏省地方志办公室．江苏年鉴：江苏年鉴杂志社，2012．

[3] 徐丽娜，何羡．我省库区移民后期扶持实施项目初探［J］．江苏水利，2013（6）：46-48．

［4］李香云．大中型水库移民后期扶持政策的成效、挑战与对策——以江苏省连云港市为例［J］．水利发展研究，2012（4）：36－39．

［5］朱步楼，黎明．苏南苏北共同发展的成就和启示［N］．光明日报（京），1999－0104（12）．

［6］江苏省发展和改革委员会网站．http：//http：//fzggw. jiangsu. gov. cn/art/2018/12/24/art_4636_7963760. html．

［7］张秀岩．产业创新风险要素分析［J］．人民论坛，2010（23）：174－175．

［8］洪朝辉．论中国城市社会权利的贫困［J］．江苏社会科学，2003（2）：134－139．

［9］李琳．徐州黄墩湖滞洪区连片扶贫开发的现状与思考［J］．农村经济与科技，2012（07）：43－44．

［10］廖富洲．我国扶贫开发中的政府行为分析［J］．中州学刊，2004（5）：59－61．

［11］徐孝勇，等．我国农村扶贫的制度性陷阱与制度创新［J］．农业现代化研究，2009（2）：184－188．

［12］林毅夫，张鹏飞．后发优势、技术引进和落后国家的经济增长［J］．经济学（季刊），2005（10）：53－57．

［13］列宁．怎么办？（第一分册）［M］．北京：人民出版社，1971：37．

［14］习近平．摆脱贫困［M］．福州：福建人民出版社，2014：157．

［15］李敏．苏北农村经济发展中的困境与对策［J］．徐州师范大学学报，2006（3）：95－99．

［16］舒尔茨．论人力资本投资［M］．吴珠华，等，译．北京：北京经济学院出版社，1990：43．

［17］樊根胜，张林秀，张晓波．中国农村公共投资在农村经济增长和反贫困中的作用［J］．华南农业大学学报（社会科学版），2002（1）：1－13．

第七章 | CHAPTER 7
连云港市精准扶贫、脱贫致富实践

习近平总书记指出："全面建成小康社会，最艰巨最繁重的任务在农村，特别在贫困地区，没有农村的小康，特别是没有贫困地区的小康，就没有全面建成小康社会。"要实现十八大提出的第一个百年奋斗目标和实现城乡居民收入翻番，是一场必须打赢的世纪决战。脱贫攻坚，事关全面建成小康社会，事关增进人民福祉，事关巩固党的执政基础，事关国家长治久安。实现城乡居民收入倍增目标，事关广大群众的切身利益，事关公平公正和社会稳定，同时影响中国特色社会主义的建设和和谐社会总目标的实现。当前，全面建成小康社会任务日渐紧迫，"不容一个人掉队"的"全面建成"目标使"精准扶贫"上升为国家战略，要打好"十三五"扶贫攻坚战，确保连云港市 36.06 万贫困人口 2019年如期脱贫，实现城乡居民收入翻番，时间紧迫、任务艰巨、使命重大。这就迫切需要一些"超常规"富民惠民政策和举措的"组合拳"，才能实现扶真贫、真扶贫。

一、连云港市贫困现状

"十二五"时期。连云港市扶贫工作取得显著成效。2012 年年底，连云港市农村人均纯收入在 4 000 元以下的贫困户为 16.17 万户，46.1 万人，占全市农村人口的 12.9%，农村贫困人口总量大而且县区分布不均衡。从全市农村贫困人口分布看，呈现出市区农村贫困人口少，占农村人口比重小，各县农村贫困人口多，占农村人口比重大的特点。连云港市区农村贫困户为 3 556 户，8 466 人，占市区农村人口的比重为 2.6%；赣榆县农村贫困户为 3.98 万户，10.13 万人，占全县农村人口的比重为 11.4%；东海县农村贫困户为 4.22 万户，12.71 万人，占全县农村人口的比重为 13.6%；灌云县农村贫困户为 4.80 万户，14.01 万人，占全县农村人口的比重为 17.3%；灌南县农村贫困户为 2.81 万户，8.42 万人，占全县农村人口的比重为 13.8%（表 7 - 1）。

表 7 - 1　2012 年连云港市农村贫困人口分布

地　区	农村人口（万人）	人均纯收入 4 000 元以下		
		贫困户数（万户）	贫困人口数（万人）	占农村人口比重（%）
连云港市	356.87	16.17	46.12	12.9
市辖区	32.97	0.36	0.85	2.6
赣榆县	88.69	3.98	10.13	11.4
东海县	93.23	4.22	12.71	13.6
灌云县	80.96	4.80	14.01	17.3
灌南县	61.02	2.81	8.42	13.8

　　到 2015 年年底，46.1 万农村低收入人口实现脱贫，254 个经济薄弱村达到新"八有"目标，灌云、灌南退出省级重点帮扶县，东海温泉镇、赣榆塔山镇等 4 个乡镇摘掉贫困帽子，退出省定集中连片贫困地区。政府重点推进省级贫困片区石梁河库区、市级贫困片区新沂河两岸片区扶贫开发，实施帮扶项目526 个，总投资达 34 亿元。把石梁河片区集中连片开发作的主战场，加快推进片区重点扶贫开发项目。石梁河片区作为集中连片开发作为主战场，2012—2014 年，整合交通、水利、农开等涉农项目及省"五方挂钩"、市委帮扶工作队各类帮扶资金累计 8.9 亿元，实施完成了特色水果产业园区等 4 大园区基础设施、黑沙公路、库区泵站改造、丘陵山区节水灌溉等重点扶贫开发项目 76个，4 个镇低收入户 41 787 人实现脱贫，42 个经济薄弱村实现新"八有"目标，石梁河库区面貌发生了显著变化，圆满完成"十二五"各项扶贫目标任务。各县区积极探索，积累了一批扶贫工发的好经验、好做法，像东海的"七种帮扶模式"、灌云的"一带一扶三救助"、灌南的"奖补资金直接到户"、赣榆的"四步工作法"，这些都为连云港市"十三五"期间的精准扶贫工作打开了思路、提供了借鉴，也奠定了坚实的基础。

　　"十三五"期间。按照江苏省标准，年均纯收入 6 000 元以下的低收入人口为贫困人口，村集体经营性年收入低于 18 万元的为经济薄弱村。目前连云港市建档立卡低收入户 136 578 户，贫困户发生率 16.5%；贫困人口 360 581人，贫困人口发生率 6.8%。其中，灌云县 35 102 户，贫困户发生率 13.3%，贫困人口 97 917 人，贫困人口发生率 17.8%；灌南县 28 020 户，贫困户发生率 13.5%，贫困人口 74 307 人，贫困人口发生率 17.3%；东海县 32 657 户，贫困户发生率 11.3%，贫困人口 92 896 人，贫困人口发生率 15.2%；赣榆区36 839 户，贫困户发生率 10.8%，贫困人口 84 851 人，贫困人口发生率14.8%；辖区 3 960 户，贫困户发生率 1.3%，贫困人口 10 610 人，贫困人口发生率 0.85%[1]（表 7-2）。

表 7-2　2016 年连云港市农村贫困人口分布表

地　区	农村人口（万人）	人均纯收入 6 000 元以下		
		贫困户数（万户）	贫困人口数（万人）	占农村人口比重（%）
连云港市	219.12	13.66	36.06	16.5
市辖区	12.48	0.40	1.06	0.85
赣榆区	57.45	3.68	8.49	14.8
东海县	61.27	3.27	9.29	15.2
灌云县	54.94	3.51	9.79	17.8
灌南县	43.04	2.8	7.43	17.3

在 136 578 户贫困户中，一般贫困户共 86 786 户，占贫困户的 63.5%，低保贫困户共 44 740 户，占贫困户的 32.8%，五保贫困户共 5 052 户，占贫困户的 3.7%（表 7-3、图 7-1）。

表 7-3　人均纯收入 6 000 元以下农户户数结构

单位：户

地　区	合　计	人均纯收入 6 000 元以下农户户数		
		一般贫困户	低保贫困户	五保贫困户
连云港市	136 578	86 786	44 740	5 052
市辖区	3 960	1 878	1 984	98
赣榆区	36 839	23 196	11 937	1 706
东海县	32 657	18 219	12 710	1 728
灌云县	35 102	23 750	10 208	1 144
灌南县	28 020	19 743	7 901	376

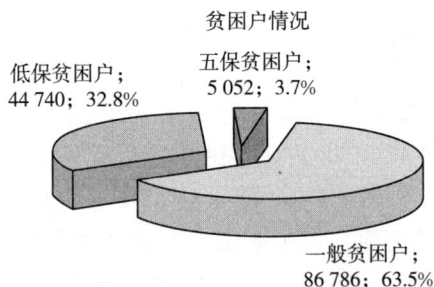

贫困户情况

低保贫困户；
44 740；32.8%

五保贫困户；
5 052；3.7%

一般贫困户；
86 786；63.5%

图 7-1　人均纯收入 6 000 元以下农户情况

在 360 581 贫困人口中，一般贫困人口 255 759 人，占贫困人口的 70.9%，低保贫困人口 99 217 人，占贫困人口的 27.5%，五保贫困人口 5 605

人，占贫困人口的 1.6%（表 7-4、图 7-2）。

表 7-4　人均纯收入 6 000 元以下贫困人口数结构

单位：人

地 区	合 计	人均纯收入 6 000 元以下农户人口数		
		一般贫困人口	低保贫困人口	五保贫困人口
连云港市	360 581	255 759	99 217	5 605
市辖区	10 610	6 014	4 497	99
赣榆区	84 851	63 296	27 774	1 826
东海县	92 896	18 219	12 710	1 728
灌云县	97 917	72 737	23 742	1 438
灌南县	74 307	54 600	19 242	465

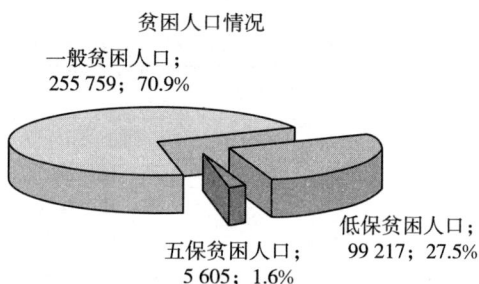

贫困人口情况

一般贫困人口；
255 759；70.9%

五保贫困人口；
5 605；1.6%

低保贫困人口；
99 217；27.5%

图 7-2　人均纯收入 6 000 元以下贫困人口情况

目前，全市共有 149 个省定经济薄弱村，占行政村比例 13.8%，其中，海州区经济薄弱村 5 个，共有 84 个行政村，薄弱村占行政村比例 5.95%；赣榆区经济薄弱村 30 个，共有 424 个行政村，薄弱村占行政村比例 7%；东海县经济薄弱村 36 个，共有 346 个行政村，薄弱村占行政村比例 10.4%；灌云县经济薄弱村 50 个，共有 318 个行政村，占行政村比例 15.7%；灌南县经济薄弱村 28 个，共有 238 个行政村，薄弱村占行政村比例 11.8%。以东海县为例，在 36 个省定经济薄弱村中，2015 年经营性收入为零的有 12 个，占 33.3%；1 万元～5 万元的有 6 个，占 16.7%；5 万元～10 万元的有 3 个，占 8.3%；10 万元以上的有 15 个，占 41.7%，经济基础非常薄弱。石梁河水库片区为省定扶贫开发重点片区；灌云县、灌南县为省重点帮扶县（表 7-5）。

表 7-5　经济薄弱村情况

地 区	行政村数（个）	经济薄弱村数（个）	百分比（%）
连云港市	1 410	149	13.8%
海州区	84	5	5.95%
赣榆区	424	30	7.0%

（续）

地　区	行政村数（个）	经济薄弱村数（个）	百分比（％）
东海县	346	36	10.4％
灌云县	318	50	15.7％
灌南县	238	28	11.8％

二、连云港市贫困成因及主要特征

（一）连云港市贫困形成的原因

连云港市贫困户致贫原因呈多样性，大体上分为缺资金、缺技术、缺劳力、因学、因病、因残、因灾及历史、区位及生态等原因，还有很多家庭贫困是若干因素综合作用导致的贫困，是复合性贫困。表 7-6 足以说明。

表 7-6　贫困农户主要致贫原因比例图及分析

致贫原因	情况分析
缺资金、缺项目、缺技术	这类贫困户有生产和创业能力，只要精准配置资金、技术和项目，一般都能脱贫，**是产业扶贫的重点扶持对象**
供养子女读书	这类贫困户，一方面，因供养子女读书，巨大的费用导致贫困，另一方面，随着子女读书毕业和就业后，一般都能摆脱贫困，**是教育扶贫的重点对象**
长期患病或突然患病和重病	这类贫困户因为长期患病或突发疾病和重病支付的医疗费用超过了实际承受能力而导致贫困，是扶贫难度较大的群体，**是医疗救济扶贫的主要对象**
劳动力文化素质差	这类贫困户由于文化素质低，发展家庭经济缺技术、缺管理能力，外出打工只能从事最低端而收入又比较少的工作，**是提高职业技能培训的主要对象**
缺乏劳动力家庭成员年老或残疾	这类贫困户几乎没有家庭收入，很难通过自己的努力脱贫，**是政策兜底帮扶的重点对象**
自然环境恶劣资源缺乏	这类贫困户处于山区，居住零散，远离村镇，交道不便，无法发展经济，**是易地搬迁帮扶的对象**
自然灾害	这类贫困户本身经济状况不好，一遇天灾人祸很快导致贫困或返贫，**是复合元素扶贫的对象**

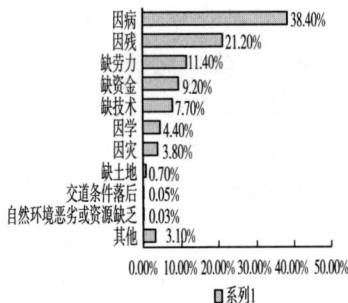

因病 38.40%
因残 21.20%
缺劳力 11.40%
缺资金 9.20%
缺技术 7.70%
因学 4.40%
因灾 3.80%
缺土地 0.70%
交道条件落后 0.05%
自然环境恶劣或资源缺乏 0.03%
其他 3.10%

0.00% 10.00% 20.00% 30.00% 40.00% 50.00%

■系列1

从海州区板浦镇的一个行政村大团村的统计结果中也可以分析致病原因的多样性及分布情况。

（二）连云港市贫困的主要特征

1. 区域性贫困与插花式贫困分布并存

目前连云港市的贫困人口相对集中在土地贫瘠、生产生活环境较差，难以旱涝保收的地区。东海、赣榆的西部岗岭地区和灌云、灌南的沂河淌地区是全市贫困人口相对集中地区，其中，石梁河库区是省定六大连片扶贫开发区域之一。石梁河片区行政村 158 个，总人口 38.5 万人。片区新一轮建档立卡低收入农户 1.93 万户，占两县区低收入农户总数的 27.8%。低收入人口 4.6 万人，占两县区低收入人口总数的 25.9%。省定经济薄弱村 28 个，占两县区总数的 42.4%，其中东海县 9 个，赣榆区 19 个。

同时贫困还呈"插花式"分布，"插花式"分布是从全市的视角来考察的。其主要特征为在范围不集中、呈点状分散。经过不同阶段不同程度的扶贫开发，贫困人口由区域性分布转向"插花式"分布。

2. 共同性致贫因素弱化，个体性致贫因素显著

和改革开放前贫困具有普遍性和整体性不同，新时期的农村贫困除了在地理分布上具有区域性，在贫困主体方面还具有个体性。个体由于所受教育、家庭环境及负担、健康、能力、观念等不同，在财富的获取方面存在渠道和能力差异，最终导致获得财富的结果出现不同，在经济收入方面出现分化。在市场经济浪潮中，那些能力强、头脑活络的农民由于善于利用市场经济中的各种机会因而能获取比计划经济时代更多的财富，相反能力弱的农民尤其是区位条件、自然条件、基础设施和公共服务相对较差的重点片区的农民在市场经济竞争中处于劣势地位，没有能力利用市场经济获取财富，反因市场经济一切要素成为商品的特征让农民支出远远大于计划经济时期，个体能力的差异会显著拉开农民之间的收入差距，在富裕地方的农村也会出现贫困，在连片贫困的地区也会出现经济条件相对较好的个体。

3. 绝对性贫困减少，相对性贫困凸显

绝对贫困是一种生存贫困，是指个人和家庭依靠其劳动所得和其他合法收入不能维持其基本的生活保障和生存需要。从整体说来，当下的连云港市农村也存在生存性的绝对贫困，但是更多的是相对性贫困。统计资料显示，2012年，连云港市贫困人口 46.1 万人，占全市农村人口的 12.9%，2015 年按江苏省年均纯收入 4 000 元标准全部脱贫；连云港市农村居民人均可支配收入由2012 年的 9 589 元提高到 2015 年的 12 778 元，年增长了 10% 以上（表 7－7）；254 个省定经济薄弱村达到新八有建设，村集体经营性收入达到 15 万元以上；

石梁河库区 4 个省关键工程全部建成完毕，并投产运行。从这些数据可以看出，连云港市农村的绝对贫困问题趋于缓解，目前主要集中在东海、赣榆的西部岗岭地区和灌云、灌南的沂河淌地区。但是，相对贫困却日益凸显，虽然连云港市贫困人口的温饱问题基本得到解决，但还有一部分人的收入低于社会最低收入水平，农村贫困人口和城市人口的收入相对差距明显，绝对差值历年均高于农村居民的人均可支配收入（表 7-8）。

表 7-7 连云港市农村居民人均可支配收入

年度	农村居民人均可支配收入（元）	年增长率（%）
2011	8 434	19.8%
2012	9 589	13.7%
2013	10 317	7.6%
2014	11 698	13.4%
2015	12 778	9.2%

数据来源：连云港市统计年鉴。

表 7-8 连云港市城市居民和农村居民收入差距比较

年度	城市居民人均可支配收入（元）	农村居民人均可支配收入（元）	绝对差值（元）
2011	21 695	8 434	13 261
2012	24 342	9 589	14 753
2013	26 898	10 317	16 581
2014	23 595	11 698	11 897
2015	25 728	12 778	12 950

数据来源：连云港市统计年鉴。

从城乡居民的消费水平中也可看出这种相对贫困。2015 年，城镇居民人均生活消费性支出为 17 259 元，农村居民人均生活消费性支出 9 052 元，仅为城市的 52.4%（表 7-9），城镇居民和农村居民的支出比却高于收入比，农村居民的恩格尔系数高于城镇居民，生活感到拮据的比例远高于城市。相对性贫困还表现在农村居民中的贫富差距的扩大。连云港市农村居民人均生活消费性支出在江苏省 13 个地级市中名列第 11 位（表 7-10），连云港市农村居民人均可支配收入 12 900 元，在江苏排名倒数第二，只相当于排名江苏省第一的苏州农村居民人均可支配收入 25 580 元的 50.4%，相当于全省平均水平 16 257 元的 79.3%（表 7-11）。其中，海州区 13 988 元，赣榆区 16 304 元，东海县 10 896 元，灌云县 11 498 元，灌南 11 836 元。还有在忽视公平的情况下会使收入差距进一步扩大从而导致相对贫困凸现。

表7-9　连云港市城乡居民消费水平

项　　目	2012 年	2013 年	2014 年	2015 年
城镇居民消费水平（元）	15 615	17 172	16 016	17 259
农村居民消费水平（元）	6 210	6 932	8 282	9 052
农村居民消费水平与城镇居民消费水平占比（%）	39.8	40.4	51.7	52.4

数据来源：连云港市统计年鉴。

表 7-10　2014 年江苏省各市农村居民消费水平

项目	南京市	无锡市	常州市	苏州市	镇江市	南通市	扬州市	泰州市	徐州市	盐城市	连云港市	淮安市	宿迁市
农村居民消费水平（元）	12 818	15 114	13 529	15 390	13 081	11 051	11 266	10 849	9 011	10 782	8 282	7 836	7 702

数据来源：江苏省统计年鉴。

表 7-11　江苏省各市农村居民人均可支配收入

单位：元

地　区	2012 年	2013 年	2014 年	2015 年
江苏省	12 202	13 598	14 958	16 257
南京市	14 786	16 531	17 661	19 483
苏州市	19 396	21 578	23 560	25 580
无锡市	18 509	20 587	22 266	24 156
常州市	16 737	18 643	20 133	21 912
镇江市	14 518	16 258	17 617	19 214
南通市	13 231	14 754	15 821	17 267
扬州市	12 686	14 214	15 284	16 619
泰州市	12 493	13 982	15 076	16 410
徐州市	10 762	12 052	12 811	13 982
盐城市	11 898	13 344	14 414	15 748
淮安市	9 838	11 045	12 010	13 128
连云港市	9 589	10 745	11 698	12 778
宿迁市	9 495	10 703	11 677	12 772

数据来源：江苏省统计年鉴。

4. 暂时性贫困缓解，传承性贫困明显

农村的贫困还具有继承性、重复性的特征，贫困会随着代际更替向下转移，极大可能出现下代人重复上代人贫困生活的现象。这种贫困的继承性有两个表现：一是从区域来讲，许多贫困地区的贫困具有历史性。大量文献资料表明，许多贫困地区都能在历史上找到贫困的影子，其贫困的产生时间大都不是现代，多数具有历史渊源性。如沂河淌地区和石梁河库区的贫困在历史上就长期存在。二是从个体家庭来讲，贫困也具有传承性。调查发现农村地区祖辈或父辈脑子活络家里经济宽裕的人，其子女经济宽裕的概率较大；一些家里贫穷的人，其子女对贫穷的继承性也相应大。就地区来说，贫困的原因和这个地方的地理环境相关，还和这个地方历史传承的文化观念有关。地理环境很难在较短时间内进行校正，而历史传延的文化观念短时期改变也很难。贫困在家庭中代际传承的主要原因是观念的传承，而观念也是家庭致贫的重要原因。长期生长在贫困家庭中的子女，必然会耳濡目染地染上父辈的一些落后观念。

5. 新旧致贫因素并存，致贫原因多元化鲜明

经过长期扶贫开发，连云港市农村贫困落后面貌有了明显改善，生存环境恶劣、基础设施落后等传统致贫因素得到有效缓解，随着经济社会的发展，新的致贫因素呈现多元化特征。贫困具有多元性，不仅包括经济收入水平和社会发展状况，还包括缺乏健康、长寿、卫生保健、教育，以及发展所需的资源与机会等。在贫困人口中，因老致贫占到 34%，比例最高；体弱多病者、长期慢性病者、患有大病者及残疾人 4 项合计占农村贫困人口的比重超过 50%；全市农村贫困人口中，文盲、半文盲 9.95 万人，占农村贫困人口的 21.6%；小学文化 14.1 万人，占农村贫困人口的 30.5%；两者合计占全部贫困人口的 52.1%。初中文化 16.4 万人，占农村贫困人口的 35.6%；高中及以上人口 4.04 万人，仅占农村贫困人口的 8.8%；丧失劳动能力者占全市农村贫困人口的 21.8%。这部分低收入农户，家中劳动力人数少，负担系数高，因老、因病、因残返贫比例高。贫困人口结构的多元化，增加了贫困治理的难度。

三、石梁河片区贫困现状及原因

（一）石梁河片区贫困现状

石梁河片区地处苏鲁两省的东海、赣榆和临沭三县交界处，片区总面积 640.5 平方千米，占东海县、赣榆区两县区总面积的 18%，其中占东海县区域总面积的 12.9%，占赣榆区区域总面积的 24.9%。石梁河片区行政村 158 个，其中东海县 50 个，赣榆区 108 个；总人口 38.5 万人，其中东海县 14.66 万人，赣榆区 23.85 万人。片区人多地少，土地贫瘠，土壤涵水差，易涝易旱。

人均耕地仅有 1.05 亩*，低于两县区平均水平 0.55 亩。片区内部分村人均耕地只有 0.2 亩，且亩产效益较低。

历史上的石梁河片底子薄、条件差，发展水平明显滞后，贫困程度深、贫困面广，虽然近年来经济发展较快，但片区经济总量不高，人均量更低，与全市发展差距较大，贫困问题仍然突出。片区新一轮建档立卡低收入农户 1.93 万户，占两县区低收入农户总数的 27.8%，其中东海县 6 953 户，赣榆区 12 327 户。低收入人口 4.6 万人，占两县区低收入人口总数的 25.9%，其中东海县 1.89 万人，赣榆区 2.71 万人。省定经济薄弱村 28 个，占两县区经济薄弱村总数的 42.4%，其中东海县 9 个，赣榆区 19 个。（表 7 - 12、表 7 - 13）。

表 7 - 12　石梁河库区（东海片区）建档立卡低收入农户及低收入人口情况

乡　镇	人均收入 6 000 元以下低收入农户数（户）				人均收入 6 000 元以下低收入人数（人）			
	合计	一般贫困户	低保贫困户	五保贫困户	合计	一般贫困人口	低保贫困人口	五保贫困人口
石梁河镇	2 901	1 658	165	78	8 002	5 336	2 576	90
山左口乡	1 972	1 578	345	49	5 591	4 825	713	53
李埝乡	2 080	1 540	531	9	5 332	4 225	1 098	9
合计	6 953	4 776	2 041	136	18 925	14 386	4387	152

表 7 - 13　石梁河库区（赣榆片区）建档立卡低收入农户及低收入人口情况

乡　镇	人均收入 6 000 元以下低收入农户数（户）				人均收入 6 000 元以下低收入人数（人）			
	合计	一般贫困户	低保贫困户	五保贫困户	合计	一般贫困人口	低保贫困人口	五保贫困人口
黑林镇	2 784	2 119	590	75	7 067	5 905	1 072	90
班庄镇	6 223	4 701	1 448	74	12 659	9 634	2 972	78
城头镇	3 320	2 207	949	164	7 264	5 119	1 889	179
合计	12 327	9 027	2 987	313	26 990	20 658	5 933	347

（二）石梁河片区贫困原因

1. 区位条件较差

石梁河片区地处苏鲁两省交界处，东海片区位于连云港市西部，赣榆片区位于连云港市西北部，西临山东省临沭，东距连云港市区约 35 千米，处于江

---

　* 1 亩＝661.666m²

苏省和连云港市的边缘区域，远离周边城市的经济辐射带动；地理位置偏僻，交道不发达，信息相对闭塞。

2. 自然条件相对不足

该片区自然条件较差，库区场地属沂蒙山前侵蚀——堆积斜平原区，区内山丘起伏，人工湖泊较多，平均海拔 55.6 米，最高海拔 365 米。土地资源占比低，质量比较差，土地类型以沙性土壤为主，丘陵山区的耕作层浅，只有20 厘米左右，保水保肥能力弱。多年平均降雨量 883.2 毫米，比全市降雨量少约 30%，6～9 月占年降雨量的 72%。库区年蒸发量 1 570～1 780 毫米，5、6 月蒸发近 230 毫米。水库控制区间的沂、沭上游为沂蒙山区，水土流失严重，沂河临沂年均含沙量为每立方米 3.10 千克，年均输沙率为 246 千克/秒。片区耕地主要以花生、山芋、小麦等旱作物种植为主，产量不高，亩均产量和效益比平原地区低 30%。

3. 基础设施和公共服务相对滞后

片区内的大部分乡镇不具有交通区位优势，处于区域内的边远地区或省、市县交界地区，主干道互联能力较弱，部分道路年久失修，损毁严重，还存在一些断头路现象。区域内高等级公路占比较低，交通不便，运输动力相对不足，不仅影响当地出行，而且物流成本也较高。水利设施多为五六十年代建设，农田水利投入严重不足，欠账较多，年久失修，设施老化严重。教育、卫生、养老等公共服务设施也相对落后，公共服务队伍人员结构不合理，整体老化，文化层次和专业技能相对较低，难以满足当地群众特别是低收入农户的需求。

4. 村集体经济基础薄弱

石梁河片区有省定经济薄弱村 28 个，其中东海片区分布在石梁河镇、山左口乡和李埝乡的 9 个村；赣榆区的黑林镇、班庄镇和城头镇的 19 个村，占两县区经济薄弱村的 42.4%。经济薄弱村集体年平均收入不到 8.0 万元，有的村集体收入为 0（表 7-14）。有些村除了财政转移支付外，基本没有其他收入，加上缺乏产业、资金、人才和科技等支撑，无法实现规模化产业经营，更不用说壮大集体经济了，村集体经济增收陷入"束手无策"的困境。

表 7-14　石梁河片区东海片区省定经济薄弱村 2015 年集体经济情况

乡镇	村名	人口（人）	户（户）	村集体经营性收入（元）	村民人均纯收入（元）
石梁河镇	北辰一村	1 586	434	15.1	7 800
	瓜安村	2 406	598	3	10 755
	后代邑村	3 716	863	10	8 500
	葛沟村	2 456	576	5.5	10 377
	刘金村	2 400	765	5	10 421

（续）

乡镇	村名	人口（人）	户（户）	村集体经营性收入（元）	村民人均纯收入（元）
山左口乡	五联村	2 767	750	17.2	8 000
	辉山村	2 280	600	15	8 200
李埝乡	双湖村	2 935	735	0	8 906
	新王庄村	2 685	720	12.2	9 600

5. 因老因病因残是致贫主因

从低收入农户家庭看，通过精准识别数据，因老、因病、因残、因学、因缺发展资源等是致贫的主要原因。其中因病致贫占到 47%，比例最高，因老致贫占到 27%，因残致贫占到 18%，所谓一人得病，全家贫困，一人致残，全家贫困。这部分低收入农户，家中劳动力人数较少、负担系数较高。

四、实现连云港市城乡居民收入翻番目标的瓶颈

（一）经济增速放缓，居民增收压力加大

受全国经济发展的影响，连云港市的发展增速也有所减缓，经济下行对企业特别是小微企业经营造成了影响。2011—2015 年全市 GDP 年均增长 11.6%，比"十五"和"十一五"时期分别回落 0.3 个和 0.8 个百分点；2011—2015 年全市 GDP 增速分别是 18.2%、13.7%、12.9%、8.6%、9.9%，从两位数跌到一位数，呈明显的下行趋势。城镇居民收入年均实际增长"十二五"比"十五"和"十一五"分别回落 2.5 个和 1.9 个百分点，农村居民收入年均实际增长"十二五"比"十一五"回落 2.5 个百分点（表7 - 15）。城乡居民收入增长出现乏力，持续增长面临更多的不确定性和更大的难度。

表 7 - 15　GDP 与城乡居民收入增幅回落情况比较

单位：%

	GDP 年均增长	城镇居民收入年均实际增长	农村居民收入年均实际增长
2001—2005 年（"十五"时期）	11.9	12.8	10.5
2005—2010 年（"十一五"时期）	12.4	12.2	15.2
2011—2015 年（"十二五"时期）	11.6	10.3	12.7

数据来源：连云港市统计年鉴。

（二）工业化进入中期阶段，工业支撑不强

2015 年连云港市人均 GDP 为 7 792.56 美元，按照美国经济学家钱纳里等人提出的"世界发展模型"，819～1 638 美元为准工业化阶段，1 638～12 287美元为工业化阶段，12 287～29 490 美元为后工业化阶段，那么目前连云港市处于工业化中级阶段后期、高级阶段早期。如果以工业化率等于工业增加值占全部生产总值的比重来计算，工业化率 20％～40％为工业化初期，40％～60％为工业化中期，60％以上为工业化后期，目前连云港市的工业化率为 37.5％，处在工业化初期向中期的过渡阶段。尽管如此，目前连云港市的产业结构比重为 13.1：44.4：42.5，存在着第一产业比重偏高，而第二、三产业比重偏低的缺陷，三次产业结构明显不如全国 9：40.5：50.5 和江苏省 5.7：45.7：48.6 的水平。城镇化率 58.7％，低于江苏省平均水平 7.8 个百分点，工业化进程和城镇化进程低于全国和江苏省平均水平。而且连云港工业经济依旧比较脆弱，工业规模小，技术水平较低，缺少带动力强的支柱产业，缺少高附加值的拳头产品。按照江苏省统计局 2011年后以年主营业务收入 2 000 万元以上为规模企业标准，2014 年规模以上企业亏损面为 9.3％，规模以上国有工业亏损面为 27.3％，规模以上"三资"工业企业亏损面为 24.9％，经济运行质量不够高，发展后劲不够足，总体竞争能力不强，发展相对滞后。规模以上工业增加值 1 156.50 亿元，占全省的比重为 3.5％；规模企业数量偏少，2015 年末全市规模企业 1 637 家，位居全省末位，分别比徐州少 1 216 家、比盐城少 1 349 家、比淮安少 874家、比宿迁少 837 家。从这些指标来看，连云港市虽然进入了工业化中期，但发展水平还很低，工业支撑仍然不强。

（三）经济转型升级，居民增收变难

近年来，连云港市紧紧抓住国家"一带一路"建设的重大战略机遇，加快切换发展动力，向结构改革和创新驱动要动力，着力加快产业结构调整、转型升级步伐，把战略性新兴产业、临港产业、现代服务业确立为全市三大主导产业，把新医药、新能源、新材料、智能装备制造业"三新一高"作为主要产业格局。产业结构调整，就是从中低端转向中高端，从劳动密集型行业向创新技术型行业逐步发展。在产业转型升级和结构调整过程中，必然伴随着结构性失业问题，也就意味着部分劳动力要从传统产业转入新兴产业，但因其现有劳动技能跟不上新产业的要求，这必将导致失业率的上升和劳动力素质要求的进一步提高，城乡居民就业难度加大，工资性收入持续增长难度大。

（四）城乡居民收入增幅收窄、增长动力减缓

随着经济增速放缓，居民收入在一定程度上出现增速趋缓的态势。"十二五"期间连云港市城镇居民人均可支配收入平均增长 11.5％，比"十一五"期间平均增速 13.7％下降了 2.2 个百分点，增速呈回落态势。全市城镇常住居民收入全省排名靠后，仅为全省平均水平的 69.2％。城镇居民人均可支配收入仅位于宿迁市之前，与前一位的徐州市相差 490 元，与淮安、盐城市差距明显，分别相差 2 376 元和 2 472 元。全市城乡居民家庭可支配收入主要以工资性和转移性收入为主。城镇居民收入来源单一，工资性收入增长乏力，收入增长后劲不足，难度较大。随着结构调整、经济转型，一些劳动密集型企业和小企业订单减少，获利微薄，工资难以增长。2015 年起，行政事业单位调整工资及调整全省最低工资标准，涨幅在 10％左右，即使这样，2015 年全市城镇居民工资性收入占家庭可支配收入的 54.5％，比 2014 年的占比还下降了 0.1 个百分点（表 7 - 16）。经营净收入占家庭可支配收入的 19.9％，也比 2014 年下降了 0.58 个百分点。经营性收入受经济下滑、二、三产拖累和网络销售对实体销售的冲击，加上房租等成本的不断增加，获利空间进一步受到挤压，导致城镇居民经营性活动受到影响。居民财产净收入占家庭可支配收入的 7.9％，比 2014 年占比只增加 0.1 个百分点，所占比重为 4 大项收入中最低，对收入增长的贡献率也为最低，投资渠道较窄，影响居民财产净收入。

表 7 - 16　连云港市城镇居民历年收入结构表

单位：元

指标名称	2011 年	2012 年	2013 年	2014 年	2015 年
可支配收入	21 694.51	24 342.07	26 989	23 595	25 728
一、工资性收入	13 081.65	14 757.21	16 187	12 893	14 018
二、经营净收入	2 005.09	2 327.03	2 486	4 833	5 125
三、财产净收入	274.72	277.16	328	1 847	2 033
四、转移净收入	8 330.87	9 101.47	9 985	4 022	4 552

数据来源：连云港市统计年鉴。

农村居民工资性收入占比高达 76.6％，其他三项收入合计占比 23.4％（表 7 - 17）。2015 年农村居民工资性收入占家庭可支配收入的 46.2％，比 2014 年的占比只增加了 0.1 个百分点。经营净收入占家庭可支配收入的 35.4％，比 2014 年下降 1.56 个百分点，农产品价格不稳定，影响农民家庭经营收入的增加。农村居民人均财产性收入占可支配收入的 1.28％，同比增长

12.5％，拉动可支配收入增长 0.03 个百分点，多年的租金及转让土地承包经营权收入增长均不足。

表 7 - 17 连云港市农村居民历年收入结构表

单位：元

指标名称	2011 年	2012 年	2013 年	2014 年	2015 年
可支配收入	11 033	12 368	13 904	11 698	12 778
一、工资性收入	4 562	5 300	6 053	5 392	5 908
二、经营净收入	5 890	6 322	7 007	4 325	4 528
三、财产净收入	170	179	216	146	164
四、转移净收入	411	567	627	1 925	2 177

数据来源：连云港市统计年鉴。

（五）居民收入差距大，低收入群体增收困难

目前连云港市城乡居民无论是区域之间、城乡之间、居民内部之间和行业从业人员之间都存在较大差距。区域差距主要表现为和苏南、苏中及苏北的差距，2014 年连云港市居民人均可支配收入 17 798 元，在江苏排名倒数第二，只相当于排名江苏省第一的苏州居民人均可支配收入 39 780 元的 44.7％，相当于全省平均水平 29 539 元的 60.3％（表 7 - 18）。居民人均储蓄存款 20 757 元，在江苏省排倒数第二，只相当于排名江苏省第一的无锡市居民人均储蓄存款 66 791 元的 31.1％（表 7 - 18）。

表 7 - 18 连云港市和江苏省三大区域居民人均可支配收入和居民储蓄存款比较

单位：元

	苏南	苏中	苏北	连云港市
居民人均可支配收入	36 472	24 599	18 623	17 798
人均居民储蓄存款	62 234	53 031	24 073	20 757

数据来源：江苏省统计年鉴。

连云港市城乡差距也比较大，2015 年连云港城镇常住居民人均可支配收入 25 728 元，同比增长 9.0％，农村常住居民人均可支配收入 12 778 元，同比增长 9.2％，农村常住居民可支配收入增幅比城镇常住居民高 0.2 个百分点，但城乡收入比仍达 2.01：1，农村居民收入只相当于城市居民收入的 49.6％，绝对差值达到 12 950 元。

按国民经济行业分，连云港市居民收入差距也在拉大（表 7 - 19）。4 年在岗职工年均工资额最高的行业为：电力、燃气及水的生产和供应业（891 685

元)、金融业(807 785 元)、科学研究、技术服务和地质勘查业(60 248元)、公共管理和社会组织(55 562 元);年均工资额最低的行业为:农、林、牧、渔业(29 850 元)、采掘业(35 004 元)、制造业(36 661 元)。4 年间,农、林、牧、渔业只提高了15 636 元,年均只提高了3 909 元,年均工资额只有电力、燃气及水的生产和供应业(891 685 元)的 1/3。

表 7 - 19　连云港市不同行业在岗职工平均工资

单位:元

行业分类	2011 年	2012 年	2013 年	2014 年
全市平均	38 817	44 124	46 250	50 189
农、林、牧、渔业	22 723	26 872	31 445	38 359
采掘业	28 413	34 151	33 482	43 951
制造业	28 791	32 277	37 451	48 126
电力、燃气及水的生产和供应业	76 381	83 056	90 858	106 379
建筑业	36 922	39 635	40 795	43 478
批发和零售业	40 915	41 445	36 468	41 779
交通运输、仓储和邮政业	42 531	43 891	49 273	55 069
住宿和餐饮业	32 528	23 502	30 628	33 725
信息传输、计算机服务和软件业	20 362	45 987	49 918	56 532
金融业	72 374	79 230	83 539	87 971
房地产业	34 995	41 012	46 197	47 933
租赁和商务服务业	35 339	40 410	39 181	40 320
科学研究、技术服务和地质勘查业	50 967	59 760	60 521	69 743
水利、环境和公共设施管理业	24 920	33 295	35 264	35 400
居民服务和其他服务业	32 874	38 757	47 624	54 004
教育	45 458	52 155	56 416	57 699
卫生、社会保障和社会福利业	34 727	45 049	51 050	56 091
文化、体育和娱乐业	44 056	49 557	55 074	54 964
公共管理和社会组织	50 909	55 349	57 198	58 794

数据来源:连云港市统计年鉴。

这些差距导致不同群体之间占有的资源不均衡、难以实现收入阶层的跨越。按照江苏省标准，年均纯收入 6 000 元以下的低收入人口为贫困人口，目前连云港市贫困人口 360 581 人，贫困人口发生率为 6.8%。这些贫困人口，一般文化程度低，老弱病残盲居多，就业较为困难，对收入的增长缺乏能力和主动性，生活来源主要依靠政府和社会救济，是增收难度最大的群体，这些都将影响全体居民收入翻番目标的实现。

五、实现连云港市精准扶贫和富民惠民的对策建议

脱贫是目前连云港市全面建成小康社会最突凸出的短板，当前，全面建成小康社会任务日渐紧迫，要确保连云港市 36.06 万贫困人口 2019 年如期脱贫，实现城乡居民收入翻番目标，时间紧迫、任务艰巨、使命重大，必须精准施策，打破瓶颈，采用一系列"超常规"的举措和政策"组合拳"。

（一）精准施策，摆脱贫困

1. 建立精准扶贫的工作机制

按照扶贫对象精准、项目安排精准、资金使用精准、措施到户精准、因村派人精准、脱贫成效精准"六精准"的要求，建立完善"五大"工作机制：建立完善帮扶对象精准识别和动态管理机制、组织党员干部开展"一对一"结对帮扶机制、实施帮扶项目带动低收入户及利益联结机制、石梁河片区集中连片开发机制、扶贫资金投入与监管工作机制。健全"四有""户有卡、村有册、镇有账、区有档"帮扶工作档案，即：每一户低收入扶贫开发户都有帮扶联系卡、每一个村都有一套完整的帮扶工作账册、每一个镇都有一套完整的低收入户建档立卡电子及纸质台账、区有完整的帮扶工作台账档案，真实反映精准扶贫工作进程。实行"1+3"村级帮扶模式和"1+1"农户帮扶机制。"1+3"村级帮扶模式，即：对 149 个省定经济薄弱村，每个村安排一位市、县或乡镇领导挂联，有一个后方单位帮扶，有一名帮扶队员派驻。还安排一名机关单位干部担任村"第一书记"和科技专家驻村帮扶指导。"1+1"农户帮扶机制，即：一个低收入农户至少有一名党员干部结对，不脱贫，不解对。加强对扶贫工作绩效的社会监督，开展贫困地区群众扶贫满意度调查，建立对扶贫政策落实情况和扶贫成效的第三方评估机制。评价精准扶贫成效，既要看减贫数量，更要看脱贫质量[2]。

2. 实施产业扶持脱贫工程

产业是经济发展的基础，没有产业支撑，贫困群众很难脱贫致富，扶贫开发也难以持续。立足贫困地区的优势和特色，大力扶持贫困村和贫困户发展产业，实施精准产业扶贫，不断增强"造血"功能，推动贫困地区加快发展，促

进贫困人口脱贫致富。

（1）发展特色产业脱贫

连云港市在"一带一路"的历史发展机遇面前有着重要的战略地位，应加快融入国家发展战略，推进产业多元化。

连云港市严格按照《"一带一路"连云港农业国际合作示范区规划》要求，加快推进示范区建设，要高标准建设"一带一路"连云港农业国际合作示范区和赣榆国家现代农业示范区，建成"贯通一东一西、服务一带一路"的农产品和生产要素双向流通枢纽，重点建设五大平台、五大园区、六大基地。**五大合作平台**，即政策交流平台、科技合作平台、贸易物流平台、金融服务平台、信息合作平台，实现政策沟通、设施联通、贸易畅通、资金融通、民心相通。**五大园区**，即赣榆农业合作园区、东海农业合作园区、灌云农业合作园区、灌南农业合作园区、现代农场合作园区。**六大基地**，即农产品物流基地、出口农产品生产示范基地、农产品加工示范基地、农业特色装备制造产业基地现代农业科技示范基地、种苗反应基地。近年重点抓好东海中澳肉牛、灌云丹育种猪等50个重点项目建设，力争建成一批示范性工程、标志性项目，使五个合作园区优势更明显、六个产业基地特色更突出。另外，还将建设现代农业科技示范基地和园艺作物种苗繁育基地，立足本市，辐射带动江苏及山东、安徽、河南等新亚欧大陆桥沿线地区，逐步建立起布局合理、结构优化、功能完备、运行有效的国际化高效种苗产业体系。重点在对外合作、中西部合作、示范区建设、信息平台建设上取得更大成效，加快推进农业对外开放，打造外向型农业的亮点和品牌，建成一批标志性工程、标志性项目。

抓招商集聚，充分发挥农业产业化龙头带动优势。按照"一村一品"原则，紧紧围绕培植壮大以优质稻麦、水产品、畜禽产品、食用菌为主的**食品加工型龙头企业**；以蔬菜、瓜果速冻保鲜为主的**出口型龙头企业**；以种苗、种业、种畜的育繁推一体化为主的**服务型龙头企业**；以秸秆、林木、动物皮毛加工为主的**轻工型龙头企业**；以农产品、农资销售、仓储、物流为主的**流通型龙头企业**；以农产品电商、跨境电商为主的**电商型龙头企业**等六类龙头企业集群，全力做好产业链招商这篇文章，力争通过六条"龙群"的崛起，形成围绕产业办龙头、办好龙头兴产业、产业兴旺富百姓的新局面[3]。

要按照"形成规模、打造特色、树立品牌"的要求，进一步优化农业区域布局，形成具有区域特色的主导产品和支柱产业，打造农产品优势产业带，培育一批特色明显、类型多样、竞争力强的专业村镇。连云区紫菜产业、东海县双店镇鲜切花、灌南县汤沟镇杭白菊、灌南县田楼乡甜叶菊、振兴集团郁金香、灌南现代农业园区纯白金针菇、赣榆县石桥镇果蔬、海州区新坝镇拿比特西瓜都有一定的影响力，在加快转变农业发展方式的基础上，以引进培育龙头企业为切入点，加快农业产业化。围绕连云区"盛德福"牌杏鲍菇、连云区"苏云"牌云雾茶、新浦区"草舍番茄"、灌云县"任正春"牌四季豆、赣榆县"徐福"茶、灌南县"悦诚"牌兔肉、赣榆县"金韩"牌猪肉、云台农场"云盛"牌蔬菜、赣榆县"谢湖"牌大樱桃等名优品牌，将扶贫资金与农业产业化、高效农业、农业开发等项目资金进行整合，重点打造脱贫攻坚产业园，带动贫困户脱贫致富。

加快农村一、二、三产业的融合，做大做强休闲农业。作为全国休闲农业与乡村旅游示范点的赣榆区谢湖有机茶果观光基地、全国休闲农业与乡村旅游星级示范区（企业）的东海县桃林镇福桃农业发展公司、灌南县现代农业示范区、赣榆区徐福生态园要形成特色，做大产业，做强品牌。被推介为全国休闲农业与乡村游精品线路和景点的连云港市"连云港市区—赣榆区—海州湾旅游度假区—石桥生态园—徐福生态园"进一步彰显连云港市休闲农业的影响力。

(2) 加大"互联网＋农业"扶贫力度

"互联网＋农业"是充分利用移动互联网、大数据、云计算、物联网等新一代信息技术与农业的跨界融合，创新基于互联网平台的现代农业新产品、新模式与新业态。充分利用"互联网＋"的时代特征，搭建农产品电子商务平台，畅通农业市场信息渠道、流通渠道，实现区域特色农产品宣传、农产品生产企业宣传及在线交易三大功能，同时推动建立一批农产品电子商务运营商，促进包括分销、质检、包装、冷链、物流等在内的农产品服务体系的完善。互联网的开放、快速、传播特性，则将倒逼着农企更加注重品牌、特色，挖掘文化内涵，推动农产品品牌的树立。挖掘连云港特色优势农业，推动特色农业向产业化迈进，形成适度规模经营，形成市场优势，增加农业产业发展。推广"一村一品一店"模式，支持邮政、供销等系统在经济薄弱地区建立服务网点，加快发展农村电子商务。通过平台和载体的搭建，突破信息和物流的瓶颈，从而实现"工业品下乡"和"农产品进城"的双向流通功能，以电子商务＋农产品物流为特色，实现电子商务与商贸物流协同发展，不仅拓宽了农民增收的新途径，同时也带动线上线下各行各业促进从业人员就业。

(3) 探索资产收益脱贫

2015年11月29日，《中共中央、国务院关于打赢脱贫攻坚战的决定》提出探索资产收益扶贫。在《中共中央关于制定国民经济和社会发展第十三个五年规划的建议》中，提出了要"探索对贫困人口实行资产收益扶持制度"，这是中央在脱贫上实施的制度安排创新，这是中央层面首次提出政策表述。资产收益扶贫是将自然资源、公共资产（资金）或农户权益资本化和股权化，相关经营主体利用这类资产产生经济收益后，贫困村与贫困户按照股份或特定比例获得收益的扶贫项目[4]。

资产收益扶持制度，主要针对丧失劳动力而无法劳作的农村贫困人口，利用财政专项扶贫资金或部分支农资金作为贫困人口的股份，参与专业大户、家庭农场、农民合作社等新型经营主体和龙头企业、产业基地的生产经营和收益分红，改变过去点对点的扶贫模式，按股比分享收益，以增加贫困人口的财产性收入，扩展贫困人口的生产生存空间，实现脱贫致富。除了由国家财政资金形成资产确权入股外，资产收益扶持制度还可以将农户和集体拥有的土地、林地、草地、荒山、滩涂、水面、房屋、建筑物、机械设备等资源和资产股份量化后入股发展生产经营活动，增加贫困户的财产性收益。

一是推进资金变股金，让分散的资金聚集起来。在不改变资金使用性质及用途的前提下，将财政投入到农村的生产发展类资金、农业生态修复和治理资金、扶贫开发资金、农村基础设施建设资金、支持村集体发展资金等各类资金，在不改变资金使用性质及用途，完善资金投入的流程、入股程序、股权管理、股金退出、风险防控等机制，保障资金安全的前提下，量化为村集体和农民持有的股金，集中入股到企业、合作社和家庭农场等经营主体，形成村集体和农户持有的股金，提高财政资金的使用效益。

二是推进资源变股权，让沉睡的资源活起来。要积极引导农民以土地经营权入股。在坚持农民土地集体所有性质不改变、耕地红线不突破、农民权益不受损这个"三不"前提下，引导农民将已确权登记的土地承包经营权入股到企业、合作社、家庭农场等经营主体，让入股农户以承包地入股的方式成为参与者。还要积极将集体所有的土地、林地、草地、荒山、滩涂、水面、房屋、建筑物、机械设备等资源和资产协商评估入股，使集体经济组织拥有合作社、企业、家庭农场等经营主体的股权，按比例获得收益。

三是推进农民变股民，让增收的渠道多起来。按照平等自愿、利益共享、风险共担的原则，鼓励和推动农民以土地、资金、技术等多种方式入股企业、合作社、家庭农场等经营主体变为股民，让农民实现就近就业，在参与规模化、组织化、市场化发展中提高土地产出率，增加农民收入。同时将财政定向投放到贫困户的帮扶资金转变为贫困户持股，投入到村集体领办和创办的经济组织获益。

当然，资产收益扶贫的推广需要因地制宜。因为资产收益扶贫项目需要依托于当地产业，投资对象是企业、大户及合作社等，因此并不是所有的贫困村均宜推广实施。对于部分自然资源欠缺、产业发展水平低、难以吸引企业或大户的地区，资产收益扶贫项目可能难以成功实施。对于具备一定条件的贫困地区，其具体模式也需要因地制宜进行探索，综合考虑当地资源优势、投资对象条件、贫困程度、资金数量等多方面因素确定项目实施方案，稳步推进[5]。

（4）大力推进生态扶贫

牢固树立创新、协调、绿色、开放、共享发展理念，积极探索和推进生态扶贫，建立生态环境保护和农民增收双赢的长效机制。

要严守生态保护红线。开展山、水、林、田、路、库综合治理，加强森林生态系统修复，加大土壤生态系统整治，完善水资源保护制度体系，强化农田生态保护。

启动实施退耕还林（草）试点，降低耕作强度，加强植被保护；合理规划、布设区域生产道路、沟渠系统，改造坡耕地，减少水土流失。市、县两级设立生态补偿基金，通过财政贴息、以奖代补等方式，鼓励农户发展用材林、经济林、水源涵养林等，在保护生态的同时增加农户收入。

发展循环经济，着力培育和扶持具有地方优势的生态产业和龙头企业。坚决执行国家规定的关于生态产业和龙头企业的优惠政策和措施，结合实际出台了一系列发展循环经济的优惠政策，加快生态产业和循环经济的发展。选定一批具有一定规模的生态产业和区域作为示范点，选取一批带动作用强、具有发展潜力的生态型企业作为龙头企业，加大科技、资金投入，进行重点扶持，重点建设。

支持经济薄弱地区依托当地青山绿水等生态资源，**发展休闲农业和农家乐**等乡村旅游业，增加农民就业，拓展增收渠道。像新沂河、新沭河，海陵湖和塔山水库、安峰水库、房山水库可以利用水域资源丰富的优势，开展度假、观花赏鱼、垂钓、美食等休闲观光项目。东海县海陵湖生态农业观光园、天仙顶钓鱼山庄、振兴垂钓中心、赣榆罗阳垂钓中心等，虽然有的规模不大，但特色明显，深受游客欢迎。

根据连云港市的地域特点、农业资源分布和开发现状，以主要水系和丘陵山区为依托，重点建设"两区一带"三大休闲观光农业区。"两区"：一是环湖水乡风情观光农业区。连云港市湖泊资源丰富，海陵湖、塔山水库、安峰水库、房山水库水域面积较大。重点开发环湖地区，突出休闲度假特色。发掘湖区淡水养殖、特禽养殖、环湖水域湿地动植物多样性资源，发展集疗养、度假、观花赏鱼、采摘垂钓、水上运动、湖鲜品尝等为一体的观光农业、观光渔业区。二是丘陵山陵风情生态观光农业区。云台山和西部丘陵山区是连云港市十分宝贵的农业观光资源，云台山玉女峰是江苏省第一高峰。结合丘陵山区综合开发，突出休闲健身观光特点。开发利用丘陵山区果茶种植、野生动植物驯养、珍稀食用菌种植和竹园林木资源，打造一批山顶绿树葱葱，山腰果树环抱，山下茶叶飘香的具有山区特色的生态农业观光区。

"一带"即沿海风情观光农业带。以沿海高速为主线，以长三角洲、陇海线大中城市为主要客源市场，突出休闲度假特色。以生态连云港建设为契机，在滨海地区，建设农鱼风光区、森林生态观光区、特色瓜果园等休闲园区，开发一批特色项目。利用园林绿化结合发展特色农业、田园景观、生态保护区、植物园等，形成独具一格的高品位生态休闲度假胜地。

大力发展生态经济，通过发展资源环境可承载的种养、加工、商贸、旅游等特色产业，形成生态保护与扶贫开发的良性互动。贫困地区发展特色产业，要追求规模经济，要加强联合，大力发展"一乡一业，一村一品"，或者是"多乡一业，多村一品"，加快产业聚集，将资源优势转化为经济优势。如海州区浦南镇以"龙浦路"沿线村庄为主，发展葡萄、美国红枫等特色林果产业，按照集中连片、规模发展的原则，在原有 3 000 亩红枫基地的基础上，新建苗木基地 2 000 亩，樱桃 1 000 余亩，葡萄 1 000 多亩，形成了一定规模的"绿廊"种植经济。加快各类特色示范园建设，先行先试，在政策、资金、土地等多方面给予一定的扶助或向其倾斜，发挥其对周边地区发展的辐射带动作用。

深化人居环境综合治理。加大市、县、乡镇、聚居点供排水基础设施建设，推进环境污染第三方治理，开展乡镇、村、居民点脏乱差治理、垃圾污水处理为重点的环境突出问题整治，推进改厕、改圈（舍）、改灶、改院和治弃、治污、治理乱搭乱建。推进聚居点、道路和水系绿化建设。

(5) 推进农业供给侧结构性改革

农业供给侧结构性改革的主要任务，一方面是对于大众农产品去库存，要增加绿色、有机等优质农产品和特色农产品供给，适当调减滞销品种生产，减少一般、过剩农产品供应，减少无效和低端供给；另一方面，除了保障农产品数量充足，还要通过政策改革等方式降低生产成本，提高农业效益和竞争力。

推进农业供给侧结构性改革，要把市场需求作为"导航灯"，调整优化农业生产结构和产品结构，增强农产品供给结构的适应性和灵活性，创新产品供给，为消费者提供更丰富、更优质、更适销对路的产品。改善要素使用，推进科技创新。水、土、肥、药、技、机等，是农业生产的主要投入要素。这些年，水、土要素已经绷得很紧，肥、药使用过量，机械、技术支撑能力与发达国家相比仍有较大差距。必须大力实施科技创新战略，尽快推动农业发展由依靠物质要素投入驱动向依靠科技进步驱动转变，提高农业全要素生产率。要改善经营方式，推进管理创新。

推进农业供给侧结构性改革，还要充分调动各类经营主体的积极性，加快构建以农户家庭经营为基础、合作与联合为纽带、社会化服务为支撑的现代农业经营体系，既要面对农业兼业化、农民老龄化、农村空心化现象，又要面对农业经营面临的规模小、方式粗放、劳动力老龄化、组织化程度低、服务体系不健全等突出问题，为此，必须在家庭承包经营的基础上，逐步形成以专业大户、家庭农场、农民合作社、农业产业化龙头企业为骨干，其他组织形式为补充的新型农业经营体系，着力提高集约化、专业化、组织化、社会化水平，发展多种形式的农业规模经营和社会化服务。大力培育新型经营主体和新型职业农民，发挥其在推广新技术、开拓新市场、打造新业态等方面的引领作用，鼓励其成为推进农业供给侧结构性改革的主力军[6]。

3. 实施知识扶贫脱贫工程

（1）加强教育扶贫，扶贫先扶智

习近平总书记多次强调"扶贫必扶智、阻止贫困代际传递。""扶贫必扶智。让贫困地区的孩子们接受良好教育，是扶贫开发的重要任务，也是阻断贫困代际传递的重要途径。"2015年全国两会期间，习近平总书记在参加代表团审议时指出："扶贫先扶智，绝不能让贫困家庭的孩子输在起跑线上，坚决阻止贫困代际传递。"对此，确保低收入农户子女都能接受学前及义务阶段教育。合理布局农村中小学校，落实义务教育学校办学标准，改善义务教育薄弱学校基本办学条件。加强乡村教师队伍建设，推动城乡教师合理流动和对口支援。落实建档立卡家庭经济困难学生普通高中免除学杂费政策。大力发展中等职业教育，让低收入家庭子女免费接受职业教育。加大对低收入农户大学生的救助力度，实现家庭经济困难学生资助全覆盖，确保低收入农户适龄子女不因贫困失学。对低收入农户未就业的高校毕业生提供就业支持。组织实施好统战部门的"光彩事业"、共青团"圆梦行动"、妇联"春蕾圆梦工程"等计划，有针对性地对贫困学子开展助学活动[7]。

（2）促进转移就业脱贫

要以脱贫攻坚为统领，以提升劳动力素质为根本，以实现转移就业为目标，通过大力实施劳动力素质提升培训工程，将"输血"扶贫转变为"造血"扶贫。

一是加大宣传、转变观念。要通过开展集中政策宣讲、就业讲座政策下乡、集中培训、思想教育等途径，教育引导未就业人员特别是建档立卡贫困农民改变封闭保守的传统就业模式，树立自主择业、自主创业、竞争上岗、优胜劣汰的竞争观念。

二是建立扶贫对象就业台账。按照"准确、清楚、动态"的要求，制定全市统一的就业扶贫工作登记表，对职业介绍、岗位开发、技能培训、转移就业等进行台账管理，对登记建档的贫困户逐一进行调查，详细了解农村贫困劳动力结构和就业创业需求，掌握贫困劳动力基本情况、就业愿望和培训愿望，有针对性地实施就业帮扶措施，制定促进就业的工作方案，积极组织实施。

三是实施脱贫技能培训计划。要以发展经济解决就业为重点，围绕城市经济用工需求和农村产业结构调整，实施低收入农户职业技能培训工程，使适龄农村劳动力至少掌握一门致富技能，对有劳动能力的低收入人口培训实现全覆

盖，每年培训转移就业 1 万人，实现"培训一人、就业一人、脱贫一户、稳定一家"。

四是开发岗位，在促进就业上下工夫。根据贫困群众文化层次、年龄结构、培训愿望以及企业单位用工需求，积极为企业单位和求职人员搭建供需平台帮助贫困群众就业。要因地制地宜推进乡镇工业集中区和村级创业点建设，引导低收入农户就地就近转移就业。对低收入农户特殊困难劳动力，实施政府购岗扶持就业；支持经济薄弱地区乡村组建劳务合作社，承接各类公益性服务项目，为低收入农户提供就业岗位。加大对经济薄弱地区农民工创业的政策扶持，鼓励引导有条件的农民自主创业、返乡创业，以创业带动就业。

（3）加快培育新型职业农民

加快形成职业农民教育培训体系，把职业农民培养成建设现代农业的主导力量。鼓励农民通过"半农半读"等方式就地就近接受职业教育。加快培育新型农业经营主体，定期轮训合作组织理事长、家庭农场主等规模农业负责人，提高经营管理水平，增强脱贫致富带动能力。引导有志投身于现代农业建设的农村青年、返乡农民工、农技推广人员、农村大中专毕业生和退役军人等加入职业农民队伍。优化财政支农资金使用，把一部分资金用于培养职业农民。

（4）积极开展科技扶贫

继续组织百名科技专家进驻村镇开展科技帮扶行动。加强农村基层农技推广体系建设，稳定农技人员队伍，推动公益性服务与经营性服务相结合。以有先进服务手段、有优良专业人员、有规模示范基地、有严格责任制、有稳定财政保障的"五有"乡镇农技推广综合服务中心创建为抓手，进一步健全完善市县乡村农业技术服务网络，建立农技专家定点帮扶、定期辅导机制。支持农业科技企业领办农村科技服务超市，带动合作社、农户发展乡村特色产业。研究制定促进农业科技成果转移转化的扶持政策，深化与省内外高等院校、科研院所的务实合作，在各产业园区建立科研转化基地，培育壮大优势产业。深入推行科技特派员制度，开展创业式扶贫服务。

4. 实施民生保障扶贫脱贫工程

要充分发挥民生保障的"兜底"功能，统筹实施最低生活保障、医疗救助、教育救助、特困救助等救助制度，实施精准保障扶贫。

（1）实行最低生活保障兜底脱贫

进一步完善城乡居民基本养老保险制度，引导农村低收入人口积极参保续保，逐步提高保障水平，有效减少因老致贫返贫。健全最低生活保障标准动态管理机制，适时调整保障标准，并按脱贫时限要求，建立农村低保标准与扶贫标准衔接时间表。对低保户和五保户，主要是鳏、寡、孤、独、残、病等特殊原因造成的贫困人口，这些人口绝大多没有劳动能力，采取政府"兜底"，应保尽保，并不断提高农村低保保障标准。对家庭生活困难、靠家庭供养且无法单独立户的成年无业重度残疾人，经个人申请，可按照单人户纳入最低生活保障范围。加强农村低保和扶贫开发数据的互联互通、资源共享，实现动态监测管理。近年来，实施最低生活保障制度发挥了重要作用，农村居民享受最低生活保障的人数稳定在此基础上，充分说明连云港市农村最低生活保障制度进入平稳发展时期（表7-20）。

表7-20 连云港市最低生活保障人数

年度	低保人数（人）	年增长率（%）
2012	125 003	−6.46%
2013	123 935	−0.85%
2014	111 241	−10.2%
2015	99 217	−10.8%

数据来源：连云港市统计年鉴。

（2）开展医疗救助脱贫

在贫困原因中，因病致贫现象突出，往往是"一人生病，全家致贫"。要全面落实国家健康扶贫工程要求，保障低收入人口享有基本医疗卫生服务，努力防止因病因残致贫返贫。人社、卫计、民政部门要提高城乡居民基本医疗保险和大病保险制度实际筹资水平，门诊统筹全面覆盖所有经济薄弱村。对符合条件的建档立卡低收入人口参加城乡居民基本医疗保险个人缴费部分，由医疗救助基金全额补贴。将符合条件的低收入人口全部纳入重大特大疾病救助范围。对城乡居民基本医疗保险、大病保险和医疗救助支付后自负费用仍有困难的，加大慈善救助帮扶力度。对低收入人口大病实行先诊疗后付费的结算机制。加强健康教育，大力提高农村医疗卫生服务水平，严格落实新生儿疾病筛查、妇女"两癌"免费筛查、孕前优生健康免费检查等措施，最大限度地降低残疾婴儿出生率。

（3）完善临时救助

对遭遇突发火灾、溺水、交通事故、人身伤害等意外事故、重大疾病或其他特殊原因，导致家庭基本生活陷入困境的贫困家庭或个人，通过发放临时救助金、生活必需品等方式，解决其突发性、紧迫性、临时性生活难题。按照《连云港市市区城乡困难居民临时救助暂行办法》的有关规定，因火灾、溺水、交通事故、人身伤害等意外事件，导致家庭生活暂时出现严重困难的，按家庭每人给予1次3～6倍最低生活保障标准救助；因突发重大疾病等原因，在扣除各种医疗保险报销、医疗救助部分和其他社会帮困救助资金后，个人负担医疗费数额仍然较大，导致家庭生活暂时出现严重困难的，视困难严重程度，按照家庭每人给予1次2～4倍最低生活保障标准救助；最低生活保障家庭和家庭人均收入在当地低保标准1倍以上2倍以下（不含2倍）的低保边缘家庭因生活必须支出突然增加超出家庭承受能力，导致基本生活暂时出现困难的，视困难严重程度，按照家庭每人给予1次1～3倍最低生活保障标准救助；其他特殊原因造成家庭生活暂时出现严重困难的城乡困难家庭，经其他救助措施帮扶后，基本生活仍然难以维持的，按家庭每人给予1次1倍最低生活保障标准救助。同时还规定，原则上对同一事项，每年救助不超过2次，救助金额不超过最低生活保障标准的12倍。这个实施办法可以临时解决生活难题，但还应该适当提高救助标准，扩大救助次数。

（4）关注"支出型贫困"的家庭救助

"支出型贫困"是指一些家庭或个人因为重大疾病、子女就学、突发事件等原因造成家庭支出过大，远远超出家庭收入的承受能力，实际生活水平处于贫困状态的困难群体。江苏省作为经济发达省份，自2015年7月起，农村低保标准提高到每人每月335元，已经基本解决了"收入型贫困"家庭的基本生活，在低保制度保障之外收不抵支的"支出型"贫困家庭使家庭生活陷入窘况，造成家庭相对贫困。所以要重点关注"支出型贫困"家庭的救助机制。连云港市对于"支出型贫困"家庭，主要采取临时生活救助、临时医疗救助和节日慰问等多种方式给予帮助。但依靠一次性临时救助无法从根本上解决他们的实际困难。因此，"按收入完善低保救助、按支出搞分类救助"，以家庭实际生活支出和医疗、教育等重大刚性支出为指标，形成新型的核贫指标体系和操作办法，从而使支出型贫困群体救助形成制度性安排，把专项救助打包起来，形成"可叠加、多组合"的救助套餐。构建"支出型"贫困家庭救助信息平台，建立多部门参与的家庭经济核算系统与评价体系，进行动态管理，形成政府相关部门紧密配合的"支出型"贫困家庭救助的动态监测机制。

5. 实施社会扶贫脱贫工程

（1）强化金融扶贫支持

一是创新小额信贷到户扶贫形式。扶贫小额贷款是省委、省政府出台的一项重要扶贫政策。省里对扶贫小额贷款已由每户1万元发放上限扩大到2万元。相比有限的财政扶贫资金，扶贫小额贷款可以说是解决低收入农户新上创业增收项目资金难题的最有效手段。要推动金融机构网点向贫困地区延伸，探索解决贫困户担保难、贷款难、贷款成本高的问题，全面推进农村金融产品和服务方式创新。可考虑"五权二指标"即农村土地承包经营权、林权、水域滩涂养殖权、集体建设用地使用权、房屋民有权、城乡建设用地增减挂钩指标和耕地占补平衡指标的生产要素担保方式。在做好农村确权颁证工作的基础上，积极开展"三权"抵押贷款工作，即允许农民以农村土地承包经营权、林权和宅基地使用权（含房屋所有权）作为有效担保物，向银行抵押融资，盘活农村资源，突破农村金融"失血"瓶颈。鼓励将法律、法规不禁止，产权归属清晰的农村资产都纳入担保品范围以激活农村沉睡资产，扩大农业企业抵押质品范围。坚持农村"三权"抵押贷款风险补偿政策，适当提高区、县财政风险补偿比例。

二是强化涉农资金整合。实行"多个渠道进水、一个池子蓄水、一个龙头放水"的资金整合和管理机制，鼓励和推动地方按照"渠道不乱、用途不变、集中投入、各负其责、各记其功"的原则，统筹安排涉农资金。在预算编制环节进行整合。一是在预算编制时对性质相同、用途相近、使用分散的涉农资金进行整合，或按资金用途重新进行分类，并逐步将主要用于补助地方的中央部门预算项目支出转为地方专款管理。二是在项目申报时进行整合。对由财政部门内不同业务部门分别管理的性质相同、用途相近的涉农专项资金，集中打包统一申报。三是在资金使用环节进行整合，继续以现代农业、小型农田水利、农业综合开发、新增农资综合补贴等涉农专项资金为平台，把投向相近、目标相似、来源不同的各项涉农资金进行整合，集中投入。

三是加强银行、保险、融资担保机构的业务合作。充分发挥政府、市场、中介组织的作用，探索助农贷、助保贷、助贫贷等借贷产品，分散和缓解三农信贷风险，有效支持农村实体经济的发展。

（2）动员多元主体，合力助推扶贫

要广泛调动社会各界积极性，动员和组织更多的社会资金投向扶贫开发，利用"10·17"全国"扶贫日"等契机，大力宣传扶贫开发的重要意义，吸引社会资金参与扶贫开发，鼓励、支持、引导各类非公企业、社会组织和个人，自愿采取包干方式参与扶贫，对参与农村扶贫开发的企业、社会组织和个人，依法享受相关税收优惠政策。注重发挥各民主党派、无党派人士在智力扶贫上的优势，探索建立挂钩帮扶制度。组织"百名企业挂百村、万名干部帮万户"活动。实施扶贫志愿者行动计划，构建扶贫志愿者服务网络。大力发展慈善事业，鼓励支持各类慈善组织广泛开展扶贫济困。构建社会扶贫信息服务平台，打造扶贫公益品牌，全面及时公开扶贫捐赠信息，提高社会扶贫公信力和美誉度。健全留守儿童、留守妇女、留守老人和残疾人关爱服务体系。构建政府、社会、市场协同推进的大扶贫格局。[8]

6. 实施石梁河片区扶贫脱贫工程

（1）加强基础设施建设

要把改善基础设施条件，作为集中连片薄弱地区扶贫的关键举措。石梁河库区、东海、赣榆等地的西部岗岭地区，把低收入人口在1万人以上的5个乡镇（东海2个、赣榆3个）作为重点帮扶乡镇。要坚持基础设施先行原则，优先解决丘陵地区的节水、储水、道路联网与提升、基本农田建设等与群众生产生活密切相关的基础设施建设项目，根据《连云港市石梁河片区集中连片扶贫开发规划》分年度推进一批覆盖面宽、效益明显的实事惠民项目，提高片区经济社会发展的承载能力。

在配套设施方面，东海片区着力加强交通运输通道和枢纽规划建设，加强与周边县市的交通联系，加快268省道北与山东省225省道连接，形成区域协调、城乡统筹、功能齐全、路况良好的交道网络。赣榆片区要加快对242省道苏鲁交界至赣榆的改建扩建、402省道一期工程库区段、245省道、327国道、267省道的改建扩建、青抗线城头段改造、班庄镇镇村公路工程建设等。行政村相通公路全覆盖，农路路网根据产业发展逐步完善。加强水利设施建设。东海片区的西部丘陵区，突出小流域综合治理，重点实施塘坝、沟塘、大口井的改造和建设，扩大蓄水库容，提高水资源利用率。中部平原地区，重点更新改造中型翻水站，恢复提水能力，疏浚重要河道，更新改造田间提水泵站和配套田间建筑物。东部平原区，以农田水利续建配套和节水改造为主。赣榆片区通过对石梁河灌区改造、丘陵山区节水灌溉工程、班庄镇塔山水库引水工程等，一方面解决了石梁河水库、塔山水库取水问题，另一方面发展丘陵山地节水灌溉工程，为库区社会经济发展提供良好的水利基础。加快推进农网改造升级，提升农网供电能力和供电质量。加大对农业信息化建设的财政支持与政策保障力度，将农村信息化建设资金列入地方财政预算。加强农村信息网络建设，宽带网络覆盖全部经济薄弱村，解决制约农村电商巨大障碍农村信息"最后一千米"问题。利用省、市信息化平台设施，大力推行县级农业虚拟网站建设，建设乡镇综合信息服务站使整体得到良性发展。

（2）做大做强现代农业

石梁河库区东海片区着力实施"**一带两园七基地**"产业，"**一带**"即沿310高效农业带；"**两个特色农业产业园**"即石梁河葡萄产业园、黄川草莓产业园和李埝中药材产业园、温泉蔬菜产业园；"**七个农业基地**"即东海县李埝乡樱桃谷种鸭子养殖基地、李埝乡标准化肉牛生态养殖繁育基地、李埝生猪养殖基地、石梁河镇水产养殖示范基地、石梁河林果苗木基地、山左口乡蔬菜花卉基地、石梁河网箱生态养殖基地[9]。赣榆片区着力培育"公司＋基地＋农户"的生产模式，重点发展12个**农业基地**即班庄马山特色茶园基地、明杰生猪标准化养殖基地、班庄特色水果园区、兴林苹果园区、阚岭千亩有机稻田、埠地高效水果园区、赣榆特色水果产业园区石沟特色果品基地、门河生态循环农业示范园、小运河观光葡萄园、万桥林果基地、堰水房林果基地、城头镇蔬菜大棚项目（表7-21、表7-22）。

表7-21　石梁河库区（东海县）第一产业发展规划

	园区名称	项目地点	经营方向	主要产品	规　模
养殖园	南辰千亩无公害黑鱼高效养殖基地	南辰乡	水产养殖	黑鱼	占地面积300亩
	南辰现代化肉牛高效养殖场	南辰乡	畜牧养殖	黄牛肉牛	占地面积100亩
	李埝乡樱桃谷种鸭养殖基地	李埝乡	家禽养殖	肉鸭	种鸭场子2个，存栏总量近30万只
	李埝乡标准化肉牛生态养殖繁育基地	李埝乡	畜牧养殖	黄牛肉牛	出栏肉牛4 000余只
	石梁河网箱生态养殖基地	石梁河镇	水产养殖	鲢鱼鳙鱼	15万箱
种植园	石梁河镇晚秋黄梨示范基地	石梁河镇	种植加工	黄梨	占地面积6 000亩
	石梁河镇万亩葡萄示范基地	石梁河镇	种植	葡萄	占地1 200亩
	李埝乡金银花栽培基地	李埝乡	种植	金银花	占地1 200亩
	山左口乡蔬菜花卉基地	山左口乡		番茄丝瓜鲜花	占地40亩

表7-22　石梁河库区（赣榆县）第一产业发展规划

	园区名称	项目地点	经营方向	主要产品	规　模
养殖园	明杰生猪标准化养殖	班庄镇	花园	生猪	占地面积300亩
	班庄马山特色花园场	班庄镇	生猪标准化养殖	茶	年出栏15 000头
种植园	班庄特色水果园区	班庄镇	水果种植	晚秋黄梨、黑莓	占地面积3 000亩
	兴林苹果园区	黑林镇	苹果种植	苹果	占地面积800亩
	阚岭千亩有机稻田	黑林镇	有机食品	有机稻米、蔬菜	占地面积1 200亩
	埠地高效水果园区	黑林镇	特色水果	猕猴桃、蓝莓	占地面积1 000亩

（续）

	园区名称	项目地点	经营方向	主要产品	规模
种植园	赣榆特色水果产业园区	黑林镇	特色果品	猕猴桃、蓝莓、苹果	占地 2 000 亩
	门河生态循环农业示范园	城头镇	循环农业	有机稻米、蔬菜	占地 5 000 亩
	小运河观光葡萄园	城头镇	葡萄种植、采摘	葡萄	占地 1 000 亩
	万桥林果基地	城头镇	林果栽植及生产	苗圃、水果	占地 1 000 亩
	堰水房水果基地	城头镇	林果栽植及生产	苗圃、水果	占地 2 000 亩
	城头村蔬菜基地	城头镇	设施蔬菜	蔬菜	占地 257 亩

重点发展劳动密集型产业，吸纳更多农民就近就业。东海片区做好"一重点两集中""一个重点工业区"即东海开发区北区，主导产业为机械制造、五金加工；"两个工业集中区"即李埝工业集中区，主导产业为蓝莓、苹果、苹果金银花加工（表7-23）。赣榆片区做好一个农业综合加工特色区、一个劳动密集型产业示范区（表7-24）。

表7-23 石梁河库区（东海县）第二产业发展规划

名 称	主导产业	规 模
东海开发区北区	以机械制造、五金加工为主	占地 5 000 亩，到2019 年建设完成机械制造工业园和五金加工工业园
李埝工业集中区	以蓝莓、苹果、金银花加工为主导	占地 1 100 亩，农副产品精深加工
山左口马陵山工业集中区	以水泥、建材为主导	占地 1 200 亩

表7-24 石梁河库区（赣榆县）第二产业发展规划

名 称	主导产业	规 模
班庄工业集中区	以机械制造、家居、服装业为主	占地 1 500 亩，厂房 3 万平方米
黑林工业集中区（扶贫产业园）	以蓝莓等特色水果深加工等为主导	占地 1 000 亩，厂房 2 万平方米，20 家企业

（续）

名　称	主导产业	规　模
城头镇工业集中区	南区以服装、玩具加工产业为主；北区以塑料制品加工业为主	占地1 200亩，厂房2万平方米，20家企业

努力提升第三产业，**东海片区**着力做好4个**"旅游特色区"**即海陵湖水利观光旅游区、葡萄乡村旅游区、红色旅游区、李埝林场生态度假区。**赣榆片区**着力做好苏北鲁南区域特色农业物流集散区和生态休闲乡村旅游。生态休闲乡村旅游重点发展西部自助游（山水旅游、丘陵观光农家游）、田园生态体验游和红色旅游。

（3）壮大镇村经济实力

按照整合资源、以强带弱的思路，因地制宜发展农副产品深加工、商贸物流等产业，加快打造一批工业强镇、现代农业大镇和乡村旅游名镇，提高脱贫带动能力。制定出台扶持经济薄弱村发展的意见，在用水用电、土地指标等方面予以支持。深化村集体经济发展"双百强"竞赛活动。用好省财政60万元/村的发展集体经济项目奖补资金，以项目建设带动村级稳定增收。支持村集体领办土地股份合作社，发展现代特色农林业或创办劳务合作社等服务实体，拓宽村集体经济增收渠道。鼓励村集体经济组织开发利用存量集体经营性建设用地，盘活闲置资源，因地制宜发展物业经济。引导村集体以集体资产资源参股农民专业合作社和优势企业，发展混合所有制经济项目，探索村集体经济新的实现形式。继续实施经济薄弱村债务化解工作。"十三五"期间，经济薄弱村集体经济收入年均增幅10％以上。

（二）创新路径，实现城乡居民收入翻番

1. 推动产业升级，实现经济跨越发展

实现居民收入较快增长的一个重要前提，就是保持经济又好又快发展，提高经济发展的水平和质量。劳动力的报酬与工业化水平、竞争力及其利润水平是正相关的。如果是传统产业占优势，居民收入就不可能提上去。只有依靠转型升级，不断提高企业的技术含量和产品附加值，从而提高人均劳动生产率，才可能提高劳动力报酬，居民收入才能大幅度增加。

积极推进建设战略性新兴产业。目前以恒瑞、康缘等企业为代表的新医药产业，以东海硅资源深加工和高性能纤维及复合材料为主的新材料产业，以核电、光电、光热和风电为体系的新能源产业，以风电装备、汽车零部件和工程机械等产品为主的新型装备制造业，都是引领连云港经济发展的先导产业和支柱产业，都对当前连云港经济社会的发展提供了强有力的支撑。连云港今后要

继续推进新医药、新材料、新能源和高端装备制造业等几大产业集聚发展、提升层次。同时，要深化研究新信息技术、节能环保和海洋产业的加快发展问题，培植产业载体，力促新兴产业快速成长。

加快发展临港工业。充分利用"一体两翼"港口优势，大力发展以大进大出为主要特征的基础性、基地型临港大工业。促进重点企业迅速延伸产业链、提高科技含量，快速形成临港工业集聚区。

大力发展现代服务业。要围绕装备制造业升级换代重点推动生产性服务业的发展，包括和装备制造业配套的现代物流、科技服务、信息服务、商务服务、市场运营等一大批生产性服务业。同时，适应消费结构的升级，在加快发展购物、餐饮、休闲、娱乐等生活性服务业的同时推动养老托幼家庭医疗、家政服务等居民服务业的发展壮大。

2. 深化分配改革，缩小贫富差距

十八大报告中提出城乡居民人均收入"翻一番"，并不意味每个人都在目前水平上翻一番，而是指所有人，即全体人民。尽管在"十一五"和"十二五"这十年间，城乡居民人均可支配收入年均增长 12.6%，但连云港市和全国一样，反映收入差距的基尼系数也达到 0.4 以上，城乡居民收入比达到2.01∶1。收入分配改革不仅仅意味着工资的提高，做"加法"，提高居民的基本收入，做"减法"，还要减轻居民在住房、教育、医疗、养老等领域的负担，收入分配从注重总量到注重结构转变，要实现"两同步""两提高"，就要建立动态规范的工资形成机制和增长机制；要根据经济发展状况，不断及时地调整最低工资标准；加强对垄断行业工资总额和工资水平的双重调控，严格规范国有企业和金融机构等高管人员薪酬管理；加大税收对收入差距的调节力度，提高工薪所得起征点，切实减轻中低收入者税收负担，加快出台房地产税、遗产税和赠予税；提高社会保障的公平性，逐步缩小不同群体之间养老保险待遇差距，建立协调不同利益群众的动态平衡机制和长效机制，缩小贫富差距。

3. 激发重点群体活力，带动城乡居民增收

要贯彻落实《国务院关于激发重点群体活力带动城乡居民增收的实施意见》，瞄准技能人才、新型职业农民、科研人员、小微创业者、企业经营管理人员、基层干部队伍、有劳动能力的困难群体等增收潜力大、带动能力强的七大群体，以群体为对象、分群体施策，推出差别化收入分配激励政策，强化激励导向，实现技高者多得，形成一批宏大的高素质劳动者大军；加大对新型职业农民的培育和支持力度，加快新型职业农民的职业化、资本化和组织化进程，培养一批适应现代农业发展、有技术肯出力的新型职业农民；深化事业单位分类改革，实行以增加知识价值为导向的激励机制，实现工资收入、项目收入、成果奖励一体化激励，产生一批能够潜心发明创造的科研人才；进一步降

低创业成本，健全创新创业成果利益分配机制，形成一批富有活力和创新力的中小创业者；完善产权保护制度、依法保护产权，激发企业家创业热情，走出了一批敢创新敢冒险的企业家和懂市场会管理的职业经理人；完善基本工资制度，健全不同地区、不同岗位差别化激励办法，形成一批素质过硬工作有干劲的公务人员；提升困难群体中具备劳动能力和劳动条件者的人力资本，帮助支持一批困难群体进入劳动力市场实现脱贫增收。通过七大群体激励计划，能够有效地突破关键群体的增收瓶颈，在充分发挥他们带动能力和引领能力基础上，带动城乡居民实现总体增收。

4. 增加农民收入，缩小城乡差距

没有农村、农民的小康就没有全国的小康，要缩小城乡差距，必须采取切实可行的措施开拓农民增收渠道。

（1）加快推进新型城镇化，有序推进农业转移人口市民化

连云港市土地面积 7 500 平方千米，2015 年年末户籍总人口 530.56 万人。连云港市城区基本上属于松散型结构，从沿海向西不均衡延伸，主城区由几乎隔离的三个区组成，连云港市的居民生活区主要集中在新浦区、海州区、连云区。连云港市中心人口 89 万，社区的分布比较广，城市人口密度比较低，仅为 1 000 多人/平方千米，城市面积和人口不匹配。主要原因是连云港市的城镇化建设滞后，城市区域过大，居民区不连片，规模以上的居民区少。目前连云港市的城镇化率只有 58.7%，比江苏省 66.5% 的平均水平还低 7.8 个百分点，在江苏省 13 个地级市中排第十一（表 7-25）。如果到 2020 年，城镇化率达到 68%，中心城区人口将达到 200 万。第一产业对连云港市的贡献率只有 13.1%，而劳动力却占全市总量的 41.3%。城镇化是最大的内需，通过城镇化，可以消化吸收大批富余农村劳动力向第二、三产业转移，不仅可以大幅增加投资和消费，同时通过减少农民从而推动农民收入成倍增加。

表 7-25　2015 年江苏省各地级市城市化率

单位：%

江苏省平均	南京	无锡	苏州	常州	南通	镇江	扬州	泰州	徐州	盐城	淮安	连云港	宿迁
66.52	81.4	75.4	74.9	70	62.76	67.93	62.79	61.55	61.05	60.1	58.15	58.7	55.53

数据来源：江苏省统计年鉴。

（2）发展现代农业促进农民增收

经过多年努力，目前连云港市已形成优质蔬菜、粮油、食用菌、畜产品、水产品等五大优势产业，初步形成了东海县黄川草莓、石梁河葡萄、双店百合花、淮猪肉、大米；灌云县的芦蒿、花果山风鹅、豆丹、西瓜、浅水藕、食用

菌、紫苏、蓝莓、葡萄、生猪、肉鹅、泥鳅；灌南的食用菌、海州湾梭子蟹等国内外知名品牌和优势农产品。围绕优势农业产业，要着力抓好无公害农产品和有机食品产地认定和产品认证工作，不断扩大产业规模。推进农业产业化经营。连云港市要以发展壮大农业龙头企业作为加快农业产业化发展的关键举措，着力打造一批自主创新能力强、加工水平高、带动农民增收作用大的农业产业化龙头企业，着力培育一批产品竞争力强、市场占有率高的知名品牌，在优质粮油、特色养殖、蔬菜食用菌、林果花卉等领域形成一批科技水平高、上中下游相互承接的产业体系。围绕连云区"盛德福"牌杏鲍菇和"苏云"牌云雾茶、新浦区"草舍番茄"、灌云县"任正春"牌四季豆、赣榆县"徐福"茶、"金韩"牌猪肉和"谢湖"牌大樱、灌南县"悦诚"牌兔肉、云台农场"云盛"牌蔬菜等名优品牌，重点打造脱贫攻坚产业园，带动农民脱贫致富。要大力推进现代农业"互联网＋"工程。加快完善农村信息化业务平台和服务中心，建立农业大数据中心，加强农产品市场信息预警分析，为市场主体开展农业电子商务提供科学有效的信息服务。积极发展农业电子商务，依托新一代信息技术，构建农产品冷链物流、信息流、资金流的网络化运营体系。

（3）深化农村改革促进农民获得更多财产性收入

连云港市农村居民人均财产性收入只占可支配收入的 1.2％左右，在财产性收入上空间和潜力十分巨大，要大力增加农民收入，土地、房屋等财产是农民最重要的资产，必须突破在土地、房屋等制度上的瓶颈，才能大幅度提高农民财产性收入。要激活农村土地承包经营权，农村林权使用权，以"权"生财。要加快推进农村土地承包经营权和农村林权的流转；继续完善征地补偿安置措施；实行土地、林地股份合作制，农民按股权分享经营性收益，实现土地、林地收益最大化。激活农村房屋所有权，依法进行流转、租赁、抵押、继承等流转形式，以"房"生财，增加财产性收入。要激活集体资产，将集体"三资"量化为农民股份，以"股"生财。

（4）政策惠农，让农民获得更多直接利益

建立农业农村投入稳定增长机制，要把农业农村作为财政支出的优先保障领域，确保农业农村投入只增不减。完善农业补贴机制。将种粮农民直接补贴、农作物良种补贴、农资综合补贴合并为农业支持保护补贴，突出耕地保护和粮食安全。建立农业补贴标准动态调整机制，完善耕地保护、土地承包经营权和林权流转以及粮油生产等直补办法，确保农村居民转移性收入；加大保护性耕作、深松整地、秸秆还田等绿色增产技术所需机具补贴力度。逐步扩大农业保险保费补贴范围。提高对具有风险性、创新性的农业生产和经营项目的补贴标准。

（5）完善保障制度，提高农民的保障性收入

加快调整财政支出结构，加大对农民的转移支付力度，增加社会保障支出，把农民工的住房、教育、医疗、养老等需求纳入城镇化发展规划统筹考虑。农村最低生活保障、农村养老保险和农村医疗保险三项制度是建设的重点。要切实加强农村最低生活保障制度，对收入难以维持最基本生活的农村贫困人口而建立的社会救济制度并提高救济标准，完善残疾人、困境儿童和孤儿基本生活保障制度，健全优抚对象抚恤补助标准调整机制。进一步完善农村基本养老保险制度，做到"全覆盖、保基本、有弹性、可持续"。修缮连云港市"个人缴费、集体补助、政府补贴"的养老保险资金筹集和缴纳方式，将主辅力度适当调整，加大政府财政对农村养育老保险的投入力度，在财政预算中明确相应比例，确保资金到位及增长机制。同时要切实做好养老保险基金的管理，确保养老基金最大程度的保值和增值。要建立健全农村医疗保险制度。要整合城镇居民基本医疗保险和新型农村合作医疗制度，逐步建立统一的城乡居民基本医疗保险制度。要落实财政补助资金，各级政府要调整各自分担的比例，千方百计落实财政补助资金，并进入新农合基金账户。要进一步扩大合作医疗保障范围，提高合作医疗保障水平。以保大病为主，同时安排一定比例资金用于门诊补偿，解决"小病不出村"的问题。尽可能将大额的慢性病门诊费用等费用纳入合作医疗的补偿范围。为五保户和特困户提供最基本的医疗保障，解决特困农民"看病难"的问题。

5. 提高劳动者素质，促进就业创业

目前，连云港市的人力资源的基本状况不容乐观，城乡居民整体受教育程度相对较低（表7-26）。其中的专业技术人才比例较低，高层次人才更是十分稀缺。目前，连云港市的专业技术人才23.68万人，高技能人才3.19万人，企业经营管理人才17.49万人。全市高层次人才2.1万人，占人才总量的4.5%，每万人口中R&D人数为18人，从事科技活动人员0.97万人，占各类专业技术人数比重为4.1%。人力资本的缺乏必然影响城乡居民收入的持续增长。

表7-26 2015年连云港市城乡居民受教育程度状况

单位：%

	文盲半文盲	小学	初中	高中	大专以上
比例	13.4	25.3	36.5	14.5	10.3

数据来源：连云港市统计年鉴。

人力资本是经济增长的原动力，要促进就业创业，首先要通过培养、开发提高劳动者素质。政府进行政策创新，避免简单涨工资的路径依赖，加大教育培训的资金投入，把涨工资落实到促能力上来，让有知识、有技能者得到更多的收入，分配改革导向。要加大对城镇失业人员、农村劳动力、退伍军人等群

体各种形式的职业技术教育和培训，提高城乡劳动者职业技能。实行 12 年义务教育制度，提高全民文化水平。建立和完善农村科技推广机制，聘请特色产业专家、技术人员进驻乡村对农村劳动力进行种植业、养殖业、电焊、家政等培训，为农村劳动力转移就业提供技能保障。

统筹推进就业创业工作，到 2020 年，全市城镇新增就业 25 万人，城镇登记失业率控制在 4% 以内，新增创业载体 50 个。扶持自主创业 4 万人，创业带动就业 16 万人，切实稳定和扩大就业。

坚持就业优先原则。加快经济结构调整和产业转型升级，保持第二产业持续、稳定发展，创造就业岗位；加快发展第三产业，提供更多的就业岗位；促进农村劳动力转移就业，重点推进农村劳动力有序外出就业或就地就近转移就业。鼓励农民从事农业规模化、集约化、商品化生产经营。将劳动年龄段内被征地农民纳入城镇就业体系，促进被征地农民就业；加强对困难人员就业援助，完善并落实针对有困难群众的就业援助，从制度上保证零就业家庭、最低生活保障家庭等困难家庭至少有一人就业。落实就业困难人员被企业吸纳就业、灵活就业和公益性岗位就业相应社会保险补贴和公益性岗位补贴政策，同时，适当延长公益性岗位新招用人员补贴期限。推进党政机关、事业单位及国有企业的残疾人按比例就业制度，落实对用人单位安置残疾人的补贴和奖励制度。

以深化改革为动力，加强顶层设计，集成政策支持，营造良好环境，激发全社会创业活力，以创业促进就业，形成浓厚的社会创业氛围。要推动大学生等青年自主创业活动。鼓励大学生等青年创业者进入大学科技园、大学生创业园、大学生创业示范基地、留学人员创业园等载体进行创业孵化。支持众创空间与高校建立"创新创业实践基地"，以项目组队形式进入新型孵化器学习，对接学生毕业后的就业和创业。鼓励和支持各类科技人才带技术、带项目在连创业，积极落实各项扶持政策和服务措施。完善高校、科研院所等事业单位专业技术人员在职创业、离岗创业政策。完善科技人员创业股权激励机制，激励科技人员创新创业。鼓励农民返乡创业。对创业者，一要放宽市场准入条件。要放宽注册资本登记条件，不再作为登记前置，放宽新注册企业场所登记条件限制。二要深化商事制度改革，推行工商营业执照、组织机构代码证、税务登记证"三证合一"，实行"一照一码"，简化审批行为，推广"一个窗口"受理、网上并联审批等方式。三要落实税费优惠政策。高校毕业生、登记失业人员等创办个体工商户的，可依法享受税收减免政策。减免登记类、证照类、管理类等行政事业性收费。四要加大对创业人员扶持力度。符合条件人员在连创业可申请享受房租水电补贴、社会保险补贴和一次性创业补贴等扶持政策。对进驻市级创业示范基地初次创业人员，给予房租租金和水电费补贴。对吸纳本市就业困难人员就业并签订 1 年以上期限劳动合同的新创办企业或个体工商户，按规定给予社会保险补贴等。

参 考 文 献

[1] 江苏省省委，江苏省省政府.《省委省政府关于实施脱贫致富奔小康工程的意见》（苏发［2015］35 号）.

[2] 胡建国. 全面建成小康社会背景下精准扶贫实践的难点与对策—基于安徽省安庆市精准扶贫的调查［J］. 重庆广播电视大学学报，2015（4）：14 - 19.

[3] 广西精准扶贫机制创新研究课题组. 广西精准扶贫机制创新研究［J］. 广西经济，2015（10）：32 - 41.

[4] 冯艳. 区域贫困测度——识别与反贫困路径选择研究［D］. 沈阳：辽宁大学，2015.

[5] 尹丽娟. 对甘肃实施精准扶贫战略的思考［J］. 甘肃农业，2015（23）：5 - 6.

[6] 王介勇. 我国精准扶贫政策及其创新路径研究农村精准扶贫的问题与对策［J］. 中国科学院院刊，2016（3）：289 - 295.

[7] 李国治，朱晓芸. 农村精准扶贫的问题与对策［J］. 黑河学刊，2016（1）：135 - 137.

[8]《市委市政府关于推进脱贫致富奔小康工程的实施意见》（连发［2016］8 号）.

[9]《连云港市石梁河片区集中连片扶贫开发展规划》（2016—2019）.

第八章 | CHAPTER 8
江苏省三大区域精准扶贫
工作成效差异的原因分析

习近平总书记指出："全面建成小康社会，最艰巨最繁重的任务在农村，特别在贫困地区，没有农村的小康，特别是没有贫困地区的小康，就没有全面建成小康社会"。当前，全面建成小康社会任务日渐紧迫，"不容一个人掉队"的"全面建成"目标使"精准扶贫"上升为国家战略，要打好"十三五"扶贫攻坚战，确保江苏省三大区域共 276.8 万贫困人口如期脱贫，就迫切需要一些"超常规"的政策和举措"组合拳"，才能实现扶真贫、真扶贫。

一、江苏省三大区域贫困现状

江苏省三大区域指的是苏南地区：南京，苏州，无锡，常州，镇江五市；苏中地区：扬州、泰州、南通三市；苏北地区：徐州、连云港、宿迁、淮安、盐城五市。

（一）贫困人口规模

江苏省在继 2011 年基本消除年收入 2 500 元以下的绝对贫困现象后，自 2012 年起实施新一轮脱贫奔小康工程，2012 年底，江苏省农村人均纯收入在 4 000 元以下的贫困户为 147 万户，411 万人，占全省农村人口的 8.1%，集体可支配收入 10 万元以下的经济薄弱村有 1 533 个。从分布情况看，苏南占 2% 左右，苏中占 10% 左右，85% 以上的低收入人口集中在苏北。到 2015 年年底，411 万农村低收入人口整体达到 4 000 元，实现脱贫，1 533 个经济薄弱村达到新"八有"目标，三大区域面貌发生了显著变化，圆满完成"十二五"各项扶贫目标任务。

"十三五"期间，按照江苏省标准，年均纯收入 6 000 元以下的农村低收入人口为贫困人口，村集体经营性年收入低于 18 万元的为经济薄弱村。目前江苏省建档立卡低收入户 103.3 万户，贫困人口 276.8 万人，集体可支配收入 18 万元以下的经济薄弱村有 821 个。

（二）贫困人口的区域分布

以 2015 年农民人均纯收入 6 000 元为标准，全省农村低收入人口总量为 276.776 4 万人，苏南的南京市、无锡市、常州市、苏州市、镇江市无人均 6 000元以下低收入人口，农村低收入人口全部集中在苏北、苏中地区。其中，苏北地区的徐州、淮安、盐城、连云港、宿迁 5 市农村低收入人口有 260.361 8万人，占全省农村低收入人口的 94.1％，2015 年，苏北地区城镇居民人均可支配收入 26 439 元，比全国 31 195 元的平均水平还要低近 5 000 元；苏中地区的南通、扬州、泰州 3 市农村低收入人口有 16.414 6 万人，占全省农村低收入人口的 5.9％（表 8 - 1）；省重点帮扶的苏北地区 12 个县（区）共有 6 000 元以下农村低收入人口 143.989 5 万人，占全省农村低收入人口总数的 52.0％，占苏北地区农村低收入人口总数的 55.3％（表 8 - 2）。

表 8 - 1　全省 6 000 元以下低收入人口分布表

地区	农户户数（户）				农户人数（人）			
	合计	一般贫困户	低保贫困户	五保贫困户	合计	一般贫困户	低保贫困户	五保贫困户
合计	1 032 916	581 582	369 531	81 803	2 767 764	1 840 369	840 458	86 937
徐州市	262 838	160 354	74 076	28 408	682 202	488 949	163 571	29 682
淮安市	151 360	102 575	41 234	7 551	479 411	362 188	109 245	7 978
盐城市	183 642	88 327	84 409	10 906	418 565	238 896	167 858	11 811
连云港市	136 578	86 786	44 740	5 052	360 581	255 759	99 217	5 605
宿迁市	205 812	116 211	76 418	13 183	662 859	438 146	210 928	13 785
南通市	34 690	13 812	17 558	3 320	61 647	26 561	31 407	3 679
泰州市	43 150	9 194	23 770	10 186	74 129	19 552	43 603	10 974
扬州市	14 846	4 323	7 326	3 197	28 370	10 318	14 629	3 423

表 8 - 2　省重点帮扶的苏北 12 个县（区）低收入人口分布表

地区	人均收入 6 000 元以下农户户数（户）				人均收入 6 000 元以下农户人数（人）			
	合计	一般贫困户	低保贫困户	五保贫困户	合计	一般贫困户	低保贫困户	五保贫困户
12 个县合计	480 475	296 709	155 217	28 549	1 439 895	997 286	411 774	30 835
丰　县	50 508	37 376	8 229	4 903	127 141	103 474	18 381	5 286
睢宁县	50 075	31 055	13 328	5 692	143 644	100 892	36 658	6 094
淮安区	31 815	24 497	7 318	0	112 841	91 713	21 128	0

（续）

地　区	人均收入 6 000 元以下农户户数（户）				人均收入 6 000 元以下农户人数（人）			
	合计	一般贫困户	低保贫困户	五保贫困户	合计	一般贫困户	低保贫困户	五保贫困户
淮阴区	34 735	20 799	11 528	2 408	104 109	72 958	28 619	2 532
涟水县	41 789	29 761	10 115	1 913	134 636	102 782	29 874	1 980
响水县	18 148	10 468	7 108	572	51 399	32 541	17 963	895
滨海县	41 110	21 182	16 804	3 124	107 729	67 312	37 103	3 314
灌云县	35 102	23 750	10 208	1 144	97 917	72 737	23 742	1 438
灌南县	28 020	19 743	7 901	376	74 307	54 600	19 242	465
沭阳县	71 657	42 852	26 362	2 443	231 172	162 840	65 755	2 577
泗阳县	37 032	15 893	17 552	3 587	121 201	64 364	53 099	3 738
泗洪县	40 484	19 333	18 764	2 387	133 799	71 073	60 210	2 516

以集体可支配收入 18 万元为标准，全省共确定 821 个经济薄弱村，全部分布在苏北、苏中地区，其中，苏北地区 35 县（市、区）有 771 个，占全省经济薄弱村总数的 93.9%，苏中黄桥老区 3 县（市、区）有 50 个，占全省经济薄弱村总数的 6.1%（表 8-3）。

表 8-3　集体可支配收入 18 万元以下经济薄弱村分布情况

地　　区		行政村数（个）	经济薄弱村数（个）	百分比（%）
苏北地区	徐州市	2 041	219	10.73%
	淮安市	1 451	110	7.58%
	盐城市	1 831	105	5.73%
	连云港市	1 432	149	10.4%
	宿迁市	896	188	20.98%
苏中地区（黄桥老区）	南通市如皋市	532	13	2.44%
	泰州市姜堰区	262	16	6.10%
	泰州市泰兴市	298	21	7.05%

“十三五”期间，江苏省还确定了“6＋2”的扶贫开发重点片区，在苏北确定 6 个重点区域，苏中苏南以黄桥、茅山革命老区为主。苏北 6 个重点片区分别是成子湖片区、西南岗片区、涟沭结合部片区、石梁河水库片区、丰县湖西片区、灌溉总渠以北片区，共涉及苏北 5 市 13 个县（区）的 49 个乡镇，总面积约 4 038 平方千米，总人口约 240 万人，其中建档立卡农村低收入人口

33.48 万人，行政村总数为 834 个，其中省定经济薄弱村 176 个，占行政村总数的 21.1%。

二、江苏省三大区域的贫困度及空间分布

根据 2015 年江苏省户籍统计总人口数及 2016 年建档立卡贫困人口数，计算出各地市总人口占全省总人口的比重及贫困人口占全省贫困人口比重（表 8-4）。

表 8-4　2016 年江苏省各地市贫困广度比较

地市	总人口（万人）	总人口比重（%）	贫困人口（万人）	贫困人口比重（%）	贫困发生率（%）
南京	653.40	8.47	0	0	0
苏州	667.01	8.64	0	0	0
无锡	480.90	6.23	0	0	0
常州	370.85	4.81	0	0	0
镇江	271.67	3.52	0	0	0
南通	766.77	9.94	6.164 7	2.23	0.80
扬州	461.12	5.97	2.837 0	1.03	0.62
泰州	507.85	6.58	7.412 9	2.68	1.46
徐州	1 028.70	13.33	68.220 2	24.64	6.63
连云港	530.56	6.87	36.058 1	13.03	6.80
淮安	564.45	7.31	47.941 1	17.32	8.49
盐城	828.03	10.73	41.856 5	15.12	5.05
宿迁	586.28	7.60	66.285 9	23.95	11.31
总计	7 717.59	100	276.776 4	100	3.59

从表 8-4 可以看出，江苏省建档立卡贫困人口在 13 个地市的分布情况，贫困人口在绝对数量上集中分布在苏北 5 市。此外，贫困人口比重与对应的总人口比重存在较大不一致，连云港、淮安、宿迁几个市的贫困人口比重远高于其总人口的比重，平均超出 1 倍及以上，宿迁市最高，贫困人口比重是其总人口比重的 3 倍，反映出江苏省贫困人口的集聚状况。

如果将 13 个地级市按照苏南、苏中、苏北三大区域进行划分，三大区域

总人口占全省总人口的比重，及三大区域贫困人口占全省贫困人口比重（表 8-5）。

表 8-5　2016 年江苏省三大区域贫困人口比较

区域	总人口（万人）	总人口比重（%）	贫困人口（万人）	贫困人口比重（%）	贫困发生率（%）
苏南	2 443.835	31.67	0	0	0
苏中	1 735.74	22.49	16.414 6	3.94	0.96
苏北	3 538.02	45.84	260.361 8	96.06	7.36
总计	7 717.59	100	276.776 4	100	3.59

表 8-5 显示，苏中的总人口比重低于苏南，但贫困人口比重却高于苏南，苏北的总人口略高于苏南、苏中，但贫困人口却远远多于苏南、苏中，占比达到 96.06%，江苏省贫困人口呈现出苏北聚集现象。

表 8-5 的数据显示了区域贫困的广度，除此之外，还有一个区域贫困深度。贫困深度在这里用平均收入水平面来衡量，把全省城乡一体化平均收入水平作为标准，计算出与这个标准之间的差距，差距越大说明贫困程度越深。[1] 具体测算模型如下：

$$P_{id} = \frac{a_i d_{ic} + (1-a_i)d_{iR}}{\bar{I}}$$

$$d_{ic} = \begin{cases} \bar{I}_C - I_{iC}, & I_{iC} < \bar{I}_C \\ 0, & I_{iC} \geq \bar{I}_C \end{cases}$$

$$d_{iR} = \begin{cases} \bar{I}_R - I_{iR}, & I_{iR} < \bar{I}_R \\ 0, & I_{iR} \geq \bar{I}_R \end{cases}$$

P_{id} 代表贫困深度，P_{id} 值越大，贫困程度越深，d_{ic} 是 i 市域城镇人均可支配收入与全省城乡平均收入水平的收入缺口，d_{iR} 是 i 市域农村收入户与平均水平的收入缺口，a_i 是 i 市域城镇人口占总人口的比重，$\bar{I}$ 是全省城乡平均收入水平，$\bar{I}_C$ 是全省城镇居民人均可支配收入，$\bar{I}_R$ 是全省农村居民人均纯收入，I_{iC} 是 i 市城镇人均可支配收入，I_{iR} 是 i 市农村居民人均纯收入。[2] 根据江苏省及各地市 2016 年的数据，计算各地市贫困深度，（表 8-6）。

表 8-6　2016 年江苏省各地市贫困深度比较

地区	城镇居民家庭人均可支配收入（元）	农村居民人均纯收入（元）	城镇人口比重（%）	贫困人口深度（%）
江苏省	40 152	19 153.2	66.69	11.79
南京	49 997.3	21 156.2	82	0

（续）

地区	城镇居民家庭人均 可支配收入（元）	农村居民人均 纯收入（元）	城镇人口 比重（%）	贫困人口 深度（%）
苏州	54 341	27 691	75.5	0
无锡	48 628	26 158	75.8	0
常州	46 058	23 780	71	0
镇江	41 794	20 922	69.2	0
南通	39 247	18 741	64.4	2.20
扬州	35 659	18 057	64.4	9.90
泰州	36 828	17 861	63.2	7.77
徐州	28 421	15 274	62.4	26.48
连云港	27 853	13 932	60.2	28.60
淮安	30 335	14 319	59.68	23.55
盐城	30 496	17 172	61.6	20.23
宿迁	24 086	13 929	57.53	34.57

从表8-6计算结果可以看出，苏南五市的贫困深度为零，贫困深度超过0.2的地市有徐州、连云港、淮安、盐城，宿迁市是贫困深度最大的地市，贫困深度达到0.35。

综合上面全省贫困的广度和深度，建立直角坐标系，绘制出13个地市的贫困分布图（图8-1），根据地市在直角坐标系中所处的位置，可以看出13个地市的贫困等级与类型及分布。

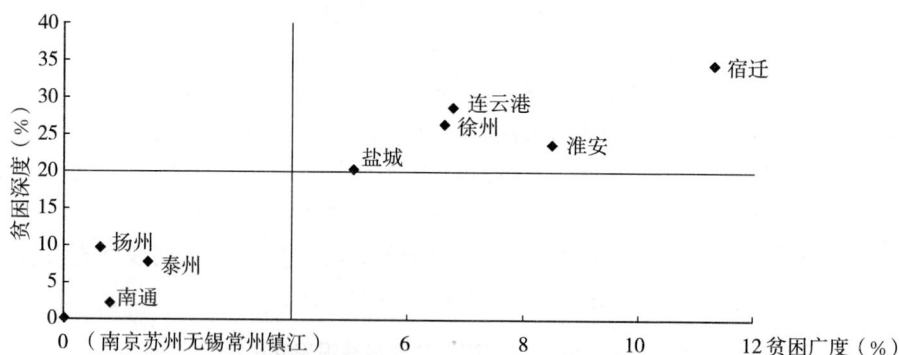

图8-1 13个地市基于贫困广度与深度的分布

如果将13个地市的贫困广度与深度在江苏省的地图上描绘出来，颜色越深的区域贫困发生率越高（图8-2）；颜色越深的区域贫困深度越深（图8-3）。

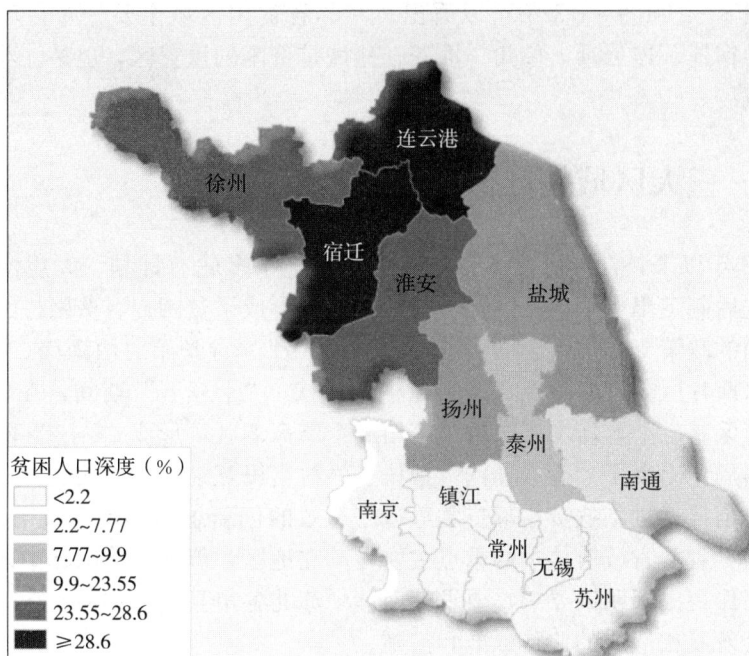

图 8-2　按贫困广度的贫困区域的空间分布

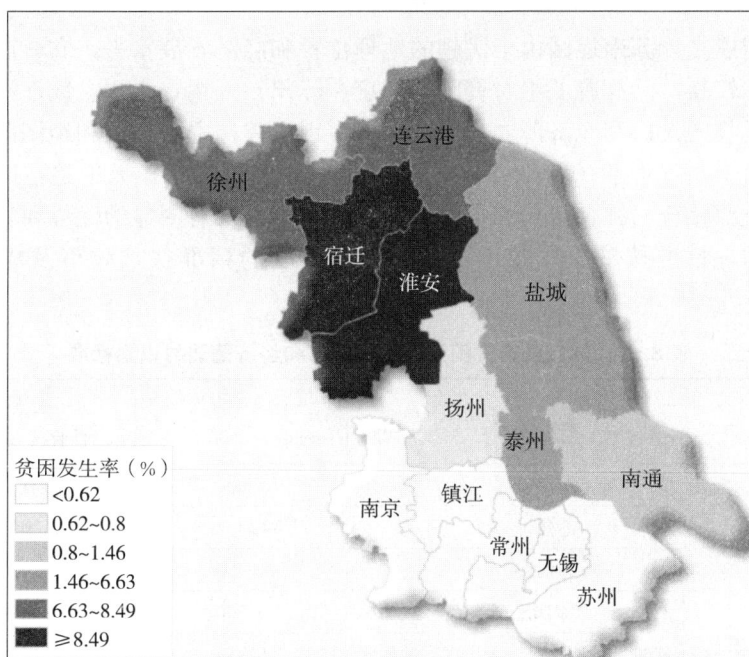

图 8-3　按贫困深度的贫困区域的空间分布

从图8-2和图8-3中可以看出，江苏省贫困区域主要分布在苏中和苏北，其中宿迁、连云港、徐州、淮安、盐城是贫困的重灾区，也是江苏省反贫困的主战场。

三、三大区域精准扶贫的政策及成效

1992年以来，江苏省委、省政府组织实施了多轮有计划、大规模的扶贫开发，先后制定出台了一系列扶贫政策，已经形成了贫困户、贫困村、贫困县三个层面的政策支撑体系。"十二五"期间，江苏省开始对西南岗、成子湖、石梁河水库片区等6个重点片区实施整体帮扶，"十三五"期间，在原有的6个重点片区基础上，新增了黄桥、茅山2个革命老区，形成"6+2"的片区整体帮扶格局。出台了"五方挂钩"帮扶、强村富民互动并进、扶贫开发和社会保障有效衔接、创新扶贫小额贷款等行之有效的创新思路和创新政策。"十三五"期间，省委省政府扶贫的重点主要在苏北地区，但也对苏南苏中地区的扶贫开发工作提出了明确要求，要求苏南苏中苏北各市县结合本地实际，制定与经济社会发展相适应的扶贫标准和措施。

（一）苏南地区

长期以来，苏南地区由于优越的地理位置和经济发展水平，农村居民生活水平总体较高，已摆脱了绝对贫困，南京、苏州、无锡、常州、镇江没有省定标准的低收入人口和经济薄弱村。苏南各市识别建档立卡对象和经济薄弱村的标准均高于全省水平（表8-7）。苏南地区的扶贫开发工作无论是在地方财政支持、资源整合、社会帮扶和自身发展能力等方面都有明显的优势和相对好的社会基础，精准扶贫工作难度不大。苏南地区的精准扶贫政策及成效概括如下：

表8-7 苏南各市贫困人口识别标准和经济薄弱村识别标准

序号	地区		农民年人均纯收入（元）	年集体经营性收入（万元）
1	南京		9 000	100
2	苏州		12 000	无薄弱村
3	无锡		9 720	200
4	常州	溧阳市、金坛区	8 500	100
		武进区、新北区、天宁区、钟楼区	10 000	
5	镇江		8 000	80

1. 重视扶贫工作，建立了长效工作机制

苏南地区在完成上一轮脱贫目标的基础上，高度重视新一轮精准扶贫工作，立足扶贫对象"相对贫困"实际，致力于"缩小收入差距、促进共同富裕"的目标定位，注重扶贫对象的自我发展能力、注重经济薄弱地区和扶贫对象脱贫的长效机制，帮扶工作重扶贫更重开发，重脱贫更重致富，确保到2019年完成"一个不少、一户不落"的脱贫致富任务，全面建成更高水平的小康社会。围绕建立低收入人口动态管理机制、产业扶贫、盘活村级集体资产、增加集体经济发展内生动力、建立薄弱村财政支出保障机制、贫困人口能力提升、扶贫目标考核等重点问题，分解细化了任务，明确了责任，做到了每项工作有思路、有措施，形成了党政主导、社会助推、群众参与的帮扶工作新机制。

2. 致贫原因相对简单，实施难度较低

精准扶贫要求精准识别、精准帮扶、精准管理和精准考核，苏南地区贫困地区和贫困人口较少，精准识别的工作量和难度不大。加上在建档立卡贫困人口中，致贫原因主要集中在两个方面：一是因病、因残致贫，这一类的家庭占绝对比重，达到了 73.0%；另一个原因是没有或缺少劳动力而贫困，这一类的家庭占 14.0%。因病、因残致贫的家庭有的收入并不一定低，但由于家中突发疾病或残疾，现有收入无法满足支出，形成支出性贫困。但由于地方经济发展就业机会多，群众个体收入有持续性的来源，因而，脱贫具有持久性，返贫现象不多。

3. 地区经济基础雄厚，扶贫的社会参与度高

苏南地区由于整体的经济发展水平高，参与扶贫的社会主体相对较多且实力较强。积极广泛动员社会力量参与扶贫工发，开展资金支持、劳动用工、技术扶持、产业带动、合作开发等多种形式的挂钩帮扶。如苏州市吴中区采取了"1＋N众筹"集体扶贫模式，即 1 个乡镇或行业商会＋N 个商会企业对接 1 个经济薄弱村，集合众长、分担压力、突出重点、精准见效。常州、苏州等市对吸纳建档立卡低收入劳动力就业的企业，给予补贴或享受税收减免等优惠政策。此外，还加强与经信、工商联、商务、金融、税务、红十字会等部门以及各民间慈善机构的沟通，发动全社会力量参与扶贫开发。

（二）苏中地区

苏中地区的扬州、泰州、南通三市的经济发展水平低于苏南而高于苏北，建档立卡对象和经营性收入识别经济薄弱村的贫困识别标准略高于全省 6 000元的水平（表 8-8）。苏中地区的精准扶贫政策及成效概括如下：

表8-8 苏中各市贫困人口识别标准和经济薄弱村识别标准

序号	地区	农民年人均纯收入（元）	年集体经营性收入（万元）	
1	扬州	7 000	沿河	30
			沿江	40
2	泰州	7 000	30	
3	南通	7 000	50	

1. 精准扶贫目标明确，推进力度大

苏中地区紧临苏南和长三角核心区，有较好的区位优势，面对占总量5.9%的16.4万贫困人口，有强烈的忧患意识，充分认识到扶贫攻坚工作任重道远，明确目标任务，自我加压，积极作为，做到底数清、问题清、任务清、对策清、责任清，紧盯建档立卡贫困人口和两个重点区域，如扬州市按照横向到边、纵向到底的要求，针对每一个建档立卡对象开展了地毯式、拉网式核查，确保不少一户、不落一人，加大攻坚力度。

2. 扶贫开发成效明显，但持续性不足

苏中地区在"十二五"期间，扶贫开发成效显著。人均年收入低于5 000元的农民全部实现脱贫，有劳动能力的贫困户通过开发式扶贫获得稳定收入来源，无劳动能力的贫困户全部纳入农村低保和"五保体系"。但扶贫和其他事情一样，也存在一个"边际效应递减"规律，经过前几轮扶贫开发，稍有条件的村集体和有劳动能力的贫困户基本上实现稳定脱贫。到后来，剩余的都是特别难解决的"硬骨头"，而且解决的成本也越来越大，大部分是因病因残致贫，占比超过70%，对于这部分贫困人群，主要采取简单的"输血式"扶贫模式，在"造血式"扶贫方面投入不足，尽管能解决一时贫困，但难以形成持续性的长效机制。

3. 注重政策引导，但扶贫开发系统的科学性不够

在扶贫开发过程中，各市都注重政策引导，扬州市逐户发放《帮扶手册》，并将扶贫相关政策印制到《帮扶手册》上，确保扶贫对象看得到、看得懂、可享受、能监督。南通市针对因病致贫占多数的实际情况，把全市农村低收入农户建档立卡并缴纳居民基本医疗保险和大病保险个人筹资部分列入2016年市政府为民办实事项目。扬州提高了建档立卡低收入户医疗保险自费部分报销的比例。扶贫开发政策很多，但政出多门，部门之间的对接协调和匹配不够。例如致贫原因，单一致贫原因好识别，多维致贫原因识别容易却难于提取，加上人力不足，更多的是打脱贫突击战，整个扶贫开发系统不是很科学。

（三）苏北地区

长期以来，苏北地区的发展在江苏省一直处于劣势地位，目前，全省94.1％的贫困人口集中在苏北，6个重点贫困片区和省重点帮扶12个贫困县也全部集中在苏北。因此，"十三五"期间，苏北地区精准扶贫的任务艰巨，压力巨大，苏北地区精准扶贫的政策及成效概括如下：

1. 扶贫开发的思想落后，对精准扶贫的认识不足

苏北地区由于长期的经济落后和交道不发达，其贫困的产生大多具有历史渊源性。如连云港市石梁河库区的贫困在历史上就长期存在。[3] 调查还发现，贫困具有传承性，一些家里贫穷的人，其子女对贫穷的继承性也相应大。就地区来说，贫困的原因还和这个地方历史传承的文化观念有关。加上苏北地区的大部分农民文化素质低，思想认识落后，对精准扶贫的目标和要求认识不清楚，"等靠要"思想严重，认为扶贫就是给政策、给优惠、给待遇，因而，一些家庭对入户摸底调查存在消极抵触情绪。同时，一些农村干部的工作方式方法不能适应精准扶贫新形势的要求，能力有限，致富带动能力较弱。

2. 扶贫开发立竿见影，但扶贫对象易返贫

由于苏北地区贫困人口多、贫困程度深，从省到市、从干部到群众都对脱贫致富有着比较迫切的愿望，希望脱贫立见成效，因此，有些地方只看重扶贫措施的短期效益，一味地按照各自的脱贫时间节点，依靠"短平快"产业或者临时性政策来实现快速脱贫。从短期看，扶贫开发立竿见影，贫困群众脱贫了，但苏北贫困地区由于经济基础薄弱，农民增收渠道单一、收入水平低，加之基本公共服务不完善，脱贫的内生动力弱，"造血"能力不强，再加上低收入人口的受教育程度低、健康状况差、劳动技能低且单一，自身基本没有"造血"能力，这些脱贫的贫困人口很快会因病、因残、因学、因灾等原因返贫。贫困人口脱贫与返贫相互交织，使扶贫工作出现反复现象。

3. 扶贫投入不足，持续发展能力弱

苏北地区尤其是6个重点片区，自然条件相对较差，可耕用土地少，土地贫瘠。如连云港市的石梁河片区，地理位置偏僻，远离周边城市的辐射带动。土地资源占比低，质量比较差，土地类型以沙性土壤为主，丘陵山区的耕作层浅，只有20厘米左右，土壤保水保肥能力弱。年平均降雨量比全市降雨量少约30％，库区年蒸发量1 570~1 780毫米。水库控制区间的沂、沭上游为沂蒙山区，水土流失严重。片区基础设施和公共服务相对滞后，主干道互联能力较弱，交通不便，运输动力相对不足。农田水利投入严重不足，设施老化严重。教育、卫生、养老等公共服务设施也相对落后，片区每千人拥有医生数为0.4人，远低于江苏省平均水平2.4人/千人。扶贫任务重成本

高，且群众改善生产生活条件愿望迫切。江苏省给每个贫困村扶贫资金 60 万元，无法解决较大工程的需要；苏北地区农村建档立卡低收入人口中有劳动能力的人均 1 600 元为标准，资金投入不能满足实际需求，缺口大。扶贫资金整合度不高，部门大多各自为政，难以发挥整体效益，影响贫困地区的持续发展。

4. 扶贫模式单一，创新不足

目前苏北地区认定的贫困人口大多是因缺地、缺劳力、缺资金、缺技术、自身发展动力不足、因病、因残、因学、因灾等导致的贫困。这种分类方法有助于确定各扶贫对象致贫的主要原因和帮扶方向，但是，这样偏于简单的诊断很不科学，贫困是一项很复杂的经济社会问题，除了上面的因素，还涉及自然条件、资源禀赋等先天性因素，及社会资本、不均衡发展、市场风险、个体行为等后致性因素。致贫原因的差异性也必然会导致扶贫成本的差异，而现实情况则是无论是什么原因导致的贫困，在扶贫方面都是给予一定的资金或是项目补助，出现帮扶措施"头疼医头脚疼医脚"的问题。加上一户一策与一村一策的扶贫理念在现实层面难以做到，因为根本没有这样的人力、物力和财力。单一化的扶贫模式最终可能导致扶贫的边际效率不断降低，可能导致贫困的代际传递。

5. 经济基础薄弱，扶贫的社会参与度低

苏北地区的扶贫资金投入主要是以政府为主导，投入渠道单一，且地方投入不足，过度依赖省级财政投入。"十二五"期间，江苏省级财政投入扶贫专项资金 46.6 亿元，"十三五"期间，江苏省级财政扶贫投入将达 61.21 亿元。扶贫资金需要地方政府进行配套，江苏省要求，省级重点帮扶县区每年新增财力的 10% 用于扶贫开发，从 2016 年起，市级财政和有扶贫任务的县区财政每年要安排不少于 1 000 万元的扶贫专项奖补资金用于扶贫开发工作。但对于苏北的贫困县区来说，一些要求配套的扶贫资金因地方财政拮据而无法落实。除了"五方挂钩"、南北对口合作外，社会团体、基金会、民办非企业单位、能人大户、各级党政机关和事业单位的党员干部等各类社会组织和个人参与扶贫的积极性还不高，开展的项目十分有限。

四、江苏省三大区域精准扶贫工作成效差异的原因

（一）经济发展水平不同是扶贫工作成效存在差异的最根本原因

江苏省地处中国沿海地区，综合经济实力一直处于全国各省区市领先水平，但江苏省三大区域之间发展不平衡问题长期存在并比较突出，苏北地区一直是江苏经济发展的"洼地"。三大区域的差异首先是区域经济发展水平的差

异，苏北面积和人口都约占江苏省的一半，但与苏南相比，许多经济总量都不到苏南的30%，差距最悬殊的指标为进出口总额，苏北只有苏南的6.08%，（表8-9）。

表8-9　2015年江苏省苏南、苏中、苏北三大区域主要经济总量指标

经济数据名称（亿元）	苏南	苏中	苏北	苏北/苏南（%）
地区生产总值	41 518.70	13 853.14	16 564.30	39.19
社会消费品零售总额	15 003.57	4 618.06	6 255.14	41.7
金融机构存款余额	55 087.34	12 321.09	11 457.91	20.8
实际使用外资	155.63	42.30	45.36	29.1
进出口总额	4 651.62	521.46	283.05	6.08
财政收入	4 179.92	1 278.95	1 885.93	45.1

资料来源：江苏省统计信息网。

分析区域收入水平的差异，可以进一步比较三大区域的经济落差，苏北的人均GDP只有苏南的44.7%，差距最大的是居民人均储蓄存款，苏北仅为苏南的42.1%，农民人均纯收入比全省平均水平还低4 228元，（表8-10）。

表8-10　2016年江苏省苏南、苏中、苏北三大区域收入水平的差异比较

指标	苏南	苏中	苏北	苏北/苏南（%）
人均GDP	131 651.45	93 440.6	58 886.18	44.7
农村居民人均纯收入	23 941.4	18 219.7	14 925.2	62.83
农村居民人均生活费支出	15 524	12 062	9 792	63.1
居民人均储蓄存款	67 908.3	62 072.3	28 598.9	42.1
农村居民恩格尔系数	29	30.2	32.3	—

资料来源：各地市政府工作报告。

从区域农民收入来源结构看来，农民收入差异具有明显的区域特征，（表8-11）。主要是由于农民收入来源结构差异大，苏南农民的工资性收入为14 331元，同期苏北只有6 662元，苏北为苏南的46.5%，高于纯收入之比。而且苏南农民纯收入中工资性收入已占总收入的63%，苏北农民纯收入中工资性收入只占总收入的48.1%。经营性收入仍是苏北农民收入的主要来源，占比34.8%，同期苏南农民经营性收入仅占18.8%，苏中、苏北农民的财产性收入占比低，而工资性收入和财产性收入成为苏南农民新的增长点，苏南苏北的收入结构差异也反映出苏北工业化水平相对落后。

表 8 - 11　2015 年江苏省苏南、苏中、苏北三大区域农民收入结构比较

收入结构类型	苏南	苏中	苏北
农村居民人均纯收入（元）	22 760	16 862	13 841
工资性收入	14 331	9 915	6 662
经营性收入	4 284	3 971	4 814
财产性收入	1 657	491	283
转移性收入	2 488	2 485	2 082

资料来源：江苏省统计信息网。

由此可见，苏南地区经济实力强，农村居民收入高，具备内部解决贫困问题的能力；苏中地区也有较强的经济实力，农村居民收入也较高，扶贫工作也有良好的物质基础；而苏北地区经济落后，农村居民收入低，财政困难，难以实现资源大规模投入来独立解决贫困问题，上级财政支持成为政策制定的必然选择，这种经济发展的差异决定了扶贫政策及成效的差异，这种差异是根本性的也是前提性的。

（二）历史条件和地理区位的影响是扶贫工作成效差异的基础性原因

苏南地区自古以来就是名闻天下的"鱼米之乡""人间天堂"，物产丰富，经济富庶。苏南地处中国东南沿海长江三角洲中心，东靠上海，南接浙江。苏南受到上海发展极强劲辐射，人均 GDP 超过 13 万元，接近发达国家水平；城镇化率超过 70%，所有县（市）都进入全国综合实力百强县行列。苏南有四通八达的公路、铁路交通。苏南人头脑灵活，善于经商理财，有脚踏实地的务实性和吃苦耐劳的坚韧性，因而贫困现象非常少，只存在一些相对贫困。

苏中地区靠近省会城市南京，靠近经济发展水平和现代化水平高的苏锡常地区，但长期以来，苏中和苏南由于长江天堑的阻隔，受上海发展的辐射作用十分微弱，经济发展远落后于苏南。但同时，苏中地区有着承东启西、沟通南北，快捷方便的交通比较优势，加上苏中地区有苏北地区所没有的丰富的水资源，还有相对廉价的劳动力，这使上海的龙头辐射作用迅速抵达苏中，也使苏中地区在经济融通、人才流动和区域带动方面比苏北地区有着巨大优势，这里的人员就业容易，打工方便，苏中会比苏北地区更容易脱贫。

苏北在历史上是有名的洪涝旱灾之地，几千年来深受淮河泛滥之苦。苏北的徐州向来又是兵家必争之地，战争无数，灾民遍野。苏北地区还远离上海、苏州、南京等经济中心，与其接壤的是经济发展水平一般的苏中地区和安徽、河南、山东等省的经济落后地区，区位条件相对较差，苏北地区的盐城、连云

港、宿迁、淮安至今没有高铁，相对不便的交通使其很难与周边发达地区实现融合发展，加上综合实力不强，产业层次、经济开放度较低等不利因素，决定了贫困人口相对较多且具有持久性。因此，不同的地理区位使苏南、苏中和苏北人存在着不同的贫困基础，也使三个地区扶贫开发的方式和效果存在明显的差异。

（三）思想意识和文化差异是扶贫工作成效差异的主观原因

致贫原因有客观原因，也有主观原因；有物质贫困，还有"思想贫困"。基础条件差、发展不足是贫困产生的一大因素，但观念闭塞不开放、思想落后惰性强等主观因素也是致贫的主要原因。苏北地区人的开放意识、发展意识、市场意识、风险意识、创业意识等明显落后于苏南地区。干部群众普遍存在着固态化的"等、靠、要"思想，有些干部群众对扶贫工作的认识有偏差，存在"守帽子"的老观念，不思进取，依赖性严重，越扶贫越想保贫。而苏南地区的领导干部市场意识强，能充分发挥市场机制在扶贫中的作用，广泛动员社会力量参与扶贫开发，集合众长、分担压力、精准见效。

人力资本是经济增长的原动力，苏北地区人力资源的基本状况不容乐观，城乡居民整体受教育程度相对较低，（表8-12），苏北人口占全省45.8%，但万人拥有科技人员数只有全省平均人数的74.5%，只相当于苏南的64%；万人高等教育在校生数只有全省平均的37.2%，只相当于苏南的16.5%；国民平均受教育年限为8.68年/人，分别低于全省和苏南0.33年/人、0.96年/人。部分群众存在"读书无用""读书不如打工"等功利主义思想，造成子女受教育程度低，思想文化和专业技能素质低，子女就业机会减少，由此造成脱贫能力弱，家庭收入低的现象，使贫困家庭陷入贫困恶性循环。

表8-12　三大区域国民受教育程度比较

名　　称	省均	苏南	苏中	苏北	苏北/省均（%）	苏北/苏南（%）
万人拥有科技人员数（人）	153	178	128	114	74.5	64
万人高等教育在校生数（人）	242	544	127	90	37.2	16.5
国民平均受教育年限（年）	9.01	9.64	8.7	8.68	96.3	90

资料来源：江苏省统计信息网（平均受教育年限为2010年人口普查数据）。

（四）由社会排斥导致的权利和机会的不均等是扶贫工作成效差异的深层次原因

贫困不仅表现为经济收入的匮乏，还表现为个人能力和社会权利的不平衡。在社会变迁和市场机制推进过程中，苏北、苏中落后地区和贫困人口在政治、经济、社会、文化教育等方面遭受体制性弊端和政策性排斥，使落后地区和贫困人口日益边缘化。苏北、苏中农村贫困群体的社会排斥主要表现在以下几个方面：

劳动力市场的排斥。长期以来的户籍制度和城乡二元的分割政策，使农民工无法进入城市正规部门工作，只能进入工作环境差、待遇低、收入少的"次级劳动力市场"，缺乏制度保障和制度信任，大多属于多风险、不确定的"非正规就业"。在工作待遇方面，农民工被排除在体制供应的安全和福利之外，"同工不同酬""同工不同权"的现象比较普遍，使农民工处于市场的边缘化而变得贫穷。

社会保障的排斥。长期以来，社会保障制度重城市、轻农村的财政政策，造成农村社会保障层次低、发展不均衡。目前，江苏城镇职工养老金人均发放已超过 2 000 元时，苏北、苏中的多数农民仍在领取百元的新农保。江苏参加城镇职工养老保险和城镇医疗保险的农民工约占外出农民工群体的一半左右，占农村劳动力转移总量的 25％左右。新农合主要保大病、保住院，报销比例也远低于城镇职工医疗保险。江苏省三大区域的城乡社会保障在保障内容、筹资标准、待遇水平等方面存在较大差异。苏南地区基本做到了城乡社会保障的并轨统筹，苏州的城乡居民养老保险和医疗保险覆盖率在 99％以上；苏中地区也创造了自己独特的社会保障衔接模式，如扬州市实行了城乡老年人均等化补贴制度；而苏北无论是参保人数、筹资标准还是支付水平均远远落后于苏南。目前苏北的贫困属于"支出型贫困"。对于"支出型贫困"家庭，主要通过社会救助给予帮助。但苏北地区的社会救助存在方式单一、救助面窄等问题，尤其是农村的大病救助存在申请难、标准低的问题。

食品消费的排斥。由于贫困和收入水平较低，苏北农村居民的恩格尔系数比全省高 1.8 个百分点，比苏南高 3.1 个百分点。苏北农村居民的消费水平只相当于全省平均水平的 78.6％，苏南的 63.1％，食品烟酒的消费支出相当于全省平均支出的 82.9％，苏南的 70.3％（表 8 - 13）。苏北农村与城市比、与优势群体比，他们购买力低，不能有效参与交换、消费等经济活动，在市场活动中处于边缘位置，从而影响他们取得消费品和消费服务的实现，成为"被排斥的消费者"。[4]

表 8 - 13　2015 年江苏省三大区域农村居民消费水平比较

名　称	省均	苏南	苏中	苏北	苏北/省均（％）	苏北/苏南（％）
农村居民消费水平（元）	12 459	15 524	12 062	9 792	78.6	63.1
食品烟酒（元）	3 771	4 501	3 646	3 165	82.9	70.3
农村恩格尔系数（％）	30.9	29.6	30.4	32.7	＋1.8	＋3.1

资料来源：江苏省统计信息网。

精神权益的排斥。目前反贫困只关注物质财富的增长，重视物质脱贫忽视精神脱贫，两者之间产生滞差，严重影响扶贫实践的效果。精神贫困和物质贫困相比，具有隐蔽性、非量化和持久性的特征，因而，从某种意义上说，精神扶贫具有根本性的意义。目前，江苏省农村贫困人口精神权益的排斥主要表现在：一是农村的文化设施建设滞后，公共文化消费资源供给区域差异明显，（表8-14）。

表8-14　2015年江苏省三大区域公共图书馆情况比较

名　　称	苏南	苏中	苏北	苏北/苏南（%）
每万人拥有图书馆建筑面积（平方米）	141.2	126.7	107	75.8
人均拥有公共图书馆藏量（册）	1.2	0.64	0.44	36.7
阅览室坐席数（个）	5 477	3 699	2 370	42.3

资料来源：江苏省统计信息网。

苏北、苏中的很多乡村地区没有像样的电影院、文化站和图书馆，文化中心（站）、农家书屋随着乡镇合并普遍出现被挤占、挪用、出卖、拆除等现象，即使有也存在房舍破落、图书陈旧、器材短缺的现象，文化基础设施建设存在很大的市场空缺。二是农村文化产品供给比较单一。文化作为一种公共产品，乡镇政府是供给的主体，但受财力限制，苏北的基层政府大多以国家大力推行的"文化下乡"活动为主，而且一般只选择电影下乡等成本较低的简单文化活动方式，很少有针对农民文化需求开展的文化活动。苏南地区农村居民的文化消费与城市较为接近，看电视、看电影、上网成为苏南农村居民的主要娱乐方式。而苏北地区农村居民的文化消费层次较低，赌博、闲聊、看电视是主要的消遣方式，村民信仰西方宗教的现象也日益严重。三是文化消费水平差异显著，（表8-15）。

表8-15　2015年江苏省三大区域农村居民文化消费水平比较

名　　称	苏南	苏中	苏北	苏中/苏南（%）	苏北/苏南（%）
农村居民消费水平（元）	15 524	12 062	9 792	77.67	63.1
教育文化娱乐消费（元）	1 907	1 337	1 542	70.1	80.8

资料来源：江苏省统计信息网。

苏中、苏北农村居民的教育文化消费为苏南的70.1%和80.8%，尽管近年来连云港市和宿迁市人均文化消费增长较快，但仍然低于苏南大多数城市的人均文化消费水平。

当然，苏南、苏中和苏北的差异不止于此，还有诸如制度供给不平衡、精准扶贫实施过程和程序存在差异等问题认真对待以上四个方面因素的差异，是提高苏中、苏北地区精准扶贫工作成效，促进三大区域共同富裕的前提和基础。

五、三大区域比较下的精准扶贫对策建议

总得来说，东部地区由于其雄厚的经济实力和得天独厚的区位优势，在扶贫开发中，取得了远比苏中、苏北地区要好的扶贫成效，在充分发挥政府主导作用，体制机制创新，保障低收入群体合法权益，引入市场竞争机制，充分动员社会各方面力量等方面都有值得借鉴的经验。在总结三大区域扶贫政策及成效的基础上，提出关于三大区域实施精准扶贫的对策建议。

（一）深化对精准扶贫的认识，提升体制机制创新能力

无论是苏南地区、还是苏中、苏北地区，各级政府都应该高度重视扶贫开发工作，要在研究分析地区贫困实际中增强实施精准扶贫、精准脱贫的攻坚意识。尤其是苏北地区，贫困面大、贫困程度深、返贫率高的问题依然突出。特别是 6 个片区的贫困人口，受教育程度偏低，自然条件较差，基础设施建设欠缺，产业发展落后，是最难啃的"硬骨头"，必须创新思维，开展扶贫工作。在扶贫攻坚关键时期，体制机制创新尤为关键。在目标责任、投入增长、资产扶贫、社会扶贫、绩效评估、社会治理、社会保障等方面加大体制机制创新，推动扶贫开发攻坚各项部署落地落实。

（二）发挥比较优势，促进区域共同协调发展

江苏省三大区域在区位条件、自然资源禀赋、劳动力和资金等方面各有自己的比较优势。苏南地区有优越的区位条件、雄厚的产业基础、便利的交通条件、先进的科教资源、丰富的旅游资源、较高的开放水平、创新进取的人文环境。苏中地区也有便利的交通，有春兰、亚星、金东等一批实力雄厚的企业集团，有闻名全国的建筑支柱产业，有一大批"小而专，小而精，小而特，小而尖"的"四小"特色产品和市场，还有相对廉价的劳动力和丰富的水资源。苏北地区东临黄海，西依中原，具有承东接西、沟通南北的独特区位优势，有丰富的农副产品、矿产、土地、海洋等资源，有铁路、公路、水运、航空、管道"五通汇流"的便利交通，还有大量成本较低的农村剩余劳动力。江苏省要利用三大区域的比较优势，进行分类指导，分工协作，优势互补，促进区域发展协调互动。苏南地区要利用创新高地、人才高地、产业高地聚焦转型升级，率先发展，发挥苏南中心城市和优势主导产业的辐射、带动及帮助作用。苏中地区要充分发挥区位优势，彰显特色，培育优势主导产业，加强与苏南融合互

动，着力推进跨江融合、江海联动，主动接受上海的辐射带动，在全省发展大局中发挥好承南启北的作用。苏北地区要大力发展健康养老、旅游休闲、现代农业等特色产业，积极组织劳务输出，主动承接和加快发展劳动密集型行业、特色产业和现代服务业，积极发展新能源、新材料、节能环保等战略性新兴产业，积极发展外向型经济。

（三）着力推进到村到户和连片开发有机结合

重点推进扶贫到村到户要从产业规划、技能培训、金融支持等方面下工夫，坚持"六个到村到户"，即产业扶持到村到户，要确保每个贫困村有1~2个特色优势产业，每个贫困户有1~2项增收项目；技术指导到村到户，通过培训贫困户、派驻农技人员，实现户户有技术明白人；就业扶贫到村到户，加强贫困人口就业技能培训和就业指导服务，带动贫困群众脱贫致富；金融扶贫到村到户，加大贫困村金融服务扶贫力度，创新精准扶贫担保模式，帮助贫困村、贫困群众发展产业；结对帮扶到村到户，实施一个农户有一个党员干部或能人大户结对帮扶到村到户的全覆盖；社会保障到村到户，做到贫困村应保尽保、应救尽救。而六大重点片区作为全省新一轮扶贫开发的主战场，实行整体帮扶、连片开发。一是注重规划引领，制定年度连片扶贫开发实施方案。二是加大财政支持力度，用好省财政8.89亿元专项资金，重点解决六大重点片区基础设施、产业发展和民生事业三件大事。三是注重资源整合，集聚帮扶资源、政策和力量，形成扶贫开发强大推进合力。四是注重统筹推进，将片区发展与精准扶贫同步规划、同步实施，形成连片扶贫与精准扶贫双轮驱动推进体系，通过区域发展，提供大量的就业岗位，从而带动扶贫开发。

（四）致力寻找于多维贫困成因，实施供需对接的"组合式"扶贫创新模式

江苏省三大区域对贫困人口基本能做到精准识别、细化和分类，从汇总的信息列表可以看出，江苏省贫困对象存在对象多元化及致贫因素多元化的问题，寻找多维贫困成因，不但可以避免单从收入的一维视角识别贫困造成的其他维度贫困主体漏出现像，还能通过分析多维致贫因素，改变区域单一扶贫模式导向，实施"组合"式发展扶贫新模式，做到"因维度施策"。对缺乏自然资源、生态脆弱，无法靠自身发展解决的贫困地区和经济薄弱村，应以国家财政支持为主，通过教育移民、异地开发移民或国家财政转移等方式解决贫困问题；对有一定资源禀赋和经济基础的贫困地区和经济薄弱村，则通过发展特色产业，增强贫困人口的自我发展能力；对因病致贫的低收入人口提高医疗救助

保障；对因学致贫的普通高中免除学杂费；对缺资金支持的，帮助建立资金互助关系等一系列保障措施。同时，要聚集扶贫对象需求，按需定供，推进扶贫资源供给与扶贫需求的有效对接，实施"技能培训＋劳务输出""技能培训＋返乡创业""特色基地＋贫困户""龙头企业＋专业合作社＋贫困户""互联网＋农业＋贫困户"等"组合式"扶贫发展模式，优化协作机制和利益分配机制，增强贫困人口扶贫资源的获得感。

（五）强化内源性产业结构优化升级，提升贫困区域的自我发展能力

内源性发展的动力是本土资源，是依赖本土体制机制创新的发展动力。贫困地区的产业发展主要考虑本区域资源禀赋和动态比较优势，根据需求弹性、技术进步、关联强度等选择主导产业，推动关联产业的本土化、多样化、集聚化，实现贫困地区内源性产业结构优化升级，助推贫困人口充分就业，不断提高收入水平，提升贫困区域的自我发展能力，实现减贫脱贫。六大片区目前已规划了多个屋顶光伏、大棚光伏、渔光互补、环湖风电等项目，要重点发展光伏、风电、地热和生物质发电等新能源产业，依托电子商业促进六大片区大众创业。瞄准高端化的农副产品加工与食品制造、家具制造、纺织服装、新型建材、电子信息、机械制造等六大主导产业，做优做精。同时，积极培育新能源、新材料、节环保、生物与医药四大新兴产业。充分利用六大重点片区良好的生态环境，价格低廉的土地和劳动力资源，大力发展高效绿色生态农业和智慧农业，聚焦物联网技术，大力发展互联网＋农业。

（六）加大教育扶贫投入力度，提升贫困地区人口智力水平

习近平总书记多次强调"扶贫必扶智、阻止贫困代际传递。"他指出："扶贫必扶智。让贫困地区的孩子们接受良好教育，是扶贫开发的重要任务，也是阻断贫困代际传递的重要途径。"要确保低收入农户子女都能接受学前及义务阶段的教育。合理布局农村中小学校，落实义务教育学校办学标准，改善义务教育薄弱学校基本办学条件，加强"3＋9＋3"教育，全面提升贫困地区未来劳动力素质。加强乡村教师队伍建设，推动城乡教师合理流动和对口支援。落实建档立卡家庭经济困难学生普通高中免除学杂费政策。大力发展中等职业教育，让低收入家庭子女免费接受职业教育。加大对低收入农户大学生的救助力度，实现家庭经济困难学生资助全覆盖，确保低收入农户适龄子女不因贫困失学。对低收入农户未就业的高校毕业生提供就业支持。组织实施好统战部门"光彩事业"、共青团"圆梦行动"、妇联"春蕾圆梦工程"等计划，有针对性地对贫困学子开展助学活动。

（七）加强南北干部挂职交流，加大对苏北地区人才队伍建设的支持力度

人才是经济社会发展的第一资源，要摆脱贫困，人才是关键。苏北地区人才队伍建设必须实施差别化战略，包括积极推进领导干部南北挂职或任职交流。继续从省级机关、省属企事业单位、苏南退（离）休专业技术人员、大专院校、科研院所选派一批优秀干部到苏北工作，服务苏北；组织省级机关、大专院校、科研院所高层次人才到苏北进行科技咨询、技术开发、项目合作等活动；安排有招商经验、项目资源的人才到苏北开发区、工业园区工作。同时，有计划地选派苏北优秀干部到苏南学习锻炼。通过干部挂职或任职交流，可以改变贫困地区的发展理念，形成南北优势互补，还可以提高贫困地区干部的实际工作能力，变"输血"为"造血"，实现开发式扶贫。

参 考 文 献

[1] 贺东航，牛宗岭. 精准扶贫成效的区域比较研究 ［J］. 中共福建省委党校学报，2015（11）：58 - 65.

[2] 黄欣乐. 福建省贫困人口分布、区域差异及扶贫机制研究 ［D］. 福州：福建农林大学，2016：1 - 62.

[3] 魏勋国. 区域差异与一体化研究——以江苏苏北地区为例 ［D］. 南京：南京理工大学，2006：1 - 92.

[4] 冯艳. 区域贫困测度、识别与反贫困路径研究 ［D］. 沈阳辽宁大学，2015：1 - 85.

第九章 | CHAPTER9
论大学生村官在精准扶贫中的优势与作用

一、精准扶贫战略的提出

（一）精准扶贫的必然性分析

首先，精细化扶贫方式是由现阶段伟大目标任务决定的。确保如期实现全部脱贫，确保全面建成小康社会，达到共同富裕，是摆在全体人民面前亟须解决的时代课题。"小康不小康，关键看老乡"，解决好农村贫困问题是全面建成小康社会的先决条件。目前我国农村贫困地区贫困人口仍然较多、发展依然滞后的问题没有得到根本改变。根据国家统计局的数据，截至 2015 年年底，我国贫困人口超过 7 000 万，而且多是自然条件差、致贫原因更加复杂、扶贫难度大成本高的"硬骨头"。非常之目标，当需超常规之举措。面对新阶段、新发展、高要求，必须创新农村扶贫工作思路和方式，开启个性化的、有针对性的精准模式，才能获得扶贫开发之成效。

其次，粗放式扶贫模式难以适应当前社会形势发展的需要。改革开放以来，我国扶贫工作有组织、有目标向前推进，贫困人口逐年减少，但同时传统过于粗放的扶贫方式已越来越不适应新时期形势发展的需要，主要表现在以下三个方面：一是扶贫对象一般由村干部"毛估估"，缺乏针对性，无论贫困人口数量统计还是致贫原因调查及贫困的程度都不精准；二是扶贫项目、资金"天女散花"，即面上着眼、大处着手，缺乏目标性；三是只管"输血"，不管"造血"，扶贫方式简单粗暴，相关工作事倍功半。造成了资源浪费，也导致了今天许多贫困居民底数不清、情况不明、扶贫资金和项目指向不准的问题较为突出，严重阻碍了国家扶贫战略目标的实现。传统扶贫机制亟待补充和完善，好钢要用在刀刃上，扶贫要扶到点子上。扶贫攻坚不仅要求我们要发扬愚公移山精神，做到持续发力，更要注重目标的靶向性，做到精准发力。

最后，精准扶贫是根据我国现阶段农村贫困人口的总体特征而做出的战略选择。随着经济的发展和全社会对农村贫困重视程度的加深，我国农村贫困人口的特征发生新变化。从贫困人口的分布来看，主要不是块状而呈点状分布；从贫困人口的基本诉求来看，已从解决温饱转向发展致富；从致贫原因来看，也千差万别。有的丧失了劳动能力，需要依靠社会保障维持基本生活；有的因病因灾致贫，但尚有劳动能力，可提供打工就业机会或扶持农业生产。在这种情势下，不能"眉毛胡子一把抓"，实施更加有针对性的、差别化扶贫就显得越来越重要，扶贫必须要有"精准度"，要紧扣贫困成因，对贫困程度梳理分类，因人而异分类施策。

（二）提出过程

精准扶贫是十八大以来，党中央根据扶贫开发实践和贫困问题的总体特征，以实现全面小康社会为根本目标、逐步形成的扶贫政策框架。早在 2012 年习总书记在河北省阜平县考察扶贫工作时提出了"要一家一户摸情况"的思想，2013 年汪洋副总理在国务院扶贫开发领导小组第一次全体会议上指出："要完善贫困识别机制，改'大水漫灌'为'滴灌'。借用军事学术语，扶贫就是要瞄准重点、精准制导、定点清除。"同年 10 月，国务院总理李克强主持召开国务院常务会议研究扶贫工作时，要求对扶贫对象建档立卡，确保项目资金要到村到户，使扶贫资金直接用于扶贫对象，这也体现出精准扶贫的理念。特别是 2013 年 11 月 3 日，习近平总书记在湘西自治州花垣县十八洞村调研扶贫工作时指出："扶贫要实事求是，因地制宜。要精准扶贫，切忌喊口号。"这是精准扶贫概念首次被明确提出。其后，习近平总书记又就精准扶贫工作发表了一系列重要讲话，精准扶贫上升为国家战略。

2014 年 1 月 25 日，中办、国办印发《关于创新机制扎实推进农村扶贫开发工作的意见》（中办发〔2013〕25 号），明确提出建立精准扶贫工作机制，规制了精准扶贫工作模式的顶层设计，并明确了由国务院扶贫办、民政部等 7 个部门负责此项工作，推动了精准扶贫战略思想落地。2014 年 1 月起，全国各地拉开了精准扶贫热潮的序幕，8 月，国务院将 10 月 17 日设立为"国家扶贫日"。同年 3 月，习近平参加两会代表团审议时又进一步阐释了精准扶贫理念。

2015 年 1 月，习近平总书记新年首个调研地点选择了云南，强调坚决打好扶贫开发攻坚战，加快民族地区经济社会发展。同年 3 月 5 日，李克强总理在作上一年政府工作报告时特别指出，"地方要优化整合扶贫资源，实行精准扶贫，确保扶贫到村到户"。2015 年 6 月 18 日，在贵州召开部分省区市党委主要负责同志座谈会上，习近平总书记就加大力度推进扶贫开发工作提出"六个精准"，进一步丰富了"精准扶贫"的内涵和操作性。2015 年 10 月 26～29 日，中国共产党十八届五中全会以全会公报的形式对精准扶贫的方向、重点和目标进行了阐述和明确，自此，中央完成了精准扶贫、精准脱贫的顶层设计。

精准扶贫战略的提出传递出国家扶贫开发方式创新转变的新思维、新思路，彰显了以习近平为总书记的新一代中央领导集体对农村扶贫工作的高度重视，体现了党"立党为公执政为民"的执政理念，"全心全意为人民服务"的宗旨，更为中国政府当前和今后扶贫开发提供了重要指导。

二、精准扶贫内容体系、政策特征及核心要义

（一）内容体系

关于精准扶贫的内涵，学界从不同角度给予了差异化的解释、定义，并提出了各种各样的政策主张。梳理总结相关认识发现，他们相互之间对精准扶贫的概念其实并没有根本上的分歧，而且这也并不影响我们对于内容体系的理解。一般认为，精准扶贫就我国农村贫困居民而言，是针对农村不同贫困区域环境、不同贫困农户状况，运用科学有效程序对扶贫对象实施精准识别、精准帮扶、精准管理的扶贫方式。

精准扶贫主要由两个部分构成，即贫困人口识别和扶贫资源（资金、项目）瞄准。贫困人口识别主要是通过一系列扶贫工作机制、程序、工具等，将具体的贫困人口准确辨别出来，并通过建立扶贫信息网络系统对贫困人口进行动态管理。扶贫资源瞄准则是在贫困人口有效识别的基础上，以一定方式投入扶贫资源，推动目标区域经济发展和目标人群脱贫致富。

精准扶贫主要包括精准识别、精准帮扶、精准管理和精准考核4个环节。精准识别是实施精准扶贫政策的基本前提，指通过申请评议、公示公告、抽检核查、信息录入等一系列步骤，将贫困户、贫困村有效识别出来，并建档立卡，摸清致贫原因和帮扶需求。精准帮扶是精准扶贫政策的核心，是精准帮扶的关键。即在精准识别基础上，因贫施策、精准到户到人。精准管理是实施精准扶贫政策的重要保障，精准管理的重点在于扶贫对象精准、项目安排精准、资金使用精准、措施到户精准、因村派人精准、脱贫成效精准。精准考核是提升精准扶贫工作成效的重要手段，是指针对贫困户和贫困村脱贫成效，建立贫困人口脱贫退出和返贫再入机制，完善贫困县考核与退出机制，加强对贫困县扶贫工作情况的量化考核，强化精准扶贫政策实施的效果，适应我国贫困治理形势的变化。精准扶贫政策实现了扶贫对象瞄准化、帮扶措施具体化、管理过程规范化、考核目标去 GDP 化，是新时期我国扶贫开发政策的重大战略转型。

（二）精准扶贫政策特征

1. 精准发力，到村到户

新时期的扶贫开发事关第一个百年奋斗目标能否实现，事关我国农村贫困

人口能否全部脱贫。为了能够实现"两个确保"（确保农村贫困人口实现脱贫，确保贫困县全部脱贫摘帽）、"六到农家"以及"一有二不愁三保障四消除"等脱贫攻坚目标，习近平总书记"六个精准"思想为新时期扶贫工作指明了方向。其核心在于"扶真贫、真扶贫"，从根本上拔"穷根"，实现真正意义上的脱贫致富，在于精准化工作理念，"一把钥匙开一把锁"。即无论是贫困人口的识别，还是扶贫政策的实施，或者是贫困人口的管理每个环节都追求"精准度"，也就是谁贫困就扶持谁，扶到点上、扶到根上、扶到家庭。

2. 整合资源，握拳出击

贫穷是一种系统性弊病，扶贫开发就应是系统性工程。为此精准扶贫改变以往政府一元主体为核心的扶贫模式，更加注重资源整合，全力构建专项扶贫，行业扶贫，社会扶贫等多方力量互为支撑的大扶贫格局。国务院扶贫开发领导小组作为跨部门和主流化的核心枢纽，主要组织调查研究，切实强化社会合力，凝心聚力，最大限度挖掘、整合、运用各方面的资源和力量，针对不同贫困状况，制定符合实际的扶贫计划、政策，协调解决开发建设中的重要问题，体现了集中力量办大事的制度优势。各省（自治区、直辖市）、市、县相应的扶贫组织机构，也都制定出台了一系列扶贫政策，充分利用自身优势带领所联系的贫困户积极行动，把扶贫过程中产生的意见和建议加以提炼和概括，形成信息反馈，为精准扶贫工作的后续开展提供理论支持和参考意见。从单打独斗到整合资源、握拳出击，这是精准扶贫思维的重要体现。同时，精准扶贫还强调以精准帮扶为重点，提高扶贫工作的精准性和有效性，让真正贫困群众破除诸多壁垒，更多地享受到深化改革红利。

3. 分级负责，差别指导

精准扶贫既是扶贫攻坚的一种新理念，更是一种新要求。为确保扶贫到户目标任务的实现，精准扶贫在管理体制上实行严格的限期脱贫目标责任制，以县为单位，以片为重点，工作到村到户。做到分级负责，工作任务逐级分解，责任到人，不脱贫不脱钩。按照"领导联村、单位包村、干部驻村"的要求，各级党委、政府一把手负总责，制定扶贫规划，强化扶贫攻坚考核，发挥政府主导作用，切实落实领导责任。同时，把严格责任目标考核，考评结果作为帮扶单位、受帮扶单位、领导班子及领导干部政绩考核的重要内容。基于致贫原因的复杂性，精准扶贫确定了分批分类，差别指导的理念。习近平总书记将其概括为"四个一批"，即"通过扶持生产和就业发展一批，通过移民搬迁安置一批，通过低保政策兜底一批，通过医疗救助扶持一批"。中国地域广阔，各地情况千差万别，精准扶贫要求针对贫困村和贫困户的具体情况制定相应的扶贫措施，坚持因人因地施策、因贫困原因施策、因贫困类型施策，采取灵活多变且又符合农村贫困人群实际需要的扶贫脱贫措施，切实做到"扶真贫、真扶贫"。

4. 外扶内立，共同参与

以往的扶贫实践，中央的扶贫项目、资金和技术，确实让一大批贫困户实现了脱贫致富，但同时也在一定程度上助长了"等靠要"及大锅饭思想。再加上很多贫困地区文化生活单一，贫困者精神家园贫乏、文化素质偏低，易产生一些不思进取、安贫固穷思想。内因是变化的根据，外因是变化的条件，为了彻底改变这种状况，精准化扶贫强调"扶贫先扶志""致富先治心"，把扶贫和扶志结合起来，物质脱贫和精神脱贫双管齐下，以精神扶贫助推精准扶贫。一是深入开展"10·17"国家扶贫日活动，积极倡导共同参与理念，弘扬关爱文化，做大做强外部帮扶平台，汇聚足够的扶贫资源并准确"滴灌"到贫困群众中去，在物质上为脱贫致富打下坚实基础。二是营造利于现代意识生长发育的社会氛围，引导启发贫困群众的内心觉醒，使其对扶贫政策有正确的理解和全面的领悟，教育贫困对象树立脱贫志向，主动参与到扶贫全过程，与政府、社会、企业等不同扶贫主体直接对话，真实表达自己的声音。精神脱贫是摆脱贫困的内生动力，推进扶贫需要精神动力支撑。精准扶贫把精神扶贫纳入总体规划，充分发挥基层干部和贫困群众的主体作用，注重信息、知识和技术等方面的普及，激发贫困群体主动脱贫的意愿，提升其自主脱贫能力。

三、精准扶贫的理论依据及现实基础

精准扶贫不是凭空而来地，其产生和发展是在一定的理论支撑和实践基础之上提出来的。

(一) 精准扶贫理论依据

贫困是一个世界性难题，它不仅关乎国家的经济发展，更影响国家的政权和社会的稳定，因此，各个国家，不论是政府还是学术界，都对其密切关注。在反贫困应对策略上上，中外学者对贫困进行分析，提出了不同的对策。这些都为新时期的精准扶贫战略的实现提供了理论平台，开辟了非常广阔的思想空间。

1. 参与式发展理论

参与式发展理论作为一个学术概念，主要诞生在 20 世纪五六十年代，是国际机构对东南亚和非洲等发展中国家援助的实践中产生的一种新模式，20世纪 80 年代末期开始被中国学界所关注和研究。与传统非参与式模式不同，参与式发展理论的核心思想是：注重赋权、强调能力建设。[1] "参与"的最大意义在于它通过赋权于目标群体尤其弱势群体参与发展活动和项目，让其分担一定的责任，鼓励他们表达自己的需求和想法，从而能更加客观地认清自己，做出关于自己未来的决策。同时也为外来"干预者"制定更有针对性的决策提供了有效信息。基于参与式发展理论的启发，新时期的精准扶贫尊重差异，人民群众是社会发展与进步的推动者，注重塑造人民群众在扶贫攻坚中的主人翁意识，希望发挥目标群体的积极性、主动性来实现有效脱贫、共享发展。习总书记指出："扶贫开发是全党全社会的共同责任，要动员和凝聚全社会力量广泛参与。"这成为新时期深入推进扶贫攻坚的根本遵循和行动指南。因此，在精准扶贫是部门"大合唱"，是社会"大合唱"，而不是任何单打一的"独唱"。

2. 合作型扶贫理论

合作型扶贫理论是国内学者根据中国反贫困实践而提出的一种理念。与以往政府唱"独角戏"的救济式扶贫不同，合作型扶贫认为"反贫困工作不是由任何一个单一主体的投入即可完成的，它需要政府、社区、贫困群体之间的有效合作，且必须通过一个有效的合作平台来完成。"[2]因此，在合作型扶贫实践中，政府与贫困群体之间是基于平等地位基础之上的一种通力协作关系，他们共同面对如何消除贫困这一问题。合作的动力机制在于扶贫与合作有着先天地密切联系，合作的本质就是弱势群体的联合，在扶贫中合作可以满足多个主体的不同需求：合作首先可以满足人性中对于归属感的需求，基于一种认同，可以通过典型示范等方式激发人的本质力量，调动贫困群体主动脱贫的积极性、主动性；其次，对政府公共管理部门而言，脱贫成效关系到和谐社会的建设和全面小康的实现，合作型模式可以通过各相关利益主体之间的合作，进行资源整合，解决政府力量有限这一难题；第三，对各种社会组织而言，经济基础决定上层建筑。一般当经济水平发展到一定程度，社会责任感将成为全社会共识，慈善和公益意识将被唤醒，合作型扶贫从制度的层面为各种社会组织感恩奉献、履行社会责任提供了有效平台。作为一项共同富裕的重要民生工程，精准扶贫就是由政府公共管理部门、各种社会组织及人民群众共同参与，以实现贫困人口全面脱贫为目标的一项制度安排，其中的联动帮扶便契合了"合作"的精神。

3. 益贫式增长理论

基于20世纪80年代华盛顿共识新自由主义政策主张的滴漏经济学的反思，益贫式增长理论认为，主要依靠市场机制的纵向涓滴和横向扩散增长所形成的帕累托最优因种种原因并不能自动惠及穷人，经济增长本身只是一个工具并不是目的，快速的经济增长是减贫的必要条件而非充分条件，只有把促进经济增长的政策与益贫政策结合起来相互补充，才能实现有效减贫。益贫式增长实质是把增长过程和结果有机统一于经济社会的一种发展理念和理论体系，它主张要重点关注穷人的基本需求，主张经济增长的成果要被所有人共享。为此，政府要加大干预力度，让更多的穷人参与到经济活动中，同时创建适当的再分配机制确保那些无法参与经济过程的人也能从增长中获益。后来 90 年代在益贫式增长基础上，亚洲开发银行和世界银行又提出了包容性增长理念，其实二者的经济意义本质上是一致的，都是对贫困和穷人给予前所未有的关注。这种减贫模式和发展理念是一种具有针对性和精准性的制度安排，对当前中国经济社会的协调发展具有较强的适用性和针对性，为新时期精准扶贫中建立贫困对象瞄准机制提供了有益的启发。

（二）精准扶贫的实践基础

从 20 世纪 80 年代开始中国农村的反贫困问题开始日益受到政府和学界的重视，在实践上也开展了多层次的手段措施，这些努力都对新时期的精准扶贫事业有着巨大的指导意义。

1. 中央政府高度重视，为精准扶贫战略的实施奠定了良好的社会基础

中国是世界上人口最多的发展中国家，最大的贫困群体是农民，最典型的贫困区域是农村。因此，中央高度重视农村的贫困治理工作，自 1949 年新中国建立以来，历届政府一直致力于发展农业、消除农村贫困，带领人民持续向贫困宣战，不断丰富和拓展中国特色扶贫开发道路，扶贫开发事业取得了显著进展。特别是党的"十八大"以来，以习近平为总书记的党中央对扶贫开发工作高度重视，从战略和全局高度，多次深刻阐述了扶贫开发的重要性和紧迫性。提出了 4 个切实的要求，向全党和全国人民发出了扶贫攻坚最强劲的号召。强调在农村贫困地区存在两个"重中之重"："三农"工作是重中之重，在"三农"工作中，扶贫工作又是重中之重。党的十八届五中全会又从全面建成小康社会目标出发，把"扶贫攻坚"改成了"脱贫攻坚"，放到"四个全面"战略布局中来安排，凸现了扶贫工作的重要地位。可以说，全面建成小康社会，实现第一个百年奋斗目标，农村贫困人口全部脱贫是一个标志性指标。

2. 长期的反贫困斗争实践，为精准扶贫战略的实施积累了丰富的历史经验

中国改革开放三十多年，也是中国反贫困的三十多年。三十多年持续的、有计划的、有组织的大规模反贫困实践为新时期的农村扶贫开发创造和积累了很多成功经验，并探索出了符合我国实际的农村扶贫开发的道路。根据贫困的区域性、阶段性、动态性特点，综合改革开放以来我国的农村扶贫开发，大体经历了"救济式"扶贫、"生产式"扶贫、"开发式"扶贫、"两轮驱动"扶贫阶段。此间中国 7 亿多农村贫困人口已成功脱贫，贫困地区生产生活条件已得到较大幅度地改善，抵御自然灾害的能力明显增强，具有了一定的发展能力，为全面建成小康打下了坚实基础；尤其是在深入推进农村扶贫开发各项措施的进程中，已经把帮助农村反贫困作为一种经常的、规范的制度性行为，建立了

反贫困的机构、组织、人员和专门经费，有相应的法律、制度和政策保障，有明确的目标、计划和部署；在扶贫开发的过程中，通过开发多种资源及各种技术手段提高了贫困人口摆脱贫困的能力和贫困地区自我发展经济的能力，成功走上致富之路。可以说，精准扶贫是我国农村贫困治理体系演进的必然结果，多年扶贫经验的总结和提炼。

总之，精准扶贫理念既融合了国内外减贫理论的精髓，也根据本土环境进行了有效创新；它既是一种利贫式减贫手段，也是注重多方参与、协同联动的合作型扶贫模式。它通过取长补短，形成了适合我国现实国情的减贫、治贫方式。

四、精准扶贫面临的认识偏差及技术难点

（一）精准扶贫面临的思想认识偏差

精准扶贫，可以说是习总书记在扶贫开发史上最为重大的理论创新，是打好未来 5 年扶贫攻坚战、全面建成小康社会的重要保障。认识的深度，决定着行动的力度。扶贫攻坚是一项艰巨复杂的系统工程，这就要求我们全体党员干部和全社会首先要形成正确、科学的扶贫观。

首先，部分贫困群众对扶贫帮扶存在认识偏差。表现之一，政策观念淡薄。把扶贫当"福利"，认为是不拿白不拿，通过各种方式来争取贫困名额，希望不劳而获，"靠着墙根晒太阳，等着别人送小康"，安于现状，不思进取，懒于做长远打算，对政府救济存有一定依赖心理。表现之二，脱贫信心不足。有些贫困群众因为种种原因长期陷入贫困无力自拔，自信心丧失，对脱贫致富不抱希望，认为是可望不可即的事情。因此，这部分人参与公共事务的程度和意愿比较低，也表现得相对冷漠；表现之三，对脱贫致富存在畏难被动心理。一些贫困群众虽然有致富愿望，但他们不知从何处着手，茫然无措，因而处于消极等待的被动状态。之所以产生上述认识偏差和消极心态，原因之一是对精准扶贫的宣传没有完全到位，原因之二是贫困群众自身文化素质不高、脱贫致富能力欠缺，另外，以往农村扶贫政策的惯性影响也是其中一项重要因素。我们应该在深入调研、全面分析的基础上，把握共性、突出个性，对症下药、标本兼治，通过强有力的思想引导，逐步加以矫正和消除。

其次，部分领导干部对精准扶贫政策存有认识偏差。表现之一，把精准扶贫看成是又一场运动式脱贫。受传统救济式扶贫习惯思维和模式的影响，不少人认为"贫穷"就是"没钱"，扶贫就是政府给钱，所以在实际工作中对贫困户的扶持依然停留在节日运动式"送温暖"的形式上，方法比较简单。对新时期农村扶贫帮困工作的艰巨性、复杂性认识不足，把"精准扶贫"也粗暴地理

解为简单的给钱给物，"扣着帽子吃皇粮"，忽视对贫困户的精神层面的关注和能力的开发建设。这与精准扶贫的理念是不符合的，精准扶贫要求透过"贫穷"这个社会表象，挖出背后的根源。是要通过各种渠道和手段，激发贫困群体的自我"造血"机能。表现之二，认为精准扶贫没有必要。认为只要把地方经济搞上去了，依靠"涓滴"效应，贫困群体的发展和脱贫问题也就自然而然地解决了。因此扶贫帮扶工作流于形式，而将主要精力和投入放在大项目和财源建设上。工作表现之三，对扶贫有畏难顾虑及悲观想法。精准扶贫项目涉及千万家，程序复杂，工作繁琐，需要做大量思想政治工作和具体的组织实施工作，工作量非常大，而且一些基层干部认为搞精准扶贫吃力不讨好，所以存在着较为严重的畏难情绪。还有一些从事扶贫工作的同志，面对着贫困程度严重的乡村，面对着缺钱、缺项目、缺资金、缺人才的困难局面，面对着严峻的7 000多万人几年内全部实现脱贫的现实状况，产生悲观的想法。上述表现主要原因在于不能正确判断扶贫形势，对精准扶贫理解不透、认识不深，对农村扶贫帮困工作认识不足，缺乏充分调研，不能从战略和全局的高度认识农村扶贫帮困工作的意义，缺乏使命感、责任感和紧迫感。

（二）精准扶贫面临人力、智力的制约

首先，精准识别工作量巨大，人力资源数量严重不足。农民收入等各种数据需要进村入户采集，全面普查必须组织专门工作队一家一户找村民核实，然后记录和测算，再按照规定时间完成数据填报，其中涉及到数十类上百项的表格，需要大量人力资源投入，而地方基层扶贫部门普遍缺少人手。按照"单位包村，干部包户"定点帮扶的制度规定，驻村干部一般是来自于政府机构或事业单位，他们一般只是被临时抽调来参与精准扶贫工作，时间为2年左右。但现实中他们面临着要同时处理扶贫和本职两个方面的工作问题，扶贫工作对他们来说只是暂时性的，2年过后还要回原单位，所以驻村扶贫干部容易出现"身在村庄心在机关"的现象。许多基层扶贫机构参差不齐，多数为临时、挂靠机构，且编制很少。

其次，推动农村经济发展，基层党组织的引领水平亟待提升。精准扶贫离不开基层党组织的阵地作用，没有一个思想统一、坚定团结的基层党组织，扶贫工作就会缺乏"凝聚力"和"执行力"。精准扶贫中大量的工作必须发挥村干部的作用，但是大量乡村精英外流致使许多地方的村委会班子年龄普遍老化、整体素质偏低，其知识水平、科学素养、治理能力与当前的形势与要求难以匹配，发展意识不够强，思想不够解放，思路不活，引导村民发展农村经济的措施、办法缺失，对新政策了解不够全面，思想观念滞后。其战斗力、号召力、凝聚力相对较弱，难以担当发展重任，起不到"领头羊"的作用；有些村

委会班子不够团结，遇事推诿、见利相争，工作不积极，导致人心涣散，形不成班子整体合力；有些村委会班子责任心不强，甚至只顾自己的个人利益，工作中怕得罪人，做"好好先生"。这都在一定程度上影响了精准扶贫政策的实施效果。

最后，脱贫攻坚任务艰巨，缺少"既精又专"的高效人才支持。全面建成小康社会，打赢"脱贫攻坚战"，除了政策资金要跟上之外，更需要"人才"来助推，补齐精准扶贫短板的核心在于实施智力扶贫。加快发展，人才是根本，是实现扶贫开发工作顺利推进的关键所在。如果没有人才支撑，仅靠资金投入、优惠政策注入，显然缺乏发展后劲，甚至导致扶贫资金"打水漂"，挫伤群众的积极性。然而现实中，智力短缺已成为扶贫开发的瓶颈。长期以来，贫困群众文化水平普遍较低，而且老弱病残居多，其产业谋划能力差，村里紧缺随时能应对自然及病虫灾害的农业科技人才；随着互联网＋的逐步推广，贫困地区电商扶贫发展方兴未艾，金融扶贫力度不断加大。但贫困地区金融人才、互联网人才缺乏，专业人才呈结构性不足，严重影响了资金使用效率；改善当地的教育、提高劳动技能，又缺乏稳定的师资队伍。脱贫工作是一个系统性工程，靠的是合力，而非"单打独斗"，需要各部门之间发挥所长、补其所短，而非"八仙过海、各显神通"，为此在扶贫人才的选用上就要切合贫困村的实际情况。

（三）精准扶贫政策具体实施中面临的技术难点

1. 精确测算农村居民人均纯收入有一定难度

目前我国城市居民一般是工资性收入，查询银行账单即可统计测算。广大农村居民经济收入则缺乏刚性标准，其人均收入很难掌握。一是其收入很少走银行系统，二是村民一般鲜有记账的习惯，其收入只能事后根据农作物的收获量、市场交易额、打工收入等粗略估计，因此数据是模糊的，不可能精确。三是村民个体当下的心理状态对其收入数据的收集也有一定影响，有的村民为了得到贫困扶助故意报低收入，有的为了面子故意报高收入。加之，受农业生产的脆弱性和市场的影响，农民的收入时常处于不稳定状态中，难以及时、准确获得农户的真实收入情况。既然精确度存在偏差，具体操作时容易产生矛盾，村民难以信服，因此有些地方采取轮流坐庄或扶贫资金均分来化解矛盾和冲突。

2. 精准判定贫困人口的贫困度有难度

目前，我国绝对贫困人口数量已大大减少，大量存在的是相对贫困人口，而相对贫困人口之间的收入差距并不明显。在建档立卡调查表中，致贫原因被分为：病、残、学、灾、缺土地、缺水、缺技术、缺劳力、缺资金、交通条件落后、自身发展动力不足等多种类别。这种分类方法虽然有助于确定各扶贫对象致贫的主要原因和帮扶方向，但在贫困规模和区域确定的条件下，要把贫困家庭贫困程度进行排列并进行比较是一件较难的事情。精准扶贫实行差别扶持政策，使贫困户"贫困帽子"的含金量越来越大，贫困富裕程度相差不大的农民往往因利益问题互不相让，极易引发新的社会矛盾。再者，动态识别成本太高。精准扶贫注重对扶贫对象实时监测和考核，并强调脱贫人口及时退出扶持范围，让需要帮助的贫困人口进入扶助群。[3]现实中，建档立卡工作，需要经过识别、审核、录入等多个环节，且一定即三年，具有一定的周期性。贫困人口致贫原因复杂化，各种返贫具有不确定性、动态性，往往一个周期里部分已建档立卡的贫困户可能没有获得必要的支持，但在扶贫网络信息系统里已经被脱贫。再加上全国还没有建立统一的信息网络，尚没有对所有的扶贫对象进行精准识别，对贫困人口、贫困户的具体帮扶工作还存在一些盲点和问题，增加了动态识别的难度。

3. 缺少制度性的监督和扶贫的诚信体系

贫困村的大量青壮年劳动力外出务工，许多村庄出现空心化趋势，导致正常的村民代表会议、党员大会和村民大会难以召开。针对贫困户的识别、扶贫资金的分配与使用、扶贫产业的发展等，在讨论和监督环节往往缺乏一定的广泛性和代表性。村庄空心化也使得村民和村两委之间博弈力量存在不平衡，特别是贫困人口处于弱势地位，这给扶贫资源的乡村精英捕获和资源分配的不合理留下了隐患和契机。

4. 供与求的匹配难精确

精准扶贫提醒我们决策要科学，扶贫规划要求做到"六个到村到户"，要让有限资金发挥最大效益，提供服务更加体现贫困群体所亟须，确保贫困对象能获得看得见、摸得着、见实效、有针对性的扶贫措施。但现实中由于种种主客观原因，经常发生供求错位现象，很难做到"点对点"的精准扶持。错位之一，现在我国绝大多数地区通常采取"部门包村"的扶贫办法，这种方式好处在于能"一对一"进行扶贫，弊端在于扶贫力量强、资源广的包抓单位未必恰好匹配到贫困程度较深的贫困对象；错位之二，按照国家政策规定，为了提高造血机能，扶贫资金的70％需用于产业发展。但是由于现在剩下的贫困户大多是自我发展能力差的"硬骨头"，往往缺乏收益载体不具备有关项目要求，再加上基层情况复杂，致贫原因复杂，贫困对象需求各异，所以在实际帮扶工作中，扶贫工作者难以根据一户一策或一村一策理念，组织相应人力、物力和财力贯彻执行精准扶贫。实际帮扶工作中很少甚至根本不考虑不同贫困户的实际情况，帮扶措施往往简化为提供部分资金，赠送一些生产资料（如种牛、种羊、果树苗等），修建或改造贫困群体住房，甚至提供一些日常生活用品而已[4]。产业扶贫也更多倾向于"公司＋农户"或"大户带动"模式，忽略了对贫困户的帮扶要求，造成了精准扶贫在实践中的悖论。"不少地方在精准扶贫的实施过程中，存在突击式短期行为，重输血轻造血现象比较普遍"[5]；错位之三，在资金运用方面，有限资金进入贫困村，由于多种原因不能实现有效整合，或者很难实现与扶贫直接挂钩，致使精准扶贫打了折扣。比如根据政策规定，扶贫资金的70%要用于产业发展，以增加造血功能。现实中贫困户往往因为缺乏相应受益载体而被排斥在帮扶之外。在这过程中，还存在有些扶贫干部为了完成任务而弄虚作假，把精准到户做成了面子工程、形象工程，在具体操作中故意淡化扶贫专项资金的专属、特惠性质，绝大部分用于基础设施等公共事业支出，而非贫困户直接受益的产业项目及"两不愁三保障"等项目。也有些扶贫工作人员认为实行一户一策精准帮扶耗费人力、时间，工作量太大，所以常常忽视贫困对象的话语权，采取简单的一刀切，这种懒政做法也容易导致供需间的脱节。

五、精准扶贫需要大学生村官的积极参与

(一) 大学生村官在精准扶贫工作中的优势

大学生村官工程是党和国家基层农村工作战略的重要部署，十余年来，经过各级各部门的共同努力，如今的基层农村，大学生村官已经成为新农村建设一支不容忽视的生力军。

1. 身处一线工作，贴近群众的平台优势

大学生村官工作自 2008 年在全国统一部署实施以来，如今已经走过了 11 个年头。《2016—2017 中国大学生村官发展报告》显示，截至 2016 年年底，全国在岗大学生村官 102 563 人，其中进入村"两委"的大学生村官占比已达 51.9%。根据 2005 年 6 月政府发布的《关于引导和鼓励高校毕业生面向基层就业的意见》要求，从 2006 年开始，每年选拔一定数量的高校毕业生到农村就业，争取 3～5 年时间基本实现全国每村至少有一名高校毕业生的目标。从岗位职责看，选聘到村任职的高校毕业生，聘用期间必须在村里工作，在村工作期限一般为 3 年。目的之一是培养了解国情、熟悉基层、心贴群众、实践经验丰富的干部、人才；之二是加强基层组织建设、促进农村发展、让农民受益。由此可见，大学生村官既是个身份，也同时是个平台最大的优势，给青年大学生贴近基层一线工作提供了很好的锻炼机会。

2. 思想敏锐，组织观念强的政治优势

思想政治素质是人在社会生活中最重要的素质，决定着人们的思维方式、价值判断及利益取舍。大学生村官计划作为党中央着眼于培养未来后备人才而

做出的一项重大战略决策，大学生村官的思想政治素质直接关系到社会主义新农村建设的步伐和成果，直接关系到党在农村执政基础的稳固。所以，在选聘工作中，从报名推荐、资格审查、考试考查都要重点把关，在选聘范围上原则要求为全日制本科及以上的优秀学生党员、优秀学生干部和优秀团干部，选聘的首要基本条件就是思想政治素质好，政治立场坚定，组织纪律观念强，吃苦耐劳，勤奋敬业，具有一定的组织协调能力，有着积极向上的价值取向，志愿到农村基层工作。大量的实践已经证明，经过层层严格选拔的大学生村官，较之普通村干部和普通群众，具有更强的政治敏锐性，更能深入理解党和国家的相关政策和措施。总体上是思想政治素质较好，有较强的爱国主义情感，是具有奉献精神的一个优秀群体。一个具有奉献精神的人，他们在工作中就会比较容易融入到老百姓当中去，就会更容易赢得百姓的爱戴和信任。

3. 知识层次高，文化素质强的智力优势

大学生村官都受到过系统的高等教育，文化水平较高，个人素质相对也比较高。相比文化水平低的村干部，大学生村官具有更强的学习能力强、接受新事物的能力强，更容易理解把握党的方针政策，国家的法律法规。再加上大学生村官在校期间大多都是学生干部，相对来说比较擅长表达自己的思想，讲解政策、和村民沟通的时候表达能力较强。而且，大学生村官来源于各个专业，具有系统的专业知识体系，尤其普遍懂得利用现代技术手段，这些优势可以为新时期的精准扶贫提供相应的服务。

4. 年轻活跃，敢闯敢拼的创新优势

李大钊说过，"青年者，人生之王，人生之春，人生之华也"。身为青年的大学生村官正处于青春最美好的时光，年轻富有活力，就像早上八九点钟的太阳，精力充沛，干劲十足，有激情。比普通村干部更有年龄优势，具有敢想敢干的条件，有先进的社会理念，是乡村治理的新鲜血液，完全可以利用一技之长，在新时期的精准扶贫中发挥应有的作用。

（二）精准扶贫政策实施中大学生村官作用的实现路径

1. 发挥村官平台优势，加强农村政策、业务学习，做好精准扶贫政策的宣传工作

大学生村官身处落实国家各项政策、方针的"最后一千米"，有着熟悉基层，了解群众的工作优势。依托这个平台优势，结合精准扶贫的目标任务，大学生村官既要积极引导基层干部贯彻和落实好中央和上级党委、政府的政策措施，又要通过走门串户访谈、会议宣讲、墙报标语等各种形式，宣传好精准扶贫相关会议精神、相关政策措施及上级党委、政府的思路、重大举措，及时把党的精准扶贫政策传达到群众当中，让贫困农户了解政策、熟悉政策，使信息

畅通转达，让惠民政策尽早周知。及时解答贫困户的疑惑和提出的问题，用听得懂、记得住的语言和道理教育引导贫困村群众转变思想观念、激发内生动力，增强"造血"功能，切实发挥政策的最大作用。

2. 发挥政治优势，访贫问苦，做好精准扶贫调查研究工作

相对于村干部，大学生村官在群众眼里是"局外人"，没什么牵连和瓜葛，同时法律观念和公平观念相对要强，能保证贫困户认定的透明公开、相对公平，这对开展精准扶贫调研工作非常重要。大学生村官要立足于思想敏锐、组织观念强的政治优势，积极发扬不怕苦、不怕难、不怕累的奉献精神，努力克服贫困村工作、生活等各方面条件相对较差的困难，投身于精准扶贫专项调研工作中，紧紧围绕脱贫致富目标，按照县、镇两级统一安排，根据属地公布的扶贫标准，通过有效、合规的程序访贫问苦。把真正的贫困人口、贫困程度、贫困原因摸清楚，并将贫困对象的基本资料、帮扶情况、帮扶责任人、脱贫时限等信息梳理归类、全部登记在册，做到底数清、情况明，为开展精准扶贫提供第一手资料，为群众脱贫致富提供更多的政策指引，为扶贫开发工作建言献策。

3. 发挥知识优势，精细着力，做好精准扶贫的服务工作

农村事务千头万绪，精准扶贫工作任重道远。"上面千条线，底下一根针"，大学生村官是处在农村一线的知识群体，是服务新农村建设的新生力量。为切实推动农村扶贫攻坚工作，大学生村官应充分发挥自身文化水平高、知识新、信息灵活等独特优势，紧盯发展动向，运用自己的知识帮助贫困户寻找切实的致富点子，为农村提供法律法规帮助，增强主体发展意识。对照脱贫目标，通过各种网络平台，引导农民群众参加远程教育培训，推进电子商务进村入户，切实增强贫困户的致富水平和发展本领，引领推进电商扶贫，打好脱贫攻坚战。

4. 发挥年轻创新优势，搭建平台，做好精准扶贫革新、推动工作

确保农村贫困群体全部脱贫是精准扶贫的根本。而要成功脱贫就必须有效利用市场经济规律，把单个分散的农民组织起来以加强竞争力。现实中单靠农民自身创立这些合作组织，难度较大。基层干部教育程度偏低，综合素质不高，而要靠自身来提高素质，显然是一个漫长的过程，如能得到外界的有效帮助，这个过程将会大大地缩短。大学生村官正好可以扮演这个角色，他们凭借着工作的热情、现代的理念、和外界良好的沟通能力，可以引领民众逐步改变观念，推动农村民主政治建设，逐步提高农民的综合素质，组织农民参与市场竞争。还可在一定程度上强化农村的集体组织功能，克服原来村集体形聚神散的缺陷，带领农民进行致富探索，找到真正的出路。

当前，扶贫攻坚战的号角已吹遍全国，身处基层农村这一扶贫主战场的大

学生村官们自然责无旁贷。应在这场扶贫攻坚战中发挥更大的作用，在这个广阔的天地里大有作为，这不仅是党和国家对大学生村官的热切期望，更是对全体大学生村官的工作要求。从某种意义上讲，扶贫工作既要懂政治、经济，还要懂点心理学。要把握贫困户的心理，经过层层选拔的大学生村官是基层组织的新鲜血液，是扶贫脉络中重要的血管，有较强的法制意识和以民为本的情怀，他们的成功融入，能够在一定程度上发挥改革的领头羊作用，并在一定程度对基层政治民主建设起到一定的推动作用。

参 考 文 献

[1] BILL C，UMAK. Participation，the new tyranny [M]. New YORK：Zed Books Ltd，2005：57 - 70.

[2] 林万龙，钟玲，陆汉文. 合作型反贫困理论与仪陇的实践 [J]. 农业经济问题，2008 (11)：59 - 65.

[3] 李鹏，叶兴建. 农村精准扶贫：理论基础与实践情势探析——兼论复合型扶贫治理体系的建构 [J]. 福建行政学院学报，2015 (2)：26 - 33，54.

[4] 邓维杰. 精准扶贫的难点、对策与路径选择 [J]. 农村经济，2014 (4)：78 - 81.

[5] 李慧，吕慎. 精准扶贫要过几道坎 [N]. 光明日报，2014 - 8 - 7 (013).

附件：

附件一 江苏省 6 000 元以下低收入人口汇总表

地区	农户户数（户）				农户人数（人）			
	合计	一般 贫困户	低保 贫困户	五保 贫困户	合计	一般 贫困户	低保 贫困户	五保 贫困户
合计	1 032 916	581 582	369 531	81 803	2 767 764	1 840 369	840 458	86 937
徐州市	262 838	160 354	74 076	28 408	682 202	488 949	163 571	29 682
淮安市	151 360	102 575	41 234	7 551	479 411	362 188	109 245	7 978
盐城市	183 642	88 327	84 409	10 906	418 565	238 896	167 858	11 811
连云港市	136 578	86 786	44 740	5 052	360 581	255 759	99 217	5 605
宿迁市	205 812	116 211	76 418	13 183	662 859	438 146	210 928	13 785
南通市	34 690	13 812	17 558	3 320	61 647	26 561	31 407	3 679
泰州市	43 150	9 194	23 770	10 186	74 129	19 552	43 603	10 974
扬州市	14 846	4 323	7 326	3 197	28 370	10 318	14 629	3 423

附件二 江苏省全面建成小康社会指标体系

（2013 年修订试行）

类别	序号	指标名称及单位		目标值	权重
经济发展	1	人均地区生产总值（元）		90 000	6
	2	二、三产业增加值占 GDP 比重（%）		92	3
	3	城镇化率（%）		65	3
	4	信息化发展水平（%）		80	5
	5	现代农业发展水平（%）		85	5
	6	研发经费支出占 GDP 比重（%）		2.5	4
人民生活	7	居民收入水平	城镇居民人均可支配收入（元）	46 000	8
			农村居民人均可支配收入（元）	20 000	
			城乡居民收入达标人口比例（%）	＞50	
	8	居民住房水平	城镇家庭住房成套比例（%）	90	4
			农村家庭住房成套比例（%）	80	
	9	公共交通服务水平	城市万人公交车拥有量（标台）	15	4
			行政村客运班线通达率（%）	100	
	10	城镇登记失业率（%）		＜4	3
	11	恩格尔系数（%）		＜40	3
社会发展	12	现代教育发展水平（%）		85	5
	13	基本社会保障	城乡基本养老保险覆盖率（%）	97	8
			城乡基本医疗保险覆盖率（%）	97	
			失业保险覆盖率（%）	97	
			城镇住房保障体系健全率（%）	90	
			每千名老人拥有养老床位数（张）	32	
	14	文化产业增加值占 GDP 比重（%）		5	3
	15	人均拥有公共文化体育设施面积（平方米）		2.3	3
	16	每千人拥有医生数（人）		2	3

（续）

类别	序号	指标名称及单位		目标值	权重
民主法治	17	党风廉政建设满意度（％）		80	4
	18	法治和平安建设水平	法治建设满意度（％）	80	4
			公众安全感（％）	90	
	19	城乡居民依法自治	城镇居委会依法自治达标率（％）	92	4
			农村村委会依法自治达标率（％）	90	
生态环境	20	单位GDP能耗（吨标煤/万元）		<0.62	5
	21	环境质量	空气质量达到二级标准的天数比例（％）	60	8
			地表水好于Ⅲ类水质的比例（％）	60	
			城镇污水达标处理率（％）	90	
			村庄整治达标率（％）	95	
	22	绿化水平	林木覆盖率（％）	22	5
			城镇绿化覆盖率（％）	38	
评判指标		人民群众对全面建成小康社会成果满意度（％）		70	

注：（1）人均地区生产总值目标值，为2010年不变价；（2）涉及人均的指标，按常住人口计算；（3）城镇化率，县级目标值为55％；（4）研发经费支出占GDP比重，县级目标值为1.5％；（5）文化产业增加值占GDP比重，县级目标值为3％。

附件三　江苏省基本实现现代化指标体系

（2013 年修订试行）

类别	序号	指标名称及单位		目标值	权重
经济发展	1	人均地区生产总值（万元）		1.3	4
	2	服务业增加值占 GDP 比重（%）		60	3
	3	工业全员劳动生产率（万元/人）		45	3
	4	城镇化率（%）		70	3
	5	信息化发展水平（%）		90	3
	6	现代农业发展水平（%）		90	4
	7	研发经费支出占 GDP 比重（%）		2.8	3
	8	高新技术产业产值占规模以上工业产值比重（%）		45	2
	9	自主品牌企业增加值占 GDP 比重（%）		15	2
	10	万人发明专利拥有量（件）		12	2
人民生活	11	居民收入	城镇居民人均可支配收入（万元）	7	6
			农村居民人均纯收入（万元）	3.2	
			城乡居民收入达标人口比例（%）	＞50	
	12	居民住房	城镇家庭住房成套比例（%）	95	3
			农村家庭住房成套比例（%）	85	
	13	居民健康	人均预期寿命（岁）	78	4
			每千人拥有医生数（人）	2.3	
			居民体质合格率（%）	93	
	14	公共交通服务	城市居民公共交通出行分担率（%）	26	3
			镇村公共交通开通率（%）	100	
社会发展	15	现代教育发展水平（%）		90	5
	16	人力资源	每万劳动力中研发人员数（人年）	100	4
			每万劳动力中高技能人才数（人）	600	

（续）

类别	序号	指标名称及单位		目标值	权重
社会发展	17	基本社会保障	城乡基本养老保险覆盖率（％）	98	5
			城乡基本医疗保险覆盖率（％）	98	
			失业保险覆盖率（％）	98	
			城镇住房保障体系健全率（％）	99	
			每千名老人拥有养老床位数（张）	40	
	18	基尼系数		＜0.4	2
	19	和谐社区建设	城市和谐社区建设达标率（％）	98	3
			农村和谐社区建设达标率（％）	95	
	20	文化产业增加值占 GDP 比重（％）		6	2
	21	人均拥有公共文化体育设施面积（平方米）		2.8	2
	22	居民文明素质	居民科学素质达标率（％）	10	4
			居民综合阅读率（％）	90	
			注册志愿者人数占城镇人口比例（％）	15	
民主法治	23	党风廉政建设满意度（％）		80	3
	24	法治建设满意度（％）		90	3
	25	公众安全感（％）		90	3
生态环境	26	单位 GDP 能耗（吨标煤）		＜0.5	4
	27	单位 GDP 二氧化碳排放强度（吨/万元）		＜1.15	2
	28	主要污染物排放强度	单位 GDP 化学需氧量排放强度（千克/万元）	＜2.0	4
			单位 GDP 二氧化硫排放强度（千克/万元）	＜1.2	
			单位 GDP 氨氮排放强度（千克/万元）	＜0.2	
			单位 GDP 氮氧化物排放强度（千克/万元）	＜1.5	
	29	环境质量	空气质量达到二级标准的天数比例（％）	80	6
			地表水好于Ⅲ类水质的比例（％）	70	
			生活垃圾无害化处理率（％）	95	
			城镇污水达标处理率（％）	95	
			康居乡村建设达标率（％）	90	
			村庄环境整治达标率（％）	99	
	30	绿化水平	林木覆盖率（％）	24	3
			城镇绿化覆盖率（％）	40	
评判指标		人民群众对基本现代化建设成果满意度（％）		70	

注：（1）人均地区生产总值目标值为 2010 年不变价；（2）涉及人均的指标，按常住人口计算。

后　记

　　《江苏省农村精准扶贫　脱贫致富实践研究》一书是江苏海洋大学党委宣传部部长、党委教师工作部部长杨雪英教授主持的江苏省社科基金项目"江苏省区域贫困识别及精准扶贫路径选择研究"资助项目，同时也是本人承担的连云港市社科基金项目"精准脱贫攻坚战中农村相对贫困群体的行动困境及社会支持研究——以连云港市为例"资助项目。在研究过程中，课题组围绕江苏省农村贫困先后公开发表了《江苏省三大区域精准扶贫工作成效差异的原因分析》《江苏三大区域精准扶贫政策及成效比较研究》《协同治理视角下的农村精准扶贫工作机制探析》等系列文章，这些成果都已吸收到了相关章节。

　　本书的完成得益于杨雪英教授和本人的辛勤劳作，也是课题组研究团队凝心聚力的成果，在此对连云港市委扶贫办的领导和专家及团队成员的无私帮助表达真诚的感谢！本书能顺利出版，中国农业出版社的编辑也付出了辛勤劳动，尤其李昕昱老师，不厌其烦、耐心细致多次校对，数次修改完善，在此一并表示致谢！

　　本书的构思、调研、成稿、修改及完成，历经两年多时间。期间见证了自己工作单位由"淮海工学院"成功更名为"江苏海洋大学"重大历史事件，荣幸之至！不知不觉，两年多时间如白驹过隙、转瞬即逝！沧海桑田，时间见证着扶贫攻坚，时光承载着乡村振兴，岁月会改变很多，但岁月也会记载永恒，让我们一起去回顾过去、感知当下、探索未来。

李秀芸

2019.7.30